MW00911647

LA PRATIQUE DE L'AU-DELÀ

Saints, anges, démons et revenants

ANDRÉ COUTIN

LA PRATIQUE DE L'AU-DELÀ

SAINTS, ANGES, DÉMONS ET REVENANTS

F1RST - Vie pratique
Une collection des Éditions Générales F1rst
Sous la direction de Jérôme Arfi

Remerciements :
à Christiane SIMONIN
pour son précieux concours

© Editions générales FIRST, 1995
70 rue d'Assas
75006 Paris.
Tél. : (1) 45 44 88 88
Fax : (1) 45 44 88 77
Minitel : 3615 AC3*FIRST.

ISBN : 2-87691-290-2
Dépôt légal : 4ᵉ trimestre 1995

SOMMAIRE

?

« Le mort porte le vivant »

Une pirogue

« La peau du mort conduit le vivant »

Les souliers.

(Devinettes créoles de l'océan Indien)

AVANT-PROPOS

L'au-delà est le même pour tous, comme la loi de la vie et de la mort. La croyance en l'existence de ponts entre le monde des vivants et celui des défunts est la chose du monde la mieux partagée, parce qu'elle nourrit l'espérance des hommes.

La culture universitaire érudite a voulu imposer une séparation absolue entre les grandes religions monothéistes, l'animisme et la magie. La rupture de la Vérité révélée avec le monde du merveilleux, Dieu ignorant les lutins, les saints se moquant des fées, les prêtres tournant le dos aux sorcières.

Au cours de mes voyages, j'ai observé de nombreuses pratiques, participé à divers cérémonies et rites et, quels que soient les églises, les temples, les fêtes, leurs fonds communs appartenant au monde invisible m'est apparu plus essentiel que leurs différences visibles. À condition, bien sûr, de partir de la tradition vivante et de respecter l'expression de la foi populaire dans la recherche d'une communication, d'une solidarité, d'une proximité aussi bien avec des grands hommes, des saints, qu'avec son ange gardien ou avec un mort de sa famille.

L'utilité de ce guide est de mettre à la portée de tous croyants, des inquiets en quête de spiritualité et aussi des personnes incrédules mais curieuses les pratiques actuelles de l'au-delà. Il transmet des traditions et des expériences aux divers niveaux du culte des morts, afin que le lecteur puisse choisir en connaissance de cause ce qui répond le mieux à son attente intérieure.

PRATIQUE DE L'AU-DELÀ

Ce guide s'articule sur la distinction entre les morts célèbres et les morts familiers, les défunts du domaine public et ceux du domaine privé, les êtres surnaturels et les âmes errantes.

Deux approches :

1. Correspondre avec les morts célèbres, objets de rites collectifs et de dévotions publiques ; figures héroïques de l'au-delà, habitants du monde de l'invisible, êtres surnaturels.

2. Communiquer avec ses morts familiers intimes, les proches disparus.

1ère approche : les morts illustres

L'aspect « pratique » du guide apparaît dans chaque rubrique avec l'indication des jours propices et des adresses de lieux de culte.

Vous trouverez un calendrier des saints et un autre des anges : les jours où ils sont les plus proches et les hauts lieux de leur culte. Plus loin, un tableau des lieux d'apparition de la Vierge.

Pour les pèlerinages sur les tombes des stars et auprès des stèles et des statues des héros, le rappel des dates anniversaires (naissance et mort).

Pour les bons « génies », les lieux où les légendes et représentations sont les plus vivantes.

2ème approche : les morts familiers

Pour la communication avec les proches disparus, on indiquera les modes opératoires et les lieux d'expériences et de rencontres possibles.

1. Transcommunication :
Ecriture automatique. Enregistrement de la voix. Vidéo de l'autre monde. Séances de spiritismes. Médiums.
2. Onirisme (les rêves prémonitoires).
3. Re-naissance de nos chers disparus :
La mémoire de nos proches défunts, toutes les façons de les faire «revivre» par l'hommage, la parole, l'image (photos et films amateurs), les objets familiers, l'animal favori, les cérémonies collectives (messes à l'intention de..., banquets, etc.).
4. Réincarnation et vies antérieures et posthumes.

L'ARBRE DE L'AU-DELÀ

Les religions et églises tracent leurs frontières. Aucune n'a cependant le monopole de la mort. Si les approches divergent, les langages de transcommunication varient, les rites funéraires se singularisent, l'au-delà est un. Tous les chemins de la dévotion y mènent.

Mieux qu'un glossaire comparé, nous avons voulu faire apparaître les correspondances actives en traçant un arbre à multiples branches.

L'arbre de Jessé a beaucoup inspiré l'art chrétien. Il reconstitue la généalogie de Jésus de Nazareth, ancêtre du roi David. Il est arbre de vie et de renaissance.

Quelle sorte d'arbre adopter comme arbre vivant des morts ? L'arbre des ancêtres se doit d'être archi-vénérable. Etaient en compétition pour notre choix : le séquoia d'Amérique, le baobab d'Afrique, le ginkgo de Chine.

- **Le séquoia :**
sa longévité plaidait en sa faveur. Il peut avoir plus de deux mille ans. Bimillénaire ! Certains sont nés avant Jésus-Christ. Mais ses branches, si hautaines, sont inaccessibles.

- **Le baobab :**
dans le creux des plus âgés, les Africains enterrent debout leurs griots, ces chanteurs et conteurs chargés de célébrer l'éloge des chefs coutumiers, anciens du village et notables. Par la forme spectrale de ses branches dénudées, les vieux baobabs semblent plantés à l'envers, les racines en l'air. L'arbre recherché doit présenter des rameaux en éventail.

- **Le ginkgo :**
l'arbre tutélaire de Confucius. Appelé l'arbre aux mille écus pour ses feuilles en éventail (qui se parent d'or à l'automne), cet arbre sacré en Chine nous a paru le mieux convenir. Planté en allées, il fait la haie d'honneur aux ancêtres que les pèlerins viennent vénérer dans les temples élevés par les Chinois confucéens.

Légende du schéma

Branches ascendantes : positif
Branches descendantes : négatif

Racines positives et négatives : énergies ambivalentes en l'homme

L'arbre céleste a deux versants, occidental et oriental, totalement reliés et en osmose. Il ne sépare pas catégoriquement les religions orientales des religions méditerranéennes essaimées dans l'Occident. Il s'agit d'une orientalisation des doctrines et croyances appréhendées en Europe.

Selon la hiérarchie céleste, les anges interviennent toujours du haut vers le bas, les saints intercèdent à l'inverse, de la terre vers le ciel, car ils sont des êtres humains.

Selon l'échelle spirite, les esprits, des légers aux profonds, des élémentaires aux évolués, sont toujours un canal de progression ascendante.

À noter que dans la Kabbale judéo-chrétienne, les anges commandent aux génies des quatres Eléments : l'air, le feu, l'eau, la terre.

6

LE GINKGO CÉLESTE

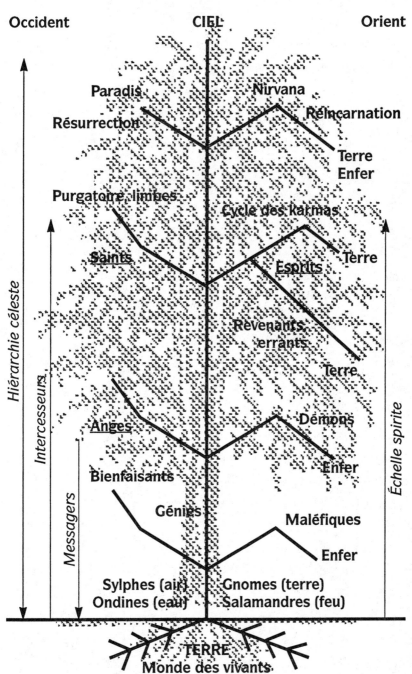

Occident   CIEL   Orient

Paradis   Nirvana

Résurrection   Réincarnation

Terre
Enfer

Purgatoire, limbes   Cycle des karmas

Saints   Esprits   Terre

Revenants errants

Terre

Anges   Démons

Bienfaisants   Enfer

Génies   Maléfiques

Enfer

Sylphes (air)   Gnomes (terre)
Ondines (eau)   Salamandres (feu)

Hiérarchie céleste

Intercesseurs

Messagers

Échelle spirite

TERRE
Monde des vivants

© EDIA

LA PORTE DU CIEL

LES SAINTS : communion

Quelle que soit l'admiration que leur exemple ait pu inspirer, la vénération que leur apostolat leur ait valu, tous ceux qui, par milliers, leur allument des cierges, les portent en procession ou les prient en silence, sont là pour témoigner de ce fait : **de nos jours, le culte des saints n'est pas d'autant plus fervent que leur martyr fût plus sublime. Leur attrait est tout autre.** Les saints les plus invoqués et suppliés doivent avant tout leur popularité à leur pouvoir d'intercession, leur pouvoir de consolation sinon de guérison. La dévotion atteint son point d'ébullition dès lors qu'ils font des miracles.

La prière monte vers celui ou celle qui peut vous faire la grâce d'intervenir auprès du Père-Tout-Puissant ou du Fils miséricordieux. Le pèlerinage lance sur les chemins l'aveugle et le paralytique vers les lieux d'une guérison inexplicable, qu'ils espèrent voir se renouveler à leur profit.

À défaut du Saint-Esprit, l'esprit de corporation sert le culte des béatifiés. Les saints qui ont le privilège d'être les patrons de puissantes confréries ont droit à des fêtes annuelles et des processions à rendre jaloux les héros républicains et laïcs.

Marins, pêcheurs, vignerons, notaires... Il n'est jusqu'à la nouvelle corporation des automobilistes qui ne sacrifie au rite : comme chacun sait, elle se rassemble en files innombrables chaque dimanche, pour aller prier saint Christophe.

Celui-là a été, un temps, « oublié » du calendrier romain mais il n'est pas le seul, il s'en faut de beaucoup : bien des saints populaires ne sont pas très catholiques.

Marie porte parfois un croissant de lune en Corse et, en Bretagne, sa longue tresse s'achève dans son dos par le serpent, attribut de la déesse des eaux celtique.

Il n'en est pas moins vrai que le culte marial fait exception à la règle : son culte est moins intéressé et il est plus religieux que celui de tous les autres saints. Ne l'invoque-t-on pas comme mère de Dieu, souveraine du ciel ? Il y a chez les Français le complexe du régicide et on sait qu'ils sont en manque d'une reine.

Mais sainte Marie qui a les pieds sur terre, dispose aussi

d'un inépuisable crédit auprès des femmes de toutes conditions qui ne supportent pas de voir grandir leurs petits et de les voir s'éloigner d'elles. Marie peut les comprendre, elle qui a connu la plus cruelle des séparations et enduré toutes les douleurs possibles d'une mère.

Certains saints ne doivent d'être encore invoqués qu'à une légende à l'exemple de saint Nicolas et même, de façon plus modeste, leur mémoire ne tient plus qu'au fil d'un proverbe, tels saint Médard et saint Barnabé.

Notre époque néglige bien des saints qui pourtant ont eu leur heure de gloire. Mais comme elle cultive le tout compris, elle les célèbre, un jour par an, tous ensemble. Nous nous rachetons et nous faisons pardonner par la communion des saints, toutes auréoles confondues. Institution du IXe siècle, la Toussaint connaît un succès médiatique en cette fin du XXe siècle. La fête a été renforcée par l'adjonction du Jour des Morts, le 2 novembre, depuis le XIe siècle. Grâce à ce pont férié, les cimetières se transforment en jardins de chrysanthèmes — les saints les aiment si l'on en croit les fleuristes — et, pour les gens du sud, en parcs familiaux où l'on vient pique-niquer entre les tombes.

Le miracle des saints est d'abord du domaine de l'architecture : ces magiciens ont été capables, au Moyen Âge, de faire bâtir une église à partir d'un de leurs cheveux ou d'un métacarpe. Combien de chefs-d'œuvre romans et gothiques doit-on à une relique, si petite fut-elle, rapportée par quelque chevalier ? Le miracle est d'autant plus extraordinaire que peu importait alors à l'architecte de l'église commandée pour l'enchâsser, que le défunt vénéré ait fini par compter trente doigts ou trois têtes.

Mieux vaut, dit-on, s'adresser à Dieu qu'à ses saints. C'est vrai en politique. Faux en religion.

Les saints vous offrent un florilège « œcuménique » (voir page 41). Sans exclure personne. Seule condition d'accès : être populaire.

LA PRATIQUE

Règle de base de l'intercession : le jour le plus propice pour invoquer les saints est celui de l'anniversaire de leur mort, et non de leur naissance.

COMMENT « LES » MOBILISER ?

• **En groupes** : processions, pardons, pèlerinages vers les lieux consacrés et les reliquaires.

• **Seul** : le jour de la mort du saint que l'on veut contacter.

Si vous voulez vous confier à votre saint Baptiste (de votre nom de baptême) : le jour-anniversaire de votre baptême, si possible se rendre sur les fonts baptismaux avec une image du saint, se concentrer sur ses attributs et symboles le plus souvent représentés. Allumer un cierge dans une église qui lui est consacrée ou une chapelle, mais de préférence dans le sanctuaire où l'on a été baptisé. On peut le faire pour ses ascendants et descendants.

Saints guérisseurs : comment les prier d'intercéder.
Si l'on ne peut méditer devant l'un de leurs reliquaires ou un portrait, un tableau évoquant une scène de leurs miracles ou de leur passion, se procurer un des objets de dévotion tels que médailles, images pieuses, chapelets, scapulaire, rameaux, prononcer la prière rituelle s'il y en a une (citée dans la fiche) ou prononcer son nom en précisant son pouvoir de guérison particulier suivi de : « priez pour... » (ma fille, ma sœur, ma mère, etc.).

LA PRATIQUE

Dans certaines chapelles consacrées, vous trouverez une boîte aux lettres pour y glisser un message précis ou un cahier (plus fréquent), livre d'or de demandes d'intercession. Allumer un cierge ou une chandelle près de sa statue. Brûler aussi de l'encens. S'il y a une source miraculeuse, prélever un petit flacon.

Comment les remercier :
• par un ex-voto (à l'emplacement réservé) à commander à un marbrier funéraire - plaques gravées de 900 à 1 500 F ;
• par un graffiti.

Graffiti

Dans certaines églises, comme celle de Saint-Germain-des-Près à Paris (VIᵉ), une grande feuille de papier entoure une colonne réservée aux graffitis pieux de remerciement et de reconnaissance à ... (renouvelée lorsqu'elle est noircie par les signataires).

Saints patrons :
Participer à la fête corporative, processions, messe, manifestations culturelles (pêcheurs, marins, vignerons, boulangers, pour saint Pierre, saint Vincent, sainte Agathe, etc.).

Sur le lieu de votre entreprise, improviser une réunion conviviale à l'occasion de la « saint... ».

LES DEVOTIONS

Si la liturgie est une célébration de Dieu collective, les dévotions privées entendent, elles, exprimer la prière, la piété et la ferveur de la vie intérieure de chacun en toute liberté.

Les goûts, les affinités, la sensibilité personnelle jouent ici un grand rôle. Et l'on ne veut que les rappeler et les proposer au choix du lecteur qui recherche le contact.
Aujourd'hui, il y a plusieurs façons de communiquer avec les saints :
- par la dévotion au saint du jour célébré par la liturgie ;
- par le culte du saint patron dont on porte le nom ;
- par l'invocation aux saints protecteurs ou guérisseurs ;
- par la prière à tel saint avec qui on se sent une affinité particulière.

Au XIIIᵉ siècle, les saints sont très présents dans la vie quotidienne : les porches, les vantaux des églises, les vitraux des cathédrales et des sanctuaires, livres de pierre et de verre racontent, comme les légendes dorées, leur histoire et leurs miracles. Au sommet de leur popularité, saint Martin, saint Patrick, saint Germain d'Auxerre, sainte Anne ou saint Jean-Baptiste. On vénère particulièrement les saints provinciaux et locaux dont les reliques sont conservées et honorées dans

---

Les martyrs

Le culte des saints a pour origine la vénération des martyrs, c'est-à-dire des hommes, des femmes morts pour le Christ en témoignant de leur foi. Les premiers chrétiens considéraient ces « martyrs » comme des modèles de vie chrétienne. On célébrait le souvenir de leur mort parce qu'elle marquait le jour de leur entrée triomphante dans le ciel, aux côtés du Christ : leur seconde naissance. On vénérait le reste de leurs corps parce que ces corps sont destinés à ressusciter un jour dans la gloire avec le Christ. Sur leurs tombes on célébrait un banquet eucharistique.

---

l'église paroissiale, ceux qu'on est allé visiter et prier lors d'un pèlerinage, les saints patrons donnés au baptême...

Au début, chaque communauté chrétienne avait son « martyrologe », son calendrier des saints. Peu à peu l'usage se répandit de célébrer la mémoire de saints, de martyrs vénérés dans d'autres communautés chrétiennes.

Au IVe siècle, on ajouta à la liste des martyrs, le nom des apôtres et de saint Etienne, puis celui de la Vierge Marie. Enfin, les noms de chrétiens, de chrétiennes, qui n'étaient pas morts pour le Christ lors de persécutions mais dont toute la vie avait été un témoignage vivant de leur foi, vinrent augmenter la liste des martyrs.Au même siècle, en Orient, apparut le culte rendu à Joseph, le mari de Marie. C'est seulement au XVIIe siècle que cette dévotion atteignit l'Occident. En 1853, Pie IX proclame Joseph patron de l'Eglise universelle.

De célébration collective initialement, le culte évolue vers l'initiation individuelle, la pratique familiale, la relation intime.

Le Concile de Trente (1563) a confirmé que les catholiques peuvent adresser personnellement et directement aux saints leurs dévotions et leurs prières.

La position de l'Eglise romaine : un défunt sanctifié est habilité à intercéder en faveur d'un vivant auprès de Dieu, dès lors que le Christ, premier intercesseur, a invité ses disciples à prier le Père en son nom.

Reliques : les ossements du saint ne sont pas seuls à avoir valeur de reliques. Des objets lui ayant appartenu, objets pieux, attributs sacerdotaux, fragments d'habits cérémoniels, mais aussi personnels. Tout ce qu'il a touché et porté se trouve « bénit à jamais ». La relique matérialise pour le fidèle la présence parmi les vivants et son pouvoir d'intercession pour ceux qui les vénèrent. Les autels les plus anciens ont été bâtis sur des tombeaux de grands chrétiens. Ils sont censés renfermer des reliques, les autels modernes aussi mais à titre symbolique. Ceci justifie qu'au début de chaque messe, le prêtre officiant baise la table d'autel. Les saints sont tous en communion potentielle avec les fidèles vivants. Le partage de leurs corps en reliques a été accepté par l'Eglise romaine pour « laisser croître et multiplier » les lieux de cultes et de prière dans un monde de propagation de la foi chrétienne.

Les chrétiens n'adorent ni la Vierge ni les saints, ils les vénèrent. À cause de leur foi et de leur charité, ils ne prient pas pour les saints car ils connaissent le bonheur parfait auprès de Dieu.

Des médiateurs

Tandis que les anges de nature céleste ont une action descendante — leurs messages tombent du ciel vers la terre —, les saints ont une action ascendante. Hommes bienheureux, ils sont médiateurs, ils élèvent la prière des vivants malheureux vers la sphère divine. Ils peuvent intercéder.

Nous pouvons leur demander, rappellent les hagiographes, de faire monter jusqu'à Dieu notre prière et ils peuvent aider les croyants à mieux vivre en chrétiens.

QUELLE RELATION PERSONNELLE
ETABLIR AVEC LES SAINTS ?

Comme nous le verrons plus loin, la relation avec son ange est de tendance égotiste, même si l'égo est sublimé. L'échange qui s'établit avec le saint de prédilection est d'ordre altruiste : on prie le saint pour un proche, pour son groupe social, sa communauté, l'apaisement d'une souffrance individuelle ou la paix du monde.

Les saints sont appelés à être pour ceux qui les invoquent, des amis, des guides, des frères aînés. Certains sont plus familiers, plus conviviaux que d'autres.

Joie du vigneron bourguignon qui a la garde dans sa maison, durant une année, de la statue du saint Vincent de son village. Le saint « tourne » d'une famille de viticulteurs à une autre.

Saint de son nom de baptême à qui l'on confie personnellement ses proches.

Saints patrons des corporations que l'on fête en commun : la Saint-Yves, la Sainte-Catherine, la Saint-Nicolas.

Il est des saints charismatiques que l'on rencontre au hasard d'un voyage, dans des lieux inspirés : saint François et sainte Claire à Assises, saint Antoine à Padoue. Les saintes Marie dans leur barque en Camargue, aux Saintes-Maries-de-la-Mer.

COMMENT INVOQUER
LE SAINT ?

Le pèlerin a généralement une demande à formuler au saint. La veillée de prière est attestée pendant tout le Moyen Âge. La prière était le plus souvent informelle et consistait en une simple invocation du nom du saint inlassablement répétée.

Trois attitudes de prière : la prosternation, l'attitude de l'orant (yeux et mains levés vers le ciel), la position à genoux.
*Les neuvaines de prières apparaissent vers le XIIe siècle.
*Le pèlerinage a en lui-même une valeur purificatrice suffisante.

À ces divers procédés d'invocations fondés sur la demande de l'aide divine s'ajoute une pratique héritée de l'Antiquité païenne, l'incubation. Elle consistait à dormir dans les églises de pèlerinages en espérant que le saint leur apparaîtrait et les guérirait.

L'essentiel était cependant de s'approcher le plus près possible des reliques et d'entrer en contact matériel avec elles.

• Les cérémonies d'élévation ou de translation de celles-ci leur en fournissaient l'occasion car en temps normal, l'accès direct en était impossible.

Ce contact avec le sacré, s'il était essentiel, n'était pas le seul moyen d'entrer en relation avec le saint et d'obtenir son intercession.

La reconnaissance envers le saint peut aller jusqu'au don de soi, l'engagement total. Certains fidèles, aux temps médiévaux, se consacraient à son service et devenaient ce qu'on appelait un « sainteur » ou un « censualis » — le pèlerin reconnaissant se constituait l'homme du saint et s'engageait à verser chaque année un cens recognitif sur l'autel de celui-ci.

De nos jours, il est resté de ce « don », non pas ce droit

coutumier, mais le vœu intérieur, la consécration secrète de certains chrétiens engagés dans le sacrifice et la prière. Ils se vouent intimement à tel saint qui devient leur compagnon mystique, leur maître de spiritualité. Chacun est libre de se lier plus ou moins étroitement à un saint.

Ex-voto

En échange du bienfait qu'il espérait, le pèlerin devait donner quelque chose à celui-ci : conception du donnant donnant. Le fidèle promet au saint, s'il est exaucé, d'apporter un objet au sanctuaire ou d'adopter un certain comportement pénitentiel. De là le nom donné à ces objets : ex-voto, ce qui signifie don qui provient d'un vœu.
L'offrande la plus courante, la plus généralisée jusqu'à nous est le cierge votif.
Lorsque l'ex-voto est déposé après le miracle, il doit porter témoignage du miracle : les béquilles devenues inutiles aux boiteux, les fers dont s'étaient libérés les prisonniers, les cordes des pendus miraculeusement sauvés. Des ex-voto hétéroclites se sont ainsi entassés en désordre devant les tombeaux et les autels.

ECHANGES DE BONS PROCEDES

Ex-voto suscepto : « selon le vœu fait ». L'offrande peut prendre la forme d'une chapelle, d'une peinture, d'une maquette, d'un vêtement, d'un cierge exposés dans un sanctuaire. L'intention est toujours la même, expression de foi populaire de l'homme qui en appelle à Dieu et à ses saints.

LA PRATIQUE

En échange de sa protection, on peut offrir à l'avance à son saint patron ou à Marie, un ex-voto dit propitiatoire. Le don peut être commémoratif (une plaque, un objet familier ayant appartenu à un parent) ou surérogatoire, c'est-à-dire spontané et désintéressé.

L'acte votif existait avant le christianisme. Egyptiens, Grecs, Romains le pratiquaient. Tableaux, maquettes, dessins (pour les marins) sont apparus dès la fin de l'âge médiéval et perdurent aujourd'hui. Chez les marins, par exemple, non seulement les ex-voto sont toujours offerts, mais ils sont également restaurés et portés en procession lors de pèlerinages et de pardons.

Expression de l'angoisse des hommes, relation de confiance et de gratitude envers la divinité, l'acte votif est plein de symbolismes. Les plus fortunés érigent des chapelles, les plus humbles offrent un reste d'ancre, une simple plaque avec inscription ou un modeste « merci » qu'ils déposent au plus près de la statue ou de l'autel du saint invoqué, l'intercesseur. La maquette est un mode d'offrande très prisé par les navigateurs et ce, depuis l'antiquité.

LES OBJETS DE DEVOTION

Les dévotions s'expriment à travers des paroles, des prières, des gestes et des objets matériels qui sont des supports de prière :
- les images pieuses
- les médailles
- les cierges
- le chapelet
- le rosaire
- le scapulaire
- les icônes

Ces objets de piété ou objets-souvenirs (images pieuses, médailles) sont rapportés d'un pèlerinage (Lourdes, Lisieux...) ou achetés dans des magasins spécialisés aux abords des cathédrales, églises ou sanctuaires.

Même reproduits en grande série, ces objets, une fois acquis, touchés, portés se personnalisent suivant la ferveur sincère de son possesseur. Ils correspondent en effet au besoin de matérialiser à travers un souvenir, une démarche spirituelle — et seront une fois rentrés chez soi, un support de prière.

• Les images pieuses
Les images pieuses n'ont pas toujours été du meilleur goût — celles de la fin du XIXe siècle, début XXe siècle nous font sourire par leur mièvrerie. D'innombrables « cœurs », celui de Jésus ou de la Vierge ont été imprimés au XIXe siècle et proposés à la vénération des fidèles en plan, en coupe, en élévation — des cœurs sanguinolents parfois tenus à la main, pressés par deux doigts qui en font jaillir un flot de sang recueilli dans un calice...

Ces images pieuses représentent la statue du saint vénéré ou une reproduction d'une peinture de ce même saint. À leur dos est imprimée la (ou les prières) dédiée à ce saint.

• Les médailles
Dans les familles chrétiennes, des petites croix ou des médailles sont offertes au moment du baptême et des profes-

sions de foi. Autrefois, des vertus étranges étaient attribuées aux médailles — des croyances populaires leur reconnaissaient des pouvoirs de guérison, de protection contre la typhoïde, la surdité ou le mal de dents...

La « médaille miraculeuse » représentant la Vierge fut frappée pour la première fois en 1832. En 1871, plus de trente millions d'exemplaires étaient répandus à travers le monde.

Des millions d'automobilistes portent la médaille de saint Christophe en porte-clé. Elle matérialise une sorte de garantie, d'assurance contre les accidents, contre le mauvais sort.

• Le cierge

Le cierge est le symbole de la lumière « la joyeuse lumière du matin de Pâques ». Le cierge pascal est un très grand cierge béni, allumé pendant la veillée pascale. Il est orné d'une croix de cinq grains d'encens (en l'honneur des cinq plaies du Christ, des lettres grecques A et Ω (alpha et oméga) et des chiffres de l'année. Il est placé dans le chœur de l'église jusqu'à l'Ascension. Il sert ensuite à allumer les cierges du baptême et ceux de la profession de foi.

La pratique de brûler un cierge devant la statue d'un saint (cierge dit «de dévotion») pour lui demander une faveur ou le remercier de l'avoir obtenue est très populaire et très courante. On trouve aussi dans les églises des veilleuses, petites, de couleur rouge, grandes, de couleur jaune (voir « Prière de la petite flamme », page 26).

Pour la Chandeleur (Fête des Chandelles), une grande procession avec des cierges bénits se déroule pendant la messe. La Chandeleur, le 2 février, célèbre la fête de la présentation de Jésus au temple et de la Purification de la Vierge.

• Le chapelet

Le chapelet « petit chapeau » est le nom de la couronne de fleurs ornant les statues de la Vierge au Moyen Âge. Puis c'est le nom d'un collier de grains groupés en cinq dizaines séparées par un grain isolé. En les faisant glisser entre ses doigts, le fidèle récite à chaque grain un « Je vous salue Marie » et sur le grain le plus gros un « Notre Père ».

Cet objet de piété a été utilisé pour la dévotion à la Vierge Marie à partir du XVe siècle.

Le chapelet a longtemps servi de certificat de baptême aux étrangers pour être enterrés au cimetière.

Porter un chapelet sur soi était une protection contre les accidents, les maladies : la superstition en a fait un talisman.

Le chapelet est un instrument de méditation. La prière accompagnant cette méditation s'adresse à Dieu, notre Père par l'intermédiaire de la Vierge Marie.

• **Le rosaire.**

LA PRATIQUE

Prière à la Vierge. Pratiqué par saint Bernard et saint Dominique, le rosaire a été popularisé par les cisterciens et les dominicains au XVe siècle. Dire le rosaire aujourd'hui, c'est réciter un credo puis cent cinquante « Je vous salue Marie ». Réparties en quinze dizaines, introduites chacune par un « Notre Père » et suivies d'un « Gloria Patri ».
La récitation de cinq dizaines s'appelle un chapelet. Trois chapelets constituent un rosaire.

Cette prière repose sur la méditation des quinze mystères de la vie de la Vierge, les quinze grands moments de la vie du Christ auxquels Marie a été associée. On distingue :

*les *Mystères joyeux* : Annonciation - Visitation - Nativité - Présentation de Jésus au Temple - Jésus retrouvé au Temple.

*Les *Mystères douloureux* : Agonie au jardin des Oliviers - Flagellation - Couronnement d'épines - Portement de la croix - Crucifiement.

*Les *Mystères glorieux* : Résurrection - Ascension - Pentecôte - Assomption - Couronnement de la Vierge.

La fête de Notre-Dame-du-Rosaire a été instituée en 1573 par le pape Grégoire XIII. Le mois d'octobre est le mois du rosaire. On dit le rosaire aussi au mois de mai (le mois de Marie).

Dans de nombreuses églises de la chrétienté, des tableaux représentant la Vierge du rosaire témoignent de l'importance de cette dévotion.

On prie le rosaire seul, en famille, à l'église.

• Le scapulaire

Le scapulaire est un vêtement : un capuchon complété par deux morceaux d'étoffe bénits réunis par des rubans qui s'attachent autour du cou.

De rares fidèles revêtent le scapulaire pour se mettre sous la protection de la Vierge Marie. Le plus célèbre des scapulaires fut donné par la Vierge du Carmel à Simon Stock qui réorganisa au XIIIe siècle l'ordre du Carmel en Occident. Cet ordre contemplatif est issu des ermites groupés au mont Carmel en Palestine.

• Les icônes

Peintures religieuses représentant le Christ, la Vierge ou un saint. Au contraire de l'Occident, l'Orient chrétien s'est montré sensible à la vénération des images. L'enfant orthodoxe reçoit une icône le jour de son baptême. Une icône représentant la Vierge est offerte aux jeunes époux le jour de leur mariage. L'icône aide le fidèle dans sa prière et dans sa vie.

Œuvres d'art, supports de prière, présence de Dieu dans la beauté, les icônes ont une valeur spirituelle comme il le fut rappelé aux catholiques par le Concile de Vatican II (1965).

La vénération des icônes comporte des marques de respect : des cierges allumés les illuminent et elles sont aspergées d'encens (elles reçoivent un baiser et l'on s'incline ou se prosterne devant elles).

On distingue les icônes du Christ, les icônes de la mère de Dieu et les icônes des saints. Les plus répandues sont celles de Jean-Baptiste, Nicolas de Myre, Georges, Dimitri, Pierre et Paul. Elles représentent le saint en buste ou en pied ou faisant des miracles.

Il y a aussi des icônes d'anges : elles ressemblent à celles des saints mais les ailes indiquent qu'il s'agit de messagers célestes. L'archange saint Michel est très représenté.

Dans les églises chrétiennes de rite oriental, l'iconostase (cloison couverte d'icônes) sépare la nef du chœur pour cacher aux yeux des fidèles la célébration de l'eucharistie.

LE PELERINAGE LOCAL

Le salut de l'âme et l'ascèse du long cheminement en pays étranger n'ont pas été l'objectif recherché par la majorité des fidèles. Le pèlerinage est avant tout la recherche de la guérison du corps et le remède aux maux, aux maladies, aux problèmes de la vie quotidienne.

Le saint protecteur est un personnage familier auquel on s'adresse en cas de danger et de difficultés.
Le pèlerinage local est plus accessible pour les infirmes, les handicapés, les pauvres sans moyen de transport, et il faut faire ce pèlerinage pour avoir des chances d'être exaucé.
L'apogée de ce pèlerinage local se situe le jour de la fête du saint, au cours de laquelle on lit ou raconte aux fidèles les grands faits de sa vie et les miracles survenus grâce à son intercession. Le deuxième temps fort coïncide avec les grandes fêtes de printemps, Pâques et Pentecôte.

Ce qui comptait pour les petites gens, c'était la spécialité du saint thaumaturge.
Comme l'angélus rythmait leur vie quotidienne, les petits pèlerinages locaux rythmaient les mois et les saisons.

Le secours de la Vierge était précieux dans toutes les circonstances. Presque chaque village avait son culte marial à Notre-Dame, les fidèles n'avaient pas que des requêtes, leur visite était souvent inspirée par la seule dévotion.

Au Moyen Âge, le culte des saints et la vénération des reliques l'emportaient sur toutes les autres formes de piété. Les petites gens illettrées n'avaient pas accès à la lecture des Evangiles. Elles comprenaient mal la portée et le sens de la messe et elles communiaient rarement. Les saints étaient, pour eux, plus un recours immédiat qu'une chance pour leur salut éternel. Toutes considéraient (et les princes, évêques et moines ne les démentaient pas) que les reliques conservaient la puissance miraculeuse dont le saint disposait et qu'elles pouvaient transmettre un pouvoir de guérison.

LES EAUX DITES MIRACULEUSES

Les cultes sont souvent concentrés autour des sources. Tout pèlerinage comporte sa fontaine : fontaine «aux eaux miraculeuses». Ainsi l'eau peut guérir en raison de ses vertus spécifiques mais la dévotion populaire a toujours considéré la valeur sacrée et sacralisante de l'eau.

Le magique peut aussi pervertir le sacré. Certains trempent leur stylo dans l'eau bénite d'un flacon rapporté de Lourdes pour s'assurer un succès : l'envie d'un bien terrestre s'est substituée ici à la valeur sacrée de l'eau bénite. Mais chacun reçoit à la mesure de son désintéressement, de son altruisme. Il ne reçoit pas la même chose s'il aspire à la guérison d'un être cher.

LA PRATIQUE

Les eaux puisées près des sanctuaires ne sont pas en elles-mêmes des assurances contre la maladie ni le mauvais sort. L'eau bénite n'a pas de pouvoir magique. Rapporter sa fiole d'eau dite miraculeuse de Lourdes relève de la même démarche que rapporter du sable du Sahara dans un flacon : c'est un «objet-souvenir» qui rappellera une certaine démarche spirituelle.

L'eau bénite pour les croyants est un « sacramental », un élément matériel qui a un lien avec le sacrement du baptême.
Faire le signe de la croix avec de l'eau bénite nous rappelle notre baptême et notre appartenance à la religion du Christ.
L'aspersion à la messe ou lors de funérailles rappelle aux fidèles qu'ils sont des « fils de Dieu ». C'est un geste de foi et d'espérance.

LES NEUVAINES
ET LES TRIDUUMS

Le besoin de prier d'une manière plus fervente se trouve à l'origine des triduums (trois jours consécutifs de prière très intense) des retraites, des neuvaines.

Les neuvaines sont encore très répandues dans certains pays de tradition chrétienne (la neuvaine de sainte Geneviève à Saint-Etienne-du-Mont à Paris. La neuvaine de sainte Rita à Cascia (Italie), en général autour de la fête du saint.

La neuvaine de sainte Thérèse de Lisieux. Les fidèles prient et implorent neuf jours de suite un saint afin d'obtenir une faveur particulière.

LA PRATIQUE

La prière de la petite flamme

Seigneur, que ce cierge que je fais brûler
soit lumière,
pour que tu m'éclaires dans mes difficultés
et mes décisions.
Qu'il soit feu pour que tu brûles en moi
tout égoïsme et impureté.
Qu'il soit flamme pour que tu réchauffes
mon cœur.
Je ne peux rester longtemps en ton église.
En laissant brûler ce cierge, c'est un peu
de moi que je veux te donner.
Aide-moi à prolonger ma prière dans les
activités du jour.

CONNAITRE SON SAINT
POUR GUERIR SON MAL

Les « spécialités » des saints guérisseurs

Au Moyen Âge, les malades se rendaient auprès des saints thaumaturges afin d'obtenir la guérison. S'ils furent d'abord polyvalents, vers la fin du Moyen Âge, certains saints avaient une spécialité. Sainte Odile guérissait les maux d'yeux, saint Guy, l'épilepsie, saint Roch, la rage, saint Lazare, la lèpre.

La médecine était alors inexistante, la vie quotidienne misérable. Dans ces conditions, vers qui se tourner lorsqu'on était malade, infirme ou désespéré ?

Le saint guérisseur était l'interlocuteur familier, accessible à tous, à qui l'on confiait son corps et son âme. Aujourd'hui, on comparerait ce rôle à une prise en charge palliative du malade ou à une médecine douce. Actuellement, à défaut de miracle technique, le patient dit « incurable » a besoin de réconfort moral, de stimulation de ses défenses psychiques. Dans une telle détresse, le recours au saint est un appel au secours, une demande d'assistance extérieure. Sa compétence s'étend aux fléaux du siècle.

Des pieds à la tête : qui invoquer ?

Les membres inférieurs :
- les maux de pieds :   - saint Julien l'Hospitalier
                          - saint Thibaud
                          - saint Magne
                          - saint Eusée
- Les maux de genoux :   - saint Roch
- La claudication :   - saint Géraud
                          - saint Camille de Lellis
                          - saint Philippe
- La paralysie des jambes : - saint Saturnin
                          - saint Grégoire

Les membres supérieurs :
* Douleurs dans
les mains et les bras :   - sainte Marcelle
    - sainte Anastase
* Engelures :   - saint Corentin
    - saint Janvier
    - saint Saturnin
* Rhumatismes :   - saint Caprais de Lérins
    - saint Polycarpe
    - saint Jacques le Majeur
* Maux de dos/hernies: - saint Laurent
    - saint Emilien
    - saint Conrad de Plaisance
* Asthme :   - sainte Manigne
    - sainte Béatrice
* Tuberculose :   - sainte Thérèse de Lisieux
    - saint Casimir
* Maux de seins :   - sainte Agathe
* Ablation d'un sein :   - sainte Catherine de Sienne
* Maux de ventre :   - saint Brice
    - sainte Eulalie
    - saint Vincent
* Diabète :   - sainte Gertrude
* Alcoolisme :   - saint Martin
    - saint Théodote
* Cancer   - saint Gilles
    - saint Béat

Sexualité :
* Maladies sexuellement
transmissibles :   - saint Sulpice
* stérilité :   - saint André
    - sainte Anne

La tête :
* Névralgies faciales :   - saint Pierre-Damien
* Maux de dents :   - saint Apolline
* Maux d'yeux :   - sainte Claire
    - sainte Geneviève
    - sainte Lucie
    - sainte Odile

- Maux d'oreilles   - saint Ouen
- Maux de gorge   - saint Blaise
                                        - sainte Andrey
                                        - saint André

- Maladies de peau :   - saint Cessateur
                                        - saint Antoine
- Troubles psychiques :   - saint Gilles
                                        - saint Mathurin

Maladies infantiles :
- Le protecteur des nourrissons est   - saint Marcel.
- Pour tous les problèmes de santé de l'enfant   - saint Nicolas.

Appel à la délivrance

Une tradition vive est de presser le saint d'intervenir pour mettre fin à la souffrance désespérée d'un incurable ; « Sent tu pe tu », « Saint, sois d'un côté ou de l'autre ». Le malade chronique, à bout de résistance, supplie le saint de trancher « tu pe tu ». Ou tu me guéris, ou tu m'aides à partir dans l'autre monde, mais décide-toi vite ! Aujourd'hui, on peut transcrire cet appel en demande d'euthanasie.

LA PRATIQUE

Pour toute détresse physique, psychique, morale, laissée sans réponse, pour tous les cas extrêmes, sainte Rita de Cascia.

Prière à sainte Rita

Toi qui as vécu douloureusement dans ton corps
     — les coups de ceux qui t'ont battue
     — les souffrances d'une longue maladie

Toi qui as ressenti dans ton cœur
— le mépris de ceux qui t'insultaient
— les moqueries de ceux qui te repoussaient
— le découragement face aux situations désespérées

Donne-moi le secret
— de la douceur de ton cœur
— de ton sourire dans les larmes
— de ta force dans le désespoir
— de ton amour plus fort que la haine

Aide-moi à garder
— un cœur confiant et aimant comme celui d'un enfant dans les mains de Dieu notre Père
— un amour tendre et fort comme celui de Jésus pour pardonner et aimer jusqu'au bout
— une écoute attentive aux paroles intérieures de l'Esprit Saint pour laisser jaillir en moi ses dons de réconciliation et de paix.

Sainte Rita, priez pour nous ! (3 fois)

Chapelle Sainte-Rita 65, boulevard de Clichy 75009 Paris

La main coupée qui guérit.

L'Angleterre est décidément sous le signe de Thomas. L'un des saints anglais les plus admirés appartient à l'histoire du Royaume-Uni : Thomas Becket qui fut chancelier d'Angleterre puis archevêque de Canterbury avant d'être assassiné dans sa cathédrale sur ordre d'Henri II.

Les Anglais sont connus pour leur pragmatisme et comme un autre saint Thomas, Thomas Didyme, l'un des apôtres du Christ, ils ne croient que ce qu'ils touchent ou voient de leurs propres yeux. Aussi les miracles qui se passent outre Manche sont-ils rares. Mais quand il y en a un, il saute aux yeux. C'est le cas du dernier miracle de l'année 1995 : un moine était arrivé à ses fins dernières, condamné par la médecine à succomber sous peu. Le religieux dési-

gné pour lui succéder dans ses fonctions ne se résignait pas à le voir ainsi rappelé à Dieu.

« Les hommes ont encore besoin de lui ». Il prit l'initiative de sortir de sa châsse une relique d'un saint anglais martyr (autre que Becket), canonisé par Paul VI : il s'agit d'une main coupée étonnamment conservée et à qui l'on attribue un pouvoir de guérison.

Vingt-quatre heures après avoir été touché par la main, le moribond s'est levé et a mangé de bon appétit. La sceptique Angleterre ne se contente pas de petits miracles.

LES SAINTS DE L'ADOPTION

« Mère, voilà ton fils, fils voilà ta mère ! ». Une des dernières paroles du Christ. Elle fonde l'esprit d'amour désintéressé qui doit inspirer toute volonté d'adopter un enfant de nos jours, comme hier.

Marie va perdre son fils bien-aimé. Celui-ci l'enjoint de reporter son amour maternel sur la tête de Jean, son disciple bien-aimé.
Geste fondateur.

Les femmes qui veulent adopter un enfant se rassurent en invoquant à la fois sainte Marie et saint Jean.

Ce recours ne dispense pas de prier aussi en la circonstance d'une demande en adoption saint Jérôme et saint Yves, patrons des enfants abandonnés et recueillis.

Le saint en pénitence

Au début du siècle, dans un couvent de Filles de la Charité, on implorait souvent saint Joseph lorsque la communauté, vivant des aumônes, manquait du strict nécessaire. Si la réponse du saint tardait, on tournait sa statue face au mur de la chapelle. On la retournait quand le vœu était exaucé.

ETATS ET SITUATIONS DE LA VIE

Si vous êtes :	Priez :
• Amoureux	Valentin
• Fiancés	Valentin
• Jeunes filles	Blandine
• Jeunes filles à marier	Catherine
	Valentin
	Estelle
	Andrée
	Antonin
• Veuves	Ségolène
	Olympiade
• Analphabètes	Sulpice
• Femmes battues	Anastasie
	Godeliève
	Jules
• Maris martyrisés	Gengoult
• Fidélité conjugale	Daniel
• Enfants martyrs	Ignace (de Loyola)
• Orphelins	Jérôme
• SDF	Jean l'Aumônier
	Joseph

LES SAINTS PATRONS

Donner un saint patron aux divers métiers est une tradition qui remonte aux corporations du Moyen Âge.

Certaines professions ont plusieurs saints et, inversement, certains saints patronnent plusieurs professions.

La modernité ne leur échappe pas. Si des métiers anciens sont tombés en désuétude, d'autres, tout récents, ne sont pas sans protection particulière. Ainsi, l'informatique et les télécommunications savent à quel saint se vouer. Pour ne pas être en retard sur l'actualité, nous avons mis les mères de famille à la rubrique des métiers. Leurs tâches ne sont-elles pas aujourd'hui assimilées à une activité méritant rémunération ? Les sans-emplois ne sont pas oubliés.

À NOTER : Les dates des fêtes de certains saints patrons ont été déplacées au cours des siècles. Dans cet ouvrage, nous nous sommes efforcés de retrouver les dates les plus précises, au regard de la tradition religieuse et de l'histoire. C'est pourquoi elles peuvent, dans certains cas, différer du calendrier des postes, en particulier, qui cependant tend à s'aligner sur le calendrier liturgique actualisé.

- Agents administratifs   Saint Jean - 27 décembre
- Agriculteurs   Saint Isidore - 4 avril
- Apprentis   Jean Bosco - 28 mai
- Amoureux   Valentin - 14 février
- Architectes   Thomas - 3 juillet.
  Barbe - 4 décembre.
- Armuriers   Guillaume - 10 janvier.
  Barbe - 4 décembre.
- Artificiers   Barbe - 4 décembre
- Artilleurs   Barbe - 4 décembre
- Artistes peintres   Luc - 18 octobre
  Jean - 27 décembre
  Fra Angelico - 18 mars
  Lazare - 23 février
- Automobilistes   Christophe - 25 juillet
- Aviateurs   Michel - 29 septembre
  Joseph de Copertino - 18 septembre

- Avocats
  Yves - 19 mai
  Nicolas - 6 décembre
- Avoués
  Yves - 19 mai
- Banquiers
  Mathieu - 21 septembre
- Bateliers
  Nicolas - 6 décembre
  Christophe - 25 juillet
  Honorine - 27 février
- Bergères
  Jeanne d'Arc - 30 mai
- Bijoutiers
  Eloi - 1er décembre
- Bibliothécaires
  Laurent - 10 août
- Blanchisseurs
  Maurice - 22 septembre
  Claire - 11 août
- Bouchers
  Barthélemy - 24 août
  Nicolas - 6 décembre
  Barbe - 4 décembre
- Boulangers
  Honoré - 16 mai
- Brasseurs
  Médard - 8 juin
- Brocanteurs
  Roch - 16 août
- Buralistes
  Claude - 15 février et 6 juin
- Cafetiers
  Vincent - 22 janvier
- Carrossiers
  Eloi - 1er décembre
- Cartes à jouer
  (joueurs et fabricants)
  Balthazar - 6 janvier
- Cavaliers
  Georges - 23 avril
  Martin - 11 novembre
- Changeurs
  Mathieu - 21 septembre
- Charpentiers
  Joseph - 19 mars
- Charretiers
  Antoine de Padoue - 13 juin
  Eloi - 1er décembre
- Chasseurs
  Hubert - 3 novembre
- Chauffeurs de taxi
  Fiacre - 30 août
  Christophe - 25 juillet
- Chaudronniers
  Eloi - 1er décembre
  Fiacre - 30 août
- Chômeurs
  Grégoire - 3 septembre
- Chirurgiens
  Roch - 16 août
  Côme et Damien - 26 septembre
- Coiffeurs
  Louis - 25 août
  Marie-Madeleine - 22 juillet
- Comédiens
  Genest - 25 août

• Comptables	Nicolas - 6 décembre
	Matthieu - 21 septembre
• Confiseurs	Côme - 26 septembre
	Antoine - 13 juin
• Cordonniers	Crêpin - 25 octobre
• Couturières	Anne - 26 juillet
	Louis - 25 août
• Couvreurs	Barbe - 4 décembre
	Vincent - 22 janvier
• Cuisinières	Marthe - 29 juillet
	Laurent - 10 août
• Cuisiniers	Laurent - 10 août
• Cultivateurs	Médard - 8 juin
• Dactylographes	Cassien - 23 juillet
• Dentistes	Apolline - 9 février
• Dessinateurs	Luc - 18 octobre
• Droguistes	Côme - 26 septembre
• Ebénistes	Joseph - 19 mars
	Anne - 26 juillet
• Ecolières	Catherine - 25 novembre
• Ecoliers	Nicolas - 6 décembre
	Vincent - 22 janvier
• Economes	Laurent - 10 août
• Ecrivains	Jean - 27 décembre
	Cassien - 23 juillet
• Electriciens	Lucie - 13 décembre
• Etudiants	Catherine - 25 novembre
	Expédit - 19 avril
• Femmes au foyer	Marthe - 29 juillet
	Anne - 26 juillet
• Fiancés	Valentin - 14 février
• Filles au pair	Anne - 26 juillet
	Zita - 27 avril
• Financiers	Matthieu - 21 septembre
• Fleuristes	Fiacre - 30 août
	Roseline - 17 janvier
• Forestiers	Hubert - 3 novembre
• Forgerons	Eloi - 1er décembre
• Fossoyeurs	Barbe - 4 décembre
• Fromagers	Michel - 29 septembre

• Fumeurs	Claude - 15 février et 6 juin
• Gendarmes	Geneviève - 3 janvier
• Hommes de loi	Yves - 19 mai
• Horlogers	Eloi - 1er décembre
• Hôteliers	Marthe - 29 juillet
	Martin - 11 novembre
• Infirmières	Camille de Leillis - 14 juillet
	Côme et Damien - 26 septembre
• Informaticiens	Cassien - 23 juillet
• Ingénieurs	Guillaume - 10 janvier
	Thomas - 3 juillet
• Instituteurs	Nicolas - 6 décembre
	Cassien - 23 juillet
• Institutrices	Catherine - 25 novembre
	Ursule - 21 octobre
	Anne - 26 juillet
• Jardiniers	Fiacre - 30 août
	Adam - 24 décembre
• Jeunes filles à marier	Catherine - 25 novembre
	Valentin - 14 février
	Estelle - 11 mai
	André - 30 novembre
	Antonin - 2 mai
• Journalistes	François de Sales - 24 janvier
• Juges	Thomas - 3 juillet
• Laboureurs	Isidore - 4 avril
	Médard - 8 juin
• Lapidaires	Louis - 25 août
• Libraires	Jean l'Evangéliste - 27 décembre
	et 6 mai
• Lingères	Véronique - 4 février
	Marthe - 29 juillet
• Loueurs de voiture	Eloi - 1er décembre
• Lunetiers	Claire - 11 août
	Catherine - 25 novembre
• Maçons	Thomas - 3 juillet
	Pierre - 29 juin
	Barbe - 4 décembre
• Magistrats	Yves - 19 mai
• Maquettistes	Luc - 18 octobre

- Maraîchers   Fiacre - 30 août
- Marins   Nicolas - 6 décembre
                        Christophe - 25 juillet
- Mécaniciens   Eloi - 1er décembre
- Médecins   Gabriel - 29 septembre
                        Côme et Damien - 26 septembre
                        Luc - 18 octobre
- Menuisiers   Joseph - 19 mars
- Mères de famille   Anne - 26 juillet
- Meuniers   Martin - 11 novembre
                        Catherine - 25 novembre
- Militaires (carrière)   Maurice - 22 septembre
                        Georges - 23 avril
                        Martin - 11 novembre
- Mineurs   Barbe - 4 décembre
- Musiciens   Cécile - 22 novembre
- Navigateurs   Christophe - 25 juillet
                        Nicolas - 6 décembre
- Notaires   Yves - 19 mai
                        Nicolas - 6 décembre
- Nourrices   Anne - 26 juillet
                        Agathe - 5 février
- Oculistes   Odile - 14 décembre
- Opticiens   Claire - 11 août
                        Odile - 14 décembre
- Orfèvres   Eloi - 1er décembre
                        Barbe - 4 décembre
                        Anne - 26 juillet
- Ouvriers du bâtiment   Thomas - 3 juillet
                        Barbe - 4 décembre
- Ouvriers   Joseph - 19 mars
- Papetiers   Jean - 27 décembre
- Parachutistes   Michel - 29 septembre
- Parfumeurs   Marie-Madeleine - 22 juillet
                        Nicolas - 6 décembre
- Pâtissiers   Honoré - 16 mai
- Paveurs   Roch - 16 août
- Pêcheurs   Pierre - 29 juin
                        André - 30 novembre
                        Erasme - 2 juin

- Pharmaciens   Côme et Damien - 26 septembre
  Roch - 16 août
- Photographes   Véronique - 4 février
- Pipiers   Claude - 15 février/6 juin
- Plombiers   Marie-Madeleine - 22 juillet
  Catherine - 25 novembre
  Eloi - 1er décembre
- Poissonniers   Pierre - 29 juin
  André - 30 novembre
- Policiers   Laurent - 10 août
- Postiers   Gabriel - 29 septembre
- Presse   Paul - 29 juin
- Radiophonie   Gabriel - 29 septembre
  Jeanne d'Arc - 30 mai
- Randonneurs   Jacques - 25 juillet
- Receveurs et
Percepteurs d'impôts   Matthieu - 21 septembre
- Relieurs   Jean - 27 décembre
- Reporters   Véronique - 4 février
  Marc - 25 avril
- Revendeurs   Michel - 29 septembre
- Rôtisseurs   Laurent - 10 août
- Sages-femmes   Côme et Damien - 26 septembre
- Sapeurs-Pompiers   Barbe - 4 décembre
  Nicolas - 6 décembre
  Anne - 26 juillet
- Sculpteurs   Luc - 18 octobre
  Marthe - 29 juillet
  Lazare - 23 février
- Secrétaires   Cassien - 23 juillet
  Marc - 25 avril
- Serruriers   Pierre - 29 juin
  Eloi - 1er décembre
- Serveuses   Zita - 27 avril
- Sportifs   Christophe - 25 juillet
- Tanneurs   Barthélemy - 24 août
- Tapissiers   Paul - 29 juin
- Teinturiers   Maurice - 22 septembre
  Claire - 11 août
- Télécommunications   Gabriel - 29 septembre

- Tonneliers
- Tourneurs
- Travaux-Publics
- Traducteurs
- Vanniers
- Vignerons
- Vitriers, verriers
- Voyageurs
(et voyagistes)

Nicolas - 6 décembre
Claude - 15 février et 6 juin
Roch - 16 août
Jérôme - 30 septembre
Paul - 29 juin
Vincent - 22 janvier
Clair - 1er juin
Martin - 11 novembre
Nicolas - 6 décembre

LES SAINTS DES NATIONS

- Allemagne
- Angleterre
- Autriche
- Belgique

- Canada
- Espagne
- France
- Grèce
- Irlande
- Italie
- Luxembourg
- Mexique
- Pays-bas
- Pologne
- Québec
- République Tchèque
- Russie
- Suède
- Suisse

Saint Boniface
Saint George
Saint Léopold
Saint Michel
(Bruxelles : Ste Gudule)
Saint Joseph, sainte Anne
Saint Jacques
La Vierge Marie, Jeanne d'Arc
Saint André
Saint Patrick
Sainte Catherine de Sienne
Saint Willibrod
Saint Joseph
Saint Nicolas
Saint Stanislas
Saint Jean-Baptiste
Saint Wenceslas
Saint Nicolas
Saint Eric
Saint Maurice

LES SAINTS DE LA METEO

• Beau temps	Roland
	Claire
• Orages	Anastase
	Antoine
	Donat
• Tempête en mer	Brieuc
• Pluies	Fructueux (Portugal)
	Nestor
• Inondations	Bodfan (Pays de Galles)
• Brouillard	Junien
• Séismes	Marianne (Equateur)
• Incendies	Boniface (Allemagne)
	Hermès (Italie)

Les saints musulmans

Bel exemple de dévotion alliée à la tolérance. Dans les années quarante, à Istanbul, les femmes de religion chrétienne orthodoxe allaient visiter les tombeaux des saints de l'Islam et les musulmanes allaient allumer des cierges pour faire leurs vœux devant des icônes. Ni les papes ni les imams ne leur reprochaient d'être infidèles à leur religion.

CALENDRIER DES SAINTS

« Chaque jour effeuille un prénom au calendrier des saints » (J.M. Pelt).

Les premiers calendriers des saints remontent au IVe siècle.
Actuellement, le calendrier des saints pour l'Eglise universelle ne mentionne pas tous les saints recensés (au nombre de 40 000), mais une sélection. Les autres saints ne sont pas oubliés. Certains d'entre eux font l'objet de cultes nationaux, régionaux ou locaux. Une fois par an, les catholiques, même non pratiquants célèbrent tous ensemble le 1er novembre, jour de la Toussaint.
La fête de tous les saints est née au VIIIe siècle, en pays celtique et se répandit dans tout l'Occident. Elle est fête chômée depuis le Xe siècle. (Voir « La Toussaint », par Fra Angelico à la National Gallery de Londres).
Calendrier, voir Annexe.

FLORILEGE DES SAINTS
LES PLUS POPULAIRES

Notre sélection a pris en compte les cotes de popularité.
Du Nord au Sud, la Vierge emporte tous les suffrages. Elle est la destinataire privilégiée des ex-voto des gens de mer et marraine d'innombrables sanctuaires. Notre-Dame-de-la-Garde, de Bon Secours ou de Grâce... Quant aux saints, leurs spécialisations leur assurent une popularité nationale tel saint Pierre, patron des pêcheurs. En Bretagne, les sept saints fondateurs des principales villes, ainsi que sainte Anne, sont vénérés. En Méditerranée, les saints plébiscités sont sainte Eulalie en Roussillon, saint Roch en Languedoc, saint Louis en Provence, sans compter saint Antoine de Padoue.

Une fiche est consacrée à chacun des saints qui ont haussé ou maintenu de nos jours leur cote d'amour.

- Vierge IVe siècle
- Patronne de Paris, patronne des gendarmes, elle est invoquée contre la fièvre.

ATTRIBUTS : un cierge, une houlette de bergère et parfois des clés (les clés de la ville de Paris).

OÙ LA VÉNÉRER ?

À Paris, dans la chapelle Sainte-Geneviève de l'église Saint-Etienne-du-Mont sont exposés le sarcophage dans une châsse ciselée et un précieux reliquaire (contenant des cheveux de Geneviève).

Pendant la neuvaine du 3 au 12 janvier, sainte Geneviève est particulièrement célébrée : dans le chœur de l'église est placé le reliquaire que les fidèles viennent embrasser après les offices.

Lors des deux dernières guerres en 1914 et en 1945, une procession solennelle de la châsse s'est déroulée de l'église de Saint-Etienne-du-Mont à Notre-Dame de Paris. Sous la protection de la sainte, la destruction de Paris fut évitée.

OÙ L'ADMIRER ?

À Paris.

- Très belle statue de sainte Geneviève dans l'église Saint-Etienne-du-Mont.
- Une très haute statue de sainte Geneviève sur les quais de la Seine.
- Sculpture de sainte Geneviève : XIIIe siècle sur le portail de l'église Saint-Germain-l'Auxerrois.
- Sainte Geneviève assise, une houlette à la main, entourée de son troupeau. Ecole de Fontainebleau, église Sainte-Merry.
- Puvis de Chavannes au XIXe siècle consacre un cycle à l'enfance de Geneviève. Panthéon (ancienne église Sainte-Geneviève).
- Sainte Geneviève, peinture XVe siècle par Hugo Van der Goes, Vienne (Autriche) Gemäldegalerie.

Vie ou légende

Geneviève est née à Nanterre. Lors de son passage dans ce village, l'évêque Germain d'Auxerre remarque la piété de Geneviève âgée alors de sept ans.

Sa mère est frappée de cécité après avoir donné un soufflet à Geneviève. Celle-ci la guérit avec de l'eau qu'elle avait bénie. Elle prend le voile à quinze ans. Saint Germain la défend contre les calomnies.

Elle fait construire la première basilique de Saint-Denis. Elle visite le chantier la nuit, éclairée par un cierge que le vent éteint mais qui, miraculeusement, se rallume aussitôt (un diablotin éteint sur son cierge, sur les sculptures ou les tableaux).

Deux fois elle sauve le peuple de Paris. Lors de l'invasion des Huns d'Attila, elle empêche les Parisiens de s'enfuir. Une seconde fois, elle affrête une flottille de bateaux sur la Seine à la recherche de nourriture afin d'éviter une tragique famine.

LA PRATIQUE

Prière à sainte Geneviève

Vous qui guérissiez les
    aveugles et chassiez les
    démons, obtenez-nous la
    lumière de Dieu et rendez-
    nous plus forts dans les tentations.
Vous qui aviez d'abord le
    souci des pauvres,
    protégez les malades, les
    isolés, les chômeurs.
Vous qui résistiez aux armées
    et encouragiez les
    assiégés, donnez-nous le
    sens de la vérité et de la
    justice.

Amen.

- Diacre et martyr, mort en 304.
- Saint patron des vignerons, des briquetiers, des cafetiers, des marins-pêcheurs.
- Saint Vincent est invoqué pour retrouver les objets perdus à l'extérieur de la maison.
- Saint patron de nombreuses corporations ou confréries.

ATTRIBUTS : dalmatique, chevalet du supplice, gril, corbeau, serpette de vigneron, grappe de raisin.

OÙ LE VÉNÉRER ?

- En France, en Bourgogne, la saint Vincent est une «fête tournante». À tour de rôle, les villages des Côtes-de-Nuit et Côtes-de-Beaune se portent volontaires pour organiser la fête qui, en une journée, rassemblera tous les viticulteurs de la région.

Chaque village a sa statue de saint Vincent, confiée chaque année à une famille de vignerons, qui la garde dans sa maison. Toutes ces statues de style différent, anciennes et récentes, sont portées ensemble en procession après la messe en l'honneur du saint.

Les communautés de vignerons en son nom prêtent assistance aux plus démunies du village. Cette saint Vincent tournante est célébrée le dimanche le plus proche du 22 janvier.

OÙ L'ADMIRER ?

- Retable du XIVe siècle, musée d'art catalan, à Barcelone.
- Fresques du VIIe siècle, cimetière de Portien, à Rome.
- La légende de la vie de saint Vincent figure sur les verrières des cathédrales d'Angers, de Bourges, de Chartres.
- À partir du XVIe siècle, saint Vincent, patron des vignerons, est très représenté : nombreuses statues dont celle de l'église de Massy-sur-Seine (Aube) et nombreuses images de confréries.

VIE OU LÉGENDE

Vincent a été diacre de l'évêque de Saragosse Valerius. Il fut martyrisé sous le gouverneur Dacien. Son supplice fut particulièrement atroce, déchiré par des ongles de fer sur un chevalet, puis rôti sur un gril, couché sur du verre dans une prison.

Jusqu'à son dernier souffle, Vincent chanta la gloire du Seigneur. Son cadavre exposé fut défendu des charognards par un corbeau. Celui-ci escorta la barque qui transporta le corps du Cap-Saint-Vincent (Portugal) jusque vers les côtes de France.

SAINTE AGATHE Jour propice : 5 février

- Vierge et martyre du IIIe siècle - Sicile.
- Sainte protectrice de la Sicile.
- Patronne des femmes mariées, des nourrices.
- Patronne des fondeurs de cloches.
- Actuellement très implorée contre les éruptions volcaniques (surtout en Italie), la foudre, les incendies, les tremblements de terre. Elle aurait un pouvoir d'exorcisme contre les fléaux du temps.

ATTRIBUTS : les seins coupés sur un plateau, une tenaille, une torche.

OÙ LA VÉNÉRER ?
- En Bigorre (France), sainte Agathe était la protectrice de l'agriculture. La veille de sa fête, on frappait les arbres fruitiers à coups de gaule pour obtenir de beaux fruits.
- A Arles et en Provence, on sonnait les «cloches de la Sainte Agathe» la veille de sa fête pour chasser les démons.
- A Arles, «Santo Agueto emporto lou frè dins sa saquéto», (sainte Agathe emporte le froid dans son sac). Ce proverbe évoque une coutume chère aux Arlésiens. Les enfants s'empressaient autour d'une vieille femme qui personnifiait la sainte, lui demandant d'enfermer le froid dans son sac.
- En Savoie, le jour de sa fête, les boulangers-pâtissiers fabriquent des brioches en forme de seins piqués d'un fruit confit rouge figurant l'aréole.

OÙ L'ADMIRER ?
- À Catane, en Sicile entre le 3 et le 5 février, l'effigie de la sainte est promenée en procession par des fidèles vêtus d'une camisole blanche. Procession des «cannalore», constructions en bois de six mètres de hauteur, sculptées et ornées de scènes peintes relatant le martyre de la sainte.
- En Espagne, sainte Aguada est très fêtée. Seules les femmes organisent et mènent sa fête.
- À Escatron (Saragosse), des jeunes filles vêtues d'un costume de paysanne forment la procession de pains bénits qu'elles

portent dans une corbeille sur la tête.

• À Zamarramala (Ségovie), c'est la fête des alcaldesas (des maires féminins).

Vie ou légende

Elle naît en Sicile à Catane, au IIIe siècle. Elle décide de rester vierge et de consacrer sa vie au Christ. Le préfet romain Quintianus veut la séduire. Elle refuse ses avances. Il l'envoie dans un lupanar où elle conserve sa virginité. Elle est soumise à un supplice atroce : attachée la tête en bas à une colonne, le bourreau lui arrache les seins avec une tenaille. Saint Pierre la guérit de ses blessures et lui rend ce que le bourreau avait ôté. Alors traînée sur des charbons ardents, elle meurt en criant sa joie pour remercier Dieu.

SAINT VALENTIN	Jour propice : 14 février

- Evêque, martyr, mort en 273
- Patron des amoureux (il est fêté au moment où les oiseaux commencent à s'accoupler !).
- Patron des fiancés.
- Il est invoqué contre l'épilepsie, la peste, les évanouissements.

ATTRIBUTS : un habit d'évêque, le Livre

OÙ LE VÉNÉRER ?
Les reliques du saint se trouvent depuis 1863 à Roquemaure en Provence. Une grande fête provençale, avec messe et défilés folkloriques, existe depuis quelques années à Roquemaure pour honorer ce saint de tous les amoureux.

Pour conjurer le phylloxéra qui rongeait les vignes en 1863, un riche propriétaire acheta à Rome les reliques de saint Valentin de Roquemaure.

OÙ L'ADMIRER ?
La plus ancienne représentation de saint Valentin est sur la fresque de l'église Santa Maria Antica à Rome, VIIIe siècle.

VIE OU LÉGENDE
Prêtre romain, Valentin est décapité en 273 et enterré le long de la Via Flaminia. Il est confondu et identifié avec l'évêque Valentin de Terni, fêté le même jour.

- Evêque, vers 390. Mort en 463 à Saul in Down, Irlande.
- Saint patron de l'Irlande.
- Saint patron des âmes souffrantes du Purgatoire.
- Saint Patrick accueillait les Irlandais à la porte du Paradis.
- Saint thaumaturge, il aurait fait de nombreux miracles.

ATTRIBUTS : mitre et crosse d'évêque, un trèfle en serpent.

OÙ LE VÉNÉRER ?

- Saint Patrick est vénéré à Arnagh, où il a fondé la première église devenue le siège primatial de l'île.
- Dans l'ouest irlandais, les pèlerinages nationaux ont lieu à Croagh Patrick et au Purgatoire de Saint-Patrick, un îlot sauvage au milieu de Loch Derg dans le Donegal.
- La fête de saint Patrick, appelée aussi fête du Shamrock, le trèfle devenu emblème national de l'Irlande, saint Patrick s'étant servi de la feuille de trèfle, pour expliquer le mystère de la Trinité, est une fête nationale célébrée par une semaine de festivités : messes solennelles et parades sont organisées dans les principales villes d'Irlande, la plus fameuse restant la « Dublin Parade ».
- Le « Saint Patrick Day » est célébré aux Etats-Unis le 17 mars. Plus de cent mille Irlandais défilent sur la 5ème Avenue à New York. Ce défilé se termine par une messe à la cathédrale Saint-Patrick.

OÙ L'ADMIRER ?

- La plus ancienne représentation de saint Patrick, sur une croix en pierre du roi Flann (IXe siècle), Clonmachoise, Irlande.
- Nombreux vitraux dans les églises d'Irlande, d'Angleterre ou du Nouveau Monde représentent saint Patrick foulant aux pieds un serpent ou guérissant un malade.
- À New York, le vitrail de H. Clarkes retrace les épisodes de la vie de saint Patrick (Cathédrale Saint-Patrick).

VIE OU LÉGENDE

Patrick est né en Grande-Bretagne. Son grand-père était

prêtre, son père fonctionnaire civil et diacre. À l'âge de seize ans, Patrick est enlevé par des pirates.

Après six ans d'esclavage, il parvient à s'échapper et retrouve sa famille. Il se sent « appelé » à convertir les Irlandais. Il évangélise, crée des monastères. Il christianise toute l'Irlande. De nombreux miracles sont attribués à ce véritable apôtre de l'Irlande. Il a chassé grâce à un bâton magique tous les serpents qui infestaient l'île. Saint thaumaturge, il avait d'immenses pouvoirs de guérison.

SAINT JOSEPH

- Père de Jésus. «Un homme juste», Mathieu.
- Très invoqué dans le monde, il est le plus aimé des saints.
- Patron de l'Eglise Universelle depuis 1863.
- Saint patron du Mexique et du Canada.
- Patron de la Bonne Mort (des prières à saint Joseph sont dites pour les mourants).
- Patron des ouvriers, des charpentiers, des menuisiers-ébénistes. La « Saint-Joseph » est très fêtée chez les compagnons-charpentiers.
- Depuis 1955, l'Eglise catholique a placé la fête du Travail du 1er mai sous le patronnage de saint Joseph.

ATTRIBUTS : les outils de charpentier. L'Enfant Jésus sur un bras, une fleur de lys à la main.

OÙ LE VÉNÉRER ET L'INVOQUER ?
- Dans presque toutes les églises du monde, même dépouillées de toute statue de saints, celle de saint Joseph subsiste entourée de fleurs et de cierges allumés.
- Au Canada, à Montréal, Saint-Joseph-du-Mont-Royal accueille chaque année plus de deux millions de pèlerins. À l'origine de ce culte à saint Joseph, une petite médaille à son effigie trouvée dans le sol.

À cet endroit, une statue de saint Joseph est élevée sur un rocher, puis en 1904, une humble chapelle en bois.

En 1941, est terminée l'édification de la grande basilique Saint-Joseph-du-Mont-Royal, lieu de pèlerinage célèbre et très fréquenté.

- En Sicile, la tradition de la saint-Joseph est très vivante. Avec une dévotion joyeuse, les Siciliens rendent hommage à leur saint par l'intermédiaire du pain, élément symbolique par excellence.

Le 19 mars, les célébrations de la saint-Joseph, les plus fastueuses, se déroulent à Salemi dans la province de Trapani. De riches décorations de pains de toutes formes façonnées par les femmes siciliennes, d'agrumes et de fleurs agrémentent l'autel de saint-Joseph dans la chapelle de Salemi.

Où l'admirer ?

Joseph est représenté dans toutes les scènes de la Sainte Famille : Nativité, Fuite en Egypte, Présentation de Jésus au Temple, Vie à Nazareth.

Joseph est vénéré en Orient depuis le IVe siècle. En Occident, son culte se multiplie au XVIIe siècle, grâce à sainte Thérèse d'Avila, et aux jésuites.

Quelques admirables tableaux :
- « Le mariage de Joseph et de Marie », chapelle des Scrovegni à Padoue, Giotto.
- « Le songe de Joseph », musée des Beaux Arts, Tours, Georges de La Tour.
- « La Nativité », couvent Marco, Florence, Fra Angelico.
- « Joseph portant l'Enfant Jésus », musée des Beaux Arts, Rouen, Pierre Letellier.
- « L'enfance du Christ », Guildhall Art gallery, Londres, John Rogers Herbert.
- « Saint Joseph Charpentier », musée du Louvre, Georges de la Tour.
- Au cours du Moyen Âge, Joseph est représenté par les peintres comme un homme plus âgé que Marie, incarnant l'expérience, la vertu du travail, la droiture...

Vie ou légende

La tradition en fait un descendant du roi David. Joseph vit de son métier de menuisier-charpentier lorsqu'il épouse Marie.

À Bethléem, après la naissance de Jésus, il accueille les bergers et les mages.

Il emmène Jésus en Egypte pour le soustraire au massacre des Innocents.

Lorsque Hérode meurt, la sainte Famille revient s'installer à Nazareth.

Les Evangiles ne font pas mention de Joseph. On ignore tout de sa mort. Il n'est plus là au moment de la Passion : Jésus n'aurait pas demandé à Jean le Bien-Aimé, de s'occuper de sa mère Marie si elle n'avait pas été veuve.

GIORGIO EN ITALIEN
JORGE EN ESPAGNOL

- Martyr, IIIe siècle.
- Saint patron des villes de Gênes, de Venise, de Barcelone.
- Saint patron de l'Angleterre, de l'Ordre Teutonique.
- Saint patron des scouts, des chevaliers.
- Patron de grandes confréries.

ATTRIBUTS : bannière blanche à croix rouge, dragon, lance brisée.

OÙ LE VÉNÉRER ?
Son culte, de haute tradition, est resté très vivace en Grèce et en Russie. Dès le IVe siècle, l'empereur lui élève une église à Constantinople. Puis des milliers d'églises lui sont dédiées en Egypte. Ravenne, Rome, la Germanie, la Gaule lui érigent des autels. En Angleterre, il devint si populaire que l'on rend sa fête obligatoire en 1222.

OÙ L'ADMIRER ?
Le combat de Georges contre le dragon est devenu proverbial.

- Icônes de l'école de Novgorod, fin XIVe siècle, Moscou, coll. Oustroukkov.
- Carpaccio (1502-1507), Scula San Giorgio degli Schiavoni, à Venise.
- Raphaël (1505), Paris, musée du Louvre, « Saint Georges terrassant le dragon ». L'issue du combat épique symbolise la victoire de la Foi sur le Mal.
C'est l'un des thèmes les plus représentés dans l'art religieux chrétien. Georges est figuré à cheval (sur un cheval blanc) en armure, portant une bannière blanche à croix rouge, qui fut celle des croisés et qui devint le drapeau national de l'Angleterre.

VIE OU LÉGENDE

Né en Cappadoce de parents chrétiens, il devint officier dans l'armée romaine. Sa victoire sur le dragon en fit un saint aussi exemplaire que légendaire.

Cet animal effroyable vivait en Libye dans un lac. Il lui fallait, pour l'apaiser, deux brebis et une jeune fille tirée au sort chaque jour.

Quand Georges vint à passer dans ces lieux, le sort avait désigné comme victime, la fille du roi. Georges voulut anéantir ce monstre sanguinaire. Il fit un signe de croix, défia le dragon et le tua d'un coup de lance.

Le roi de Libye fut converti avec ses sujets au christianisme. Plus tard, Georges subit les répressions antichrétiennes de l'empereur Dioclétien.

Il subit en Palestine un martyre effroyable : brûlé, ébouillanté, broyé sous une roue... il finit par être décapité.

- Auteur du deuxième Evangile, premier siècle.
- Saint patron des scribes et des notaires.
- Saint patron de Venise.
- Marc est sollicité, invoqué pour plus de fraternité, plus de sérénité dans les rapports familiaux.
- Il apparaît aujourd'hui en première ligne avec l'abbé Pierre, pour conjurer les luttes fratricides entre ethnies qui déchirent le monde actuel, aux portes de la France.

ATTRIBUTS : plume et instruments pour écrire, rouleau de parchemin ou livre. Un lion ailé. Ce lion ailé se réfère à la prédiction de Jean-Baptiste «Une voix crie dans le désert». Cette voix est assimilée au rugissement du lion.

OÙ LE VÉNÉRER ?
- À Venise, cathédrale San Marco. La crypte accueille les reliques de San Marco en 1094. La légende rapporte que deux marchands de Torcello et de Malamocco volèrent les ossements de Marc à Alexandrie en terre musulmane. Ils les cachèrent dans de la viande de porc, trop impure pour qu'un « douanier » musulman y touche.

OÙ L'ADMIRER ?
- À Venise, Duomo San Marco (cathédrale).
- Triptyque des Linailolo, 1433, de Fra Angelico, musée San Marco, Florence.

VIE OU LÉGENDE
Marc accompagne Paul à Antioche puis jusqu'au sud de l'Asie Mineure. En 52, il est avec Barnabé, son cousin, à Chypre, puis à Rome auprès de Pierre qui l'appelle «son fils», et dont il aurait été le secrétaire.

Une tradition tardive en fait le premier évêque d'Alexandrie en Egypte où Pierre l'aurait envoyé. Il serait mort à Alexandrie où ses reliques ont été dérobées au Xe siècle.

SAINT YVES

Jour propice : 14 février

- Franciscain (1253-1303), canonisé en 1366
- Culte très vivace en Bretagne.
- Patron des juristes, avocats, avoués, hommes de Droit.
- Patron des pauvres et des orphelins.

ATTRIBUTS : robe d'avocat, barrette, sacoche.

OÙ LE VÉNÉRER ?

- Troisième dimanche de mai à Minihy-Tréguier. « Aller à la Saint Yves », pèlerinage populaire fréquenté par des juristes venus de toute l'Europe. Ce pèlerinage appelé « le pardon des pauvres » se déroule dans l'église du XVe siècle, bâtie sur l'emplacement de la chapelle du manoir Ker-Martin où naquit et mourut Yves Hélory.
- À la Sainte-Chapelle, une messe solennelle en l'honneur de saint Yves réunit chaque année les avocats du barreau de Paris.

OÙ L'ADMIRER ?

- Statue du XVe siècle, cathédrale de Barcelone.
- Vitrail, église de Moncontour.
- « Saint Yves défendant la veuve et l'orphelin », Rubens.
- « Saint Yves entre le riche et le pauvre », groupe en bois du XVe siècle, cathédrale Saint-Tugdual à Tréguier. Le tombeau du saint est dans cette cathédrale.

VIE OU LÉGENDE

Yves Hélory naît en 1253 au manoir de Ker-Martin à Minihy-Tréguier (Côtes d'Armor). Il étudie le droit à Paris, à Orléans. Il est nommé officiel (juge ecclésiastique) à Tréguier.

Précurseur de l'assistance judiciaire, il défend les pauvres, les veuves et les orphelins, d'où son surnom d'» avocat des pauvres ». Il mène une vie conforme à l'idéal de saint François. Il meurt en 1303.

Sainte Rita (de Cascia)   Jour propice : 22 mai

- Religieuse augustine : 1381-1457, canonisée en 1900.
- Avocate des causes désespérées, c'est la sainte de l'impossible. Très vénérée, très invoquée, particulièrement dans le bassin méditerranéen.
- La dévotion à sainte Rita connaît actuellement une grande ferveur populaire.

Attributs : une couronne d'épines, un long chapelet, un habit de religieuse.

Où la vénérer ?
- À Cascia en Ombrie (Italie) toute l'année et particulièrement la dernière semaine de mai. Dans la basilique Sainte-Rita, son corps miraculeusement conservé repose dans un cercueil de verre. De précieuses reliques de la sainte sont conservées dans le monastère augustinien de Sainte Rita.
- À Nice, l'église Sainte-Rita (ou de l'Annonciation) est la plus fréquentée de la ville. L'abondance des fleurs, des cierges allumés, des ex-voto, des mots de reconnaissance écrits sur un registre attestent la ferveur des fidèles venus souvent de très loin prier sainte Rita.
- Dans le nord, près de Lille, à Van de Ville, l'église Sainte-Rita est très fréquentée. La dernière semaine de mai se succèdent pèlerinages, prières, messes.
- À Paris, la chapelle Sainte-Rita est située 65 boulevard de Clichy (9e).

Où l'invoquer ?
- Nombreuses églises de France, d'Espagne, d'Italie (et autres pays européens) ont une chapelle dédiée à sainte Rita avec sa statue entourée de fleurs fraîches, de bougies ou cierges allumés, d'ex-voto, de graffitis etc., comme dans l'église de Saint-Germain-des-Prés à Paris, où une immense feuille de papier kraft, mensuellement renouvelée, est clouée sur une colonne, près de la statue, permettant aux fidèles d'écrire leurs vœux les plus chers, leurs demandes d'aides (chômage, cancer, sida, mort d'un proche), leurs remerciements.

Vie ou légende

Sainte Rita naît en 1381 à Roccaporena, village voisin de Cascia (Ombrie) où elle meurt le 22 mai 1457. Elle voudrait se faire religieuse mais ses parents décident de la marier.

Elle souffre des attitudes de son mari, homme violent et brutal. La douceur et la foi de Rita en Jésus finissent par avoir raison de la violence conjugale et son mari se convertira après des années de mariage. Ils ont deux fils. Son mari est assassiné en 1416. Peu de temps après, ses deux fils meurent de maladie. Resurgit en elle son désir d'être religieuse.

Elle est accueillie au couvent des Augustines de cascia. Elle y demeure quarante ans. Le jeudi saint 1441, alors qu'elle contemple Jésus blessé par sa couronne d'épines, elle est, elle aussi, blessée à la tête et porte les stigmates de la couronne d'épines. Elle garde une plaie « béante et puante » qui la relègue dans un coin du monastère jusqu'à sa mort. Des malades viennent lui rendre visite et repartent guéris.

Au moment de sa mort, une lumière merveilleuse inonde sa cellule et une odeur suave se répand dans le couvent. Très vite, les gens viennent la prier et l'invoquer comme patronne des cas impossibles et désespérés.

SAINTE JEANNE D'ARC   Jour propice : 30 mai

- Vierge et martyre, 1412-1431, canonisée en 1920.
- Seconde patronne de la France après la Vierge de l'Assomption (selon le vœu de Louis XIII).
- Patronne d'Orléans et de Rouen.
- La télégraphie et la radio sont placées sous son patronnage.
- Patronne des bergères, des jeunes hommes faisant leur service militaire.

ATTRIBUTS : un oriflamme, une épée.

OÙ LA VÉNÉRER ?
- À Domrémy-la-Pucelle dans les Vosges, village natal de Jeanne. Le deuxième dimanche de mai, un important pèlerinage a lieu à la basilique du Bois-Chenu.
- À Orléans : « les Fêtes johanniques » ont lieu la dernière semaine d'avril avec offices religieux solennels, défilés médiévaux et concerts.
- À Rouen : le dernier dimanche de mai, grand-messe et défilés folkloriques.

OÙ L'ADMIRER ?
- À Paris, une statue équestre de Jeanne, place des Pyramides.
- À Orléans, une statue équestre, place de Martroi.
- Autres statues équestres dans de nombreux villages et villes de France.
- «La maison de Jeanne d'Arc», à Orléans, se visite.
- À l'intérieur de la basilique du Bois-Chenu, à Domrémy, les fresques de Lionel Royer retracent la vie de Jeanne.
- Une petite statue de Jeanne d'Arc en armure est présente dans un grand nombre d'églises de France.

VIE OU LÉGENDE
Jeanne est née le 6 janvier 1412 à Domrémy dans les Vosges de parents relativement aisés. Jeanne ne sait ni lire ni écrire. Petite bergère de treize ans, Jeanne entend « les voix » de Saint-Michel, de sainte Marguerite et de sainte Catherine lui

recommandant d'être bonne et pieuse puis lui dictant sa mission prodigieuse pour une petite Lorraine francophone et francophile mais non encore française : aller sauver le dauphin et la France menacée de devenir anglaise.

Jeanne part pour Chinon convaincre le dauphin de lui donner une (minuscule) armée. Ainsi Jeanne délivre Orléans assiégée puis Auxerre, Troyes, Châlon. Elle est à Reims le 17 juillet 1429 : le dauphin est sacré roi de France, sous le nom de Charles VII. Jeanne ne parvient pas à libérer Paris.

Elle est capturée à Compiègne par les hommes du duc de Bourgogne qui la livrent aux Anglais. Jugée à Rouen pour hérésie et sorcellerie, elle est condamnée à être brûlée vive.

Jeanne meurt sur le bûcher le 30 mai 1431.

Les Anglais jettent ses cendres dans la Seine.

- Evêque de Noyon (Oise) et martyr du VIe siècle
- Patron des cultivateurs et des récoltes, des brasseurs, des marchands de parapluies. La croyance populaire affirme que «s'il pleut à la Saint-Médard, il pleuvra encore quarante jours plus tard à la Saint Barnabé».
- Saint protecteur de la royauté sous Charles VII.

ATTRIBUTS : un aigle (survolant le saint), une crosse d'évêque, un cœur (symbolisant la charité).

OÙ LE VÉNÉRER ?
- À l'emplacement de l'ancienne cathédrale gothique du XIIe siècle de Noyon.
- À Saint-Médard-de-Soissons, sur sa tombe.
  Sous les Capétiens, il a été très invoqué comme garant de la légitimité de la dynastie face aux prétentions du roi d'Angleterre revendiquant la couronne de France. Sa fête était célébrée avec un faste royal comme la commémoration du fondateur de la monarchie française, Clovis.
  Qu'est-il resté de ce protecteur du royaume ? Une figure de la météorologie agricole. Et aussi un recours populaire contre la rage de dents, car Médard représenté aussi la bouche ouverte, est encore invoqué pour apaiser les maux dentaires.

OÙ L'ADMIRER ?
- Représenté en évêque avec la crosse épiscopale : bas-relief XIIe siècle, église abbatiale de Braunweiller (Allemagne).
- Gravure représentant saint Médard, les mains jointes avec un aigle aux ailes déployées sur la tête nimbée (il aurait été protégé de la pluie par un aigle dans son enfance), Bibliothèque Nationale, Paris.

VIE OU LÉGENDE
Il naît à Salency en Picardie au VIe siècle. Il évangélise la Picardie. Il devient évêque de Noyon vers 548. Il s'efforce de faire reculer le paganisme et s'occupe des pauvres. Il consacre diaconesse la reine Radegonde après sa rupture avec Clotaire Ier. Il est enterré à Saint-Médard-de-Soissons.

SAINT ANTOINE DE PADOUE   Jour propice : 13 juin

« LE SAINT DES HUMBLES »

• Moine franciscain (1195-1231), canonisé en 1232.
• Saint patron du Portugal (le jour de sa fête y est férié).
• Saint patron de nombreuses confréries dans tout le monde chrétien.
• Saint patron des marins, des naufragés, des prisonniers.
• Patron des bergers en Corse.
• Très populaire dans toute la chrétienté, c'est un des saints les plus invoqués depuis le XIIIe siècle.
• On l'invoque à propos de petits malheurs domestiques : retrouver les objets perdus ; on l'invoque pour recouvrer la santé, exaucer n'importe quel vœu. Les jeunes filles ont confiance en son aide pour trouver un mari (Espagne, Italie).

ATTRIBUTS : robe franciscaine, lys, Enfant Jésus sur un bras.

OÙ LE VÉNÉRER ?
• À Padoue : son sanctuaire est fréquenté par autant de pèlerins qu'à Lourdes (plus de deux millions chaque année). La basilique Il Santo renferme son tombeau. Le pèlerinage culmine autour du 13 juin.
• À Lisbonne (Portugal), une église a été bâtie sur l'emplacement de sa maison natale. Saint très vénéré dans toute la péninsule ibérique.

OÙ L'INVOQUER ?
Quelle église de France ne possède pas sa statue ? La petite statue de saint Antoine rassemble les fidèles : cierges allumés, fleurs, ex-voto, registre ouvert ou plus insolite, rouleau de papier kraft sur lequel on inscrit prières, remerciements, souhaits (Paris, église Saint-Germain-des-Prés).
La Saint-Antoine, le 13 juin, est la grande fête des bergers en Corse. Ce jour-là, le prêtre bénit des petits pains (paniotti) que l'on s'offre entre amis et voisins. On en donne aussi à quelques animaux domestiques et on en garde dans la maison à titre de protection.

Où l'admirer ?

• À Padoue, dans la basilique Il Santo (XIIIe siècle). Les bas-reliefs en bronze de Donatello sont «les plus beaux du monde» (André Suarez).

• Très nombreuses statues de saint Antoine dans toutes les églises de la chrétienté. Nombreuses fresques également relatant les épisodes les plus célèbres de sa vie.

• Statue «saint Antoine» en bois polychrome du XVe siècle provenant de la Catalogne. Saint Antoine porte le livre contenant la règle de son ordre (Paris, le Louvre).

Vie ou légende

Fernam Bulhoes est né en 1195 à Lisbonne dans une famille noble. D'abord moine augustin, il devient franciscain, se rend en Italie, où il rencontre probablement saint François d'Assise, enseigne à Bologne.

Célèbre prédicateur, il prêche la vie évangélique en Italie, en Espagne, en France où il attire d'immenses foules. Il défend les pauvres et les opprimés. Il passe les deux dernières années de sa vie à Padoue où il meurt en 1231. Il n'a que trente six ans.

À sa mort, les miracles se multiplient autour de sa tombe qui devient vite un lieu de pèlerinage.

À l'époque contemporaine, aucun saint n'est plus populaire. Les statues des saints ont disparu des églises, pourtant restent la statue de saint Antoine et celle de saint Joseph.

SAINT JEAN-BAPTISTE — Jour propice : 24 juin

• Prophète et martyr, le dernier des prophètes (il annonce le Messie, selon les Evangiles), il est appelé «Le Précurseur» (précède Jésus) et «Le Baptiste» (il baptisait dans le Jourdain).

• Le 24 juin est le jour de sa naissance, seul saint dont on fête la nativité à l'exemple du Christ et de la Vierge Marie.

• Patron des aubergistes, couteliers, ramoneurs, pelletiers, ouvriers du bâtiment, tripiers.

• Saint patron de grandes villes d'Italie : Turin, Gênes, Florence et Rome. À Rome, la basilique de Saint-Jean-de-Latran renferme deux chapelles consacrées l'une à Jean-Baptiste, l'autre à Jean l'évangéliste.

• On invoque Jean-Baptiste si on manque de confiance en soi, pour devenir plus positif dans les petits et grands événements de la vie.

Autrefois, à Long Chaumois, dans le Jura, dans l'église Saint-Jean-Baptiste, le vin était béni. Il était recommandé de boire une gorgée de ce vin pour retrouver force et courage !

• Jean-Baptiste est invoqué pour lutter contre le vertige, l'évanouissement.

• On sollicite sa protection contre les maladies infantiles.

ATTRIBUTS : agneau crucifère, tunique en peau de mouton, hache.

OÙ LE VÉNÉRER ?

De très nombreuses reliques de Jean-Baptiste sont éparpillées en Europe et au Moyen-Orient :

• À Damas, en Syrie, dans la salle de prières de la mosquée des Omeyyades, le chef de Jean-Baptiste chrétien, reconnu comme prophète par les musulmans, est particulièrement vénéré.

• À Saint-Jean-du-Doigt, dans le Finistère. Cette paroisse doit sa célébrité à une phalange d'index de Jean-Baptiste conservée dans l'église depuis 1437. Le doigt sacré guérit les maux d'yeux. Les malades se lavent le visage à la fontaine formée de vasques ornées de personnages : le Père Eternel, le Christ, saint Jean-Baptiste. Le clergé plonge la relique sacrée plusieurs fois par an dans l'eau afin d'obtenir la miraculeuse eau du doigt aux propriétés thérapeutiques célèbres dans toute la région. Le pardon a lieu les 23 et 24 juin avec procession des reliques : le doigt de Jean-Baptiste, le crâne de saint Mériadec, le bras de saint Modez — ce pardon est fréquenté par les malades atteints d'ophtalmie.

• À l'église Saint-Jean-Baptiste de Bastia (Corse). La fête de Saint-Jean-Baptiste est couplée avec la fête du vieux port : messe solennelle, procession de la statue dans les rues. Le soir, les feux de la Saint-Jean illuminent chaque quartier de la ville et les montagnes avoisinantes.

• Des reliques de Jean-Baptiste étaient et sont vénérées à Saint-Jean-d'Angely en Charentes-Maritimes, à Amiens...

• La Saint-Jean, le 24 juin est la nuit la plus courte de l'année, le triomphe de la lumière sur l'obscurité. C'est une grande fête populaire et collective célébrée, de tout temps, par les feux du solstice d'été qui deviendront les feux de la Saint-Jean. L'Eglise organisa des processions vers les feux pour les bénir et extirper ainsi toute trace de paganisme. De nombreuses plantes médicinales, les herbes de la Saint-Jean, étaient cueillies cette nuit-là.

Où L'ADMIRER ?

Dans l'art paléo-chrétien, Jean-Baptiste porte le manteau des philosophes de l'Antiquité, puis il a l'aspect d'un anachorète dans le désert. À la fin du Moyen Âge, il est vêtu d'une peau de mouton, porte un bâton avec un agneau crucifère dans un médaillon.

Dans l'Orient byzantin, Jean-Baptiste peut être ailé : c'est un messager du Christ. Nombreuses représentations de Jean-Baptiste enfant avec Jésus, son cousin.

• « La naissance de saint Jean-Baptiste », peinture, Museo de Bellas Artas de Cataluna, Barcelone.

• « Vie de Jésus et de saint Jean-Baptiste », fresques XIVe siècle, Battistero, Padoue.

• « Le Baptême du Christ », Andrea del Verrochio, musée des Offices, Florence.

• « La décollation de Jean-Baptiste », Caravage, National gallery, Londres.

• « La vie de saint Jean-Baptiste » en 10 épisodes (1512-

1514), Andrea del Sarto, Cloître des Scalzi, Florence.

• « Saint Jean-Baptiste » (1428), statue en bois peint et doré, Donatello, Santa-Maria-dei-Frari, Venise.

VIE OU LÉGENDE

Sa naissance est miraculeuse pour Elisabeth (sa mère) et Zacharie (son père). Jean-Baptiste est le cousin de Jésus.

Il mène une vie ascétique. Annonçant la venue du Messie, il prêche sur les rives du Jourdain à la façon des prophètes de l'Ancien Testament. Il baptise les foules et Jésus lui-même qu'il reconnaît comme Messie lorsque l'Esprit-Saint descend sur Jésus « sous une apparence corporelle, comme une colombe ».

Jean-Baptiste sera emprisonné pour avoir dénoncé l'union d'Hérode Antipas avec la femme de son frère, Hérodiade — Salomé, fille d'Hérodiade demande, après avoir dansé devant son oncle, la mort de Jean-Baptiste. On lui apporte la tête du supplicié sur un plateau. Cette « décollation » fit de Jean-Baptiste le premier martyr.

- Apôtre, premier évêque de Rome.
- Saint patron des pêcheurs, des serruriers en Picardie (France), patron des moissonneurs.

ATTRIBUTS :

- la barque (il était pêcheur),
- les clefs : « je te donnerai les clefs du Royaume des Cieux »,
- le coq : « cette nuit avant que le coq chante, tu m'auras renié trois fois »,
- la croix renversée : Pierre a été crucifié la tête en bas,
- les chaînes (cf. Pierre aux liens),
- la tiare pontificale : Pierre aurait été le premier pape à Rome.

OÙ LE VÉNÉRER ?

- À Rome, la tombe de saint Pierre se trouve dans l'immense et somptueuse basilique Saint-Pierre, érigée sur un sanctuaire édifié par l'empereur Constantin en 324, là où avait été déposé Pierre après son martyre.
- La statue en bronze du XIIIe siècle de saint Pierre, dans la Basilique Saint-Pierre, est l'objet d'une grande vénération. Des milliers de pèlerins viennent déposer un baiser sur le pied de la statue.
- L'église Saint-Pierre-aux-Liens (San Pietro in Vincoli), église très fréquentée par des pèlerins de toute nationalité qui y vénèrent les chaînes qui lièrent saint Pierre. À l'origine, il y eut deux chaînes : l'une avait lié l'apôtre à Jérusalem, l'autre à Rome. Au XIIIe siècle, naquit la légende de la soudure miraculeuse réunissant les deux reliques.
- Saint Pierre est l'objet d'un culte considérable et universel. Ses reliques sont éparpillées dans le monde chrétien. Innombrables sont les églises et cathédrales qui lui sont dédiées. Pierre est avec celui de Jean le prénom de baptême le plus répandu dans le monde.
- D'innombrables ports du monde occidental (surtout méditerranéens) célèbrent le saint patron des pêcheurs : la Saint-Pierre, avec procession de la statue après messe solennelle, bénédiction en mer de saint Pierre statuaire, des pêcheurs et des bateaux.

Où l'admirer ?

Au cours des siècles, les représentations de saint Pierre ont une constance étonnante : Pierre est grand, massif, plutôt d'âge mûr, aux cheveux courts et bouclés, à la barbe courte.

Les grands moments de sa vie ont été illustrés par des peintres prestigieux. Remise des deux clefs (du ciel et de la terre), le lavement des pieds, le reniement, le repentir, la rencontre avec le Christ sur la voie Appienne (quo vadis, domine), la crucifixion, tête en bas (Michel-Ange, Le Caravage).
• Le Christ remettant les clefs à saint Pierre par Guido Reni, musée du Louvre, Paris.
• Les disciples Pierre et Jean courant au Sépulcre par Eugène Burnand, musée d'Orsay, Paris.

Vie ou légende

Simon-Pierre et son frère André sont de simples pêcheurs sur le lac de Tibériade. Ce sont les deux premiers disciples appelés par Jésus. Jésus appelle Simon, Pierre, signe de son rôle dans l'Eglise à venir. Jusqu'à l'Ascension, Pierre est présent dans tous les événements importants de la vie de Jésus. Après la Pentecôte l'apostolat de Pierre se déroule en Palestine, en Asie Mineure, à Antioche où il opère de nombreux miracles et conversions.

Chef de la première communauté chrétienne de Jérusalem, il est jeté en prison par Hérode mais délivré peu après par un ange.

Pierre part pour Rome où il prêche l'Evangile jusqu'à sa mort. Il aurait été le premier évêque de l'Eglise romaine qu'il a organisée. Il serait mort en 64, le même jour que Paul, lors de la persécution de Néron. Pierre est crucifié sur sa demande, la tête en bas, jugeant indigne de subir le même sort que Jésus.

SAINTE MARIE-MADELEINE   Jour propice : 22 juillet

« LA PÉCHERESSE PARDONNÉE ET AIMANTE »
ITALIE : MADDALENA
ESPAGNE : MAGDALENA

- Femme de l'entourage de Jésus.
- Patronne des prostituées (Marie-Madeleine est l'image de la pécheresse repentie et sanctifiée).
- Patronne des parfumeurs, des coiffeurs, ainsi que des jardiniers (après la Résurrection, Jésus lui apparaît sous les traits d'un jardinier).
- La piété populaire a fait de Marie-Madeleine une des saintes les plus populaires de l'Histoire.

ATTRIBUTS : des cheveux longs, une couronne d'épines, une tête de mort, un vase à parfums.

OÙ LA VÉNÉRER ?
- En Provence, dans le massif de la Sainte-Baume, dans la grotte où elle vécut. C'est un lieu de vénération et de pèlerinage dès les premiers siècles. De nombreux rois de France, certains papes, des milliers de pèlerins feront le voyage à la grotte de la Sainte-Baume. Une hôtellerie, un sanctuaire fonctionnent sous la direction spirituelle des Dominicains. Le 22 juillet, une messe de minuit est célébrée à la grotte.
- À Vezelay, à la basilique Sainte-Madeleine, des reliques de la sainte sont conservées dans la crypte où se trouvait le tombeau de Marie-Madeleine. Un grand pèlerinage a lieu le 22 juillet.
- En Espagne (Navarre, Asturies, Pays Basque) nombreuses célébrations en l'honneur de Marie de Magdala : roméries, danses, pèlerinages dans des églises ou chapelles qui lui sont dédiées.

OÙ L'ADMIRER ?
Dans presque toutes les églises de la chrétienté. Marie-Madeleine se reconnaît à sa beauté, à sa longue chevelure

dénouée. Avant son repentir, elle est figurée en courtisane séduisante. Après sa pénitence, elle se présente dans la pauvreté, la nudité, vêtue de ses seuls cheveux longs (Donatello 1455, baptistère de Florence). Statue en bois polychrome de Gregor Erhart musée du Louvre, XVe siècle. Marie-Madeleine est présente dans de nombreuses scènes de la vie de Jésus : repas chez Simon, visite chez Marthe et Marie, resurrection de son frère Lazare. Elle est au pied de la croix, lors de la Crucifixion et de la Descente de Croix, lors de la Mise au Tombeau et de l'ouverture du Saint Sépulcre. Le Christ ressuscité lui apparaît en jardinier (Noli me Tangere).

Les plus grands peintres l'ont représentée :
• Enguerrand Quarton, « Piéta d'Avignon », 1410, musée du Louvre.
• Fra Angelico « Noli me Tangere », couvent de Saint-Marc, Florence.
• Bartolomeo Schedoni, « Les trois Marie au Sépulcre », 1570, Galerie Nationale, Parme.

VIE OU LÉGENDE

La tradition a confondu en la personne de Marie-Madeleine trois femmes que les Evangiles placent sur le chemin de Jésus : la pécheresse anonyme qui inonde de parfums les pieds de Jésus puis les essuie de ses cheveux lors d'un repas chez Simon le Pharisien ; Marie de Béthanie, sœur de Marthe et de Lazare qui reçoit Jésus dans sa maison et obtient de lui la résurrection de son frère Lazare ; et enfin Marie de Magdala, guérie par Jésus des démons qui l'habitaient, présente lors de la Crucifixion et de la Mise au Tombeau et à qui Jésus ressuscité apparaît sous les traits d'un jardinier (Noli me tangere).

Après l'Ascension du Christ, avec Marthe et Lazare, Marie-Madeleine serait arrivée aux Saintes-Maries-de-la-Mer. Marie-Madeleine prêche l'Evangile en Provence puis décide de se retirer du monde, gagne le massif de la Sainte-Baume où elle passe trente-trois ans dans la prière et la contemplation.

Elle meurt à Aix-en-Provence, où des anges l'ont transportée afin de recevoir de saint Maximin la dernière communion.

GIACOMO, JACOPO en italien
SANTIAGO, IAGO, JAIME, DIEGO en espagnol
JAMES en anglais
JACOB en allemand

- Apôtre, mort en 44.
- Saint patron des pèlerins, des chevaliers, des forts des Halles, des chapeliers.
- Saint patron de l'Espagne.
- Saint Jacques est invoqué pour obtenir la guérison des rhumatismes.

ATTRIBUTS : coquille, épée (de sa décollation), tenue de pèlerin (bourdon, chapeau à large bord, pèlerine).

OÙ LE VÉNÉRER ?
- En Espagne, à Saint-Jacques-de-Compostelle. Les reliques de saint Jacques ont été découvertes vers l'an 800 à Compostelle. Dès le XIe siècle, son tombeau fut le lieu de l'un des plus grands pèlerinages d'Occident. À travers la France, quatre grands itinéraires (les chemins de Compostelle) convergeaient vers les Pyrénées à Puenta la Reina, pour se réunir en un seul, « le Camino francès », qui de là menait à Santiago.

Le jacquaire, coiffé d'un chapeau à large bord, vêtu d'un long manteau (pèlerine) cheminait avec des insignes symboliques : la gourde (le salut), le bourdon (le bâton d'espérance) et la coquille (l'écuelle de la Charité). Arrivé à Santiago, le jacquaire, en un geste symbolique, touche le pilier central du fameux portique de la Gloire de la cathédrale. Dans celle-ci, il se dirige vers la grande statue de saint Jacques, située au-dessus du maître-autel, il baise dévotement le manteau de l'apôtre, et descend enfin dans la crypte qui abrite les restes du saint ainsi que ceux de Théodore et Athanase, ses disciples.

Aujourd'hui, les jacquaires sont motorisés. Mais pour mériter le titre de pèlerin de Compostelle, il faut avoir au moins parcouru à pied les derniers cent kilomètres.

Où L'ADMIRER ?

• Statue de l'église Saint-Jacques-de-l'Hôpital, XIVe siècle, musée de Cluny, Paris (saint Jacques, en habit de pèlerin orné de plusieurs coquilles).

• Statue de saint Jacques, porte des Orfèvres, XIIe siècle, cathédrale de Saint-Jacques-de-Compostelle.

VIE OU LÉGENDE

Jacques-le-Majeur est le frère de l'apôtre Jean. Avec leur père Zébédée, ils sont pêcheurs sur le lac de Tibériade. Avec André, Pierre et Jean, il est l'un des premiers disciples de Jésus.

Il assiste à la Transfiguration puis à l'agonie du Christ sur le mont des Oliviers. Parti prêcher en Syrie après l'Ascension du Christ, il revient à Jérusalem où il est décapité en 44, sous l'ordre d'Hérode Agrippa.

Avant d'être martyrisé en Judée, Jacques aurait longtemps séjourné en Espagne qu'il a en partie évangélisée et notamment en Galice où, selon la tradition, des disciples auraient clandestinement rapporté et inhumé sa dépouille.

Des bergers ont découvert son tombeau, guidés sur les lieux de sa sépulture par une étoile. Ce « Campus stellae », ce champ de l'étoile (Compostelle), où Alphonse II, roi des Asturies, fait édifier une basilique, mettra en marche toute la chrétienté.

• Martyr - IIIe siècle.
• Patron des voyageurs, des pèlerins, des navigateurs, des automobilistes, des sportifs, des portefaix, des arbalêtriers.
• Patron des mourants.
• Il est invoqué contre la mort subite, les orages, la grêle, les maux de dents.
• Saint Christophe reste très populaire : qui n'a pas une médaille ou un porte-clé à son effigie ?
• Dans les grands lieux de pèlerinage, une grande statue ou une grande fresque représentant saint Christophe accueille les pèlerins (N.D. de Rocamadour, France).

OÙ L'ADMIRER ?
Depuis des siècles, l'imagerie populaire a représenté Christophe en géant. L'enfant Jésus est assis sur son épaule étendant la main dans un geste de bénédiction ou tenant un globe. Saint Christophe s'appuie sur un bâton à l'extrémité feuillue.

VIE OU LÉGENDE
Une légende fabuleuse s'est constituée en Asie Mineure autour d'un certain Christophoros, martyrisé en Lycie (Turquie) sous Decius. Il est vénéré en Chalcédoine dès le Ve siècle.

Le culte de saint Christophe s'est répandu dans tout le monde chrétien. Dans une première vie, il était un Cananéen géant au service de Satan. Puis, la vue d'un crucifix faisant fuir le Diable, Christophe se mit au service du Christ.

Il s'établit comme passeur d'eau : il aide les voyageurs à franchir un cours d'eau périlleux. Il ne fait payer que les riches.

Un jour, il charge un enfant sur ses épaules :
— « Mais qui es-tu mon enfant ? »
— « Je suis le Christ, ton roi. Tu as porté sur tes épaules celui qui a créé le monde. Enfonce ton bâton dans le sol. Demain il aura fleuri et portera des fruits. »
La prédiction se réalisa.

Lors de la persécution de Decius, après être soumis à de cruels supplices, il meurt décapité.

On croyait, au Moyen Âge, qu'il suffisait de regarder son image pour ne pas avoir d'accident dans la journée. « Regarde saint Christophe et va-t-en rassuré ».

Aujourd'hui encore, des millions d'automobilistes placent sa médaille dans leur voiture, se mettant ainsi sous sa protection.

• Mère de Marie.

• Sainte Anne fut honorée dès le Ve siècle en Orient. Son culte s'est répandu en Occident au retour des Croisades. Il a connu une particulière ferveur en Bretagne grâce à la duchesse Anne.

• Elle est invoquée par les femmes qui veulent avoir des enfants.

ATTRIBUTS : la fleur de lys, un livre ouvert (symbolisant l'éducation de Marie, qui fut très instruite).

OÙ LA VÉNÉRER ?

• Dans le Morbihan :

— pèlerinage de Sainte-Anne-d'Auray ; plusieurs pèlerinages paroissiaux : 7 mars, Pâques, premier dimanche d'octobre, 26 juillet, 15 août ;

— une basilique lui est consacrée avec un trésor (relique de sainte Anne offerte par Anne d'Autriche en remerciement de la naissance de Louis XIV) ; nombreux ex-voto et une Scala Santa : double escalier monté à genoux par les pèlerins et fontaine miraculeuse surmontée d'une statue de sainte Anne.

• Dans le Finistère :

— Sainte-Anne-la-Palud : grand pardon le dernier dimanche d'août procession aux flambeaux ; la veille, grand-messe avec porteurs d'enseignes en costumes bretons ;

— Le Relecs : le 26 juillet, grand pardon et concert de musique celtique ;

— Fouesnant : pardon le 26 juillet.

• En Provence à Apt : c'est le premier sanctuaire dédié à sainte Anne en France. Apt possède des reliques de cette sainte. Un traditionnel pèlerinage a lieu le dernier dimanche de juillet.

• Au Québec à Sainte-Anne-de-Beaupré ; sur les rives du Saint-Laurent, grand pèlerinage annuel. Plus d'un million de fidèles se rassemblent pour un des plus grands pèlerinages d'Amérique du Nord. Sainte-Anne-de-Beaupré fut fondé en

1660 par des pêcheurs bretons sauvés d'un naufrage.

Où l'admirer ?

• Giotto - XIIIᵉ siècle
    — « La rencontre à la porte d'or » (baiser des époux Anne et Joachim à Jérusalem), chapelle des Scrovogni, Padoue.
    — « Sainte Anne concevant la Vierge », musée de la Chartreuse, Douai.

• Filippo Lippi, XVᵉ siècle
    — « Vierge à l'Enfant avec scènes de la vie de sainte Anne », palais Pitti, Florence.

• Léonard de Vinci, XVIᵉ siècle
    — « La Vierge, l'Enfant, sainte Anne », Louvre.

• Masaccio, XVᵉ siècle
    — « Sainte Anne trinitaire », les Offices, Florence.

• Nombreuses statues dans des églises ou chapelles bretonnes. La sainte est trinitaire : Anne portant sur ses genoux Marie Enfant, portant elle-même Jésus.

Vie ou légende

Son nom n'est pas mentionné dans le Nouveau Testament. Il apparaît pour la première fois dans le « Protoévangile de Jacques », évangile apocryphe du IIe siècle.
    Anne a épousé Joachim. Le couple était stérile. Après vingt ans de prière, elle enfanta Marie, mère de Jésus.

- Ermite v.1350-1379.
- Patron des malades atteints de la peste, il protège des épidémies.
- Patron des paveurs et des chirurgiens.
- On l'invoque pour se protéger des épidémies.
- Patron de confréries.

ATTRIBUTS : une gourde et une panetière de pèlerin, la coquille Saint-Jacques, le bubon de la peste qu'il montre à sa cuisse, un chien.

OÙ LE VÉNÉRER ?
- À Venise : église San Rocco où se trouvent ses reliques.
- À Voghera (entre Gênes et Milan) où saint Roch mourut.
- À Montpellier. Un précieux reliquaire est conservé à l'église Saint-Roch. On recueille l'eau « miraculeuse » du puits de Saint-Roch tous les ans (16 août).

OÙ L'INVOQUER ?
Les chapelles dédiées à saint Roch sont nombreuses dans les églises françaises, espagnoles, italiennes.
À Bonifacio, en Corse, une chapelle votive est érigée à l'endroit où succomba la dernière victime de la peste en 1528. Après une messe solennelle à l'ermitage de la Trinité, un grand pique-nique en plein air, « la miranda di San Roccu », le 16 août, est de tradition.

OÙ L'ADMIRER ?
- À Venise, dans l'église San Rocco, «Episodes de la vie de saint Roch», Le Tintoret.
- Dans la scuola di San Rocco, la plus grande, la plus riche scuola de Venise, une statue de saint Roch, de Campana (1587).
- En Corse, à Bastia, dans la chapelle Saint-Roch, un tableau de Giovanni Bilivert (XVIIe siècle), représente la « Vierge à l'Enfant accompagné de saint Roch, saint Jean-Baptiste et sainte Catherine ».

• En Belgique, à Aalst, dans l'église Saint-Martin, Rubens a peint un autel consacré à saint Roch (1623).

VIE OU LÉGENDE

Saint Roch est né à Montpellier vers 1350, dans une famille de riches négociants.

Il séjourne à Rome de 1367 à 1371. Il contracte la peste dans les Apennins à Acquapendente où il soignait les pestiférés. Saint Roch se retire dans la solitude.

Un ange vient le soigner. Le chien d'un seigneur voisin lui apporte chaque jour un pain dérobé à ses maîtres.

L'iconographie a immortalisé l'animal toujours aux pieds de saint Roch en habit de pèlerin. Saint Roch meurt en prison (ayant été pris pour un espion) à Voghera (Italie).

Après le transfert de ses reliques à Venise, le culte de saint Roch se répand en France et en Europe.

- Abbé bénédictin, mort vers 725.
- Patron des éperonniers, des mutilés.
- On l'invoque pour la guérison des maladies nerveuses, pour le cancer, la stérilité des femmes, les frayeurs nocturnes, la folie, pour la protection des enfants, contre le feu et la peur.
- C'est le saint auquel on se confesse le plus volontiers car il assure l'absolution. Au Moyen Âge, le culte de saint Gilles connut une vogue immense non seulement en Provence-languedoc, mais aussi dans tous les pays de la chrétienté.
- Par son importance, le pèlerinage de Saint-Gilles fut, au XIIe siècle, le quatrième après Jérusalem, Rome et Saint-Jacques-de-Compostelle.

ATTRIBUTS : une crosse d'abbé, une biche à ses côtés, parfois un lys.

OÙ LE VÉNÉRER ?

- À Saint-Gilles-du-Gard. Le dernier dimanche d'août, messe solennelle, procession du buste reliquaire dans la vieille ville et fêtes folkloriques. Les pèlerins venus de toute l'Europe partent de Nîmes à Saint-Gilles, la veille à pied.

OÙ L'INVOQUER ?

- Dans les églises (surtout du sud de la France), des fidèles demandent son intercession.

OÙ L'ADMIRER ?

- Une statue de saint Gilles, sur une place de Saint-Gilles-du-Gard.
- Sur le vitrail du XVIe siècle de l'église Saint-Nizier à Troyes : saint Gilles protège une biche traquée par des chasseurs.

VIE OU LÉGENDE

La vie de saint Gilles est presque entièrement légendaire. Né à Athènes, il se rend à Rome puis se retire dans la forêt entre Nîmes et Arles (Saint-Gilles-du-Gard). Là, il vit en ermite, se nourrissant du lait d'une biche apprivoisée.

Au cours d'une partie de chasse, un seigneur du voisinage lance une flèche visant la biche de saint Gilles, flèche interceptée par le saint ensuite. Pour honorer l'auteur de cet acte miraculeux, le seigneur décide de fonder en cet endroit même, une abbaye dont saint Gilles deviendra l'abbé.

Ainsi est née la célèbre abbaye de Saint-Gilles, lieu de pèlerinage au Moyen Âge sur les reliques du saint. Saint-Gilles fut aussi un port d'embarquement pour la Terre Sainte avant la construction d'Aigues-Mortes, au XIIIe siècle.

SAN GENNARO EN ITALIEN

- Evêque de Bénévent (Campanie), IV siècle.
- Patron de Naples et de Bénévent.
- Un des saints les plus vénérés de l'Italie méridionale. On l'invoque beaucoup et notamment à Naples contre les éruptions du Vésuve.
- Son sang recueilli par sa nourrice fait l'objet d'un culte et de miracles étonnants. Conservé dans deux ampoules au sein du trésor du Duomo San Gennaro (cathédrale) de Naples, ce sang ordinairement coagulé, se liquéfie. Cette liquéfaction miraculeuse se répète chaque fois qu'on le sollicite pour attirer sur les fidèles la protection du saint (deux fois l'an).

ATTRIBUTS : deux ampoules, des flammes, une mitre, le Livre.

OÙ LE VÉNÉRER ?
- À Naples, dans les catacombes du Duomo San Gennaro se trouve le tombeau de San Gennaro. Un reliquaire abritant les ampoules contenant le précieux sang est placé au-dessous de la statue du saint dans la chapelle dédiée à celui-ci. Deux fois l'an, le premier samedi de mai et le 10 septembre, se déroule la fête du Miracle de saint Janvier : le sang se liquéfie, sinon c'est un mauvais présage de calamités qui pourraient s'abattre sur Naples.

OÙ L'ADMIRER ?
- Portrait de saint Janvier du Ve siècle dans les catacombes de San Gennaro.
- Statue vénérée du saint dans le dôme San Gennaro.
- Dans le dôme San Gennaro également, dans la basilique sainte Restitute, une mosaïque du XIVe siècle représente la Madone entre saint Janvier et sainte Restitute.
- « Triomphe de saint Janvier », d'Andrea Vaccaro (XVIIe siècle), au Prado à Madrid.

VIE OU LÉGENDE

La légende s'est emparée de la vie de San Gennaro et nous savons peu de choses sur celle-ci.

Né à Naples, nommé évêque de Bénévent, il est victime comme tant d'autres saints de la persécution de l'an 305 ordonnée par l'empereur Dioclétien.

Son martyre fut long : offert aux lions et aux ours qui refusent de le dévorer, il est jeté dans un four incandescent mais en ressort indemne. Il sera décapité, le bourreau lui coupant à la fois la tête et l'index de la main droite.

(SAINTE THÉRÈSE DE L'ENFANT-JÉSUS)

- Carmélite (1873-1897).
- « La plus grande sainte des temps modernes », Pie X.
- Patronne des missions.
- En 1944, Thérèse est proclamée Patronne secondaire de la France.

ATTRIBUTS : un habit de carmélite, un chapelet.

OÙ LA VÉNÉRER ?
- À Lisieux, en Normandie, dans la basilique Sainte-Thérèse. La semaine thérésienne précède le 1er octobre : messes solennelles, processions des reliques, veillées de prière. Chaque année, à Lisieux, viennent un million cinq cent mille pèlerins (de France et du monde entier).

OÙ L'INVOQUER ?
- À Lisieux lors d'un pèlerinage, mais également près de sa statue dans un grand nombre d'églises de France. Thérèse est connue et honorée dans certaines églises de Chine, d'Australie, d'Afrique, du Canada. On demande son intercession auprès de Dieu ou de la Vierge Marie pour n'importe quel vœu.

VIE OU LÉGENDE
Thérèse Martin est née à Alençon, le 2 janvier 1873. En 1888, Thérèse entre au carmel de Lisieux. Elle a quinze ans.

Le 30 septembre 1897, Thérèse meurt à vingt-quatre ans de tuberculose. Thérèse a suivi « la petite voie », une vie humble, sans visions, sans miracles. « Elle est la lumière entraînante de millions de vie ».

Lisieux se prépare à célébrer le centenaire de la mort de sainte Thérèse, en 1997.

LE « POVERELLO »

• Fondateur de l'ordre franciscain (1182-1226), canonisé dès 1228.
• Patron de l'Italie.

ATTRIBUTS : une robe de bure, la cordelière à trois nœuds (évoquant les trois vœux de pauvreté, de chasteté, d'obéissance), les stigmates.

OÙ LE VÉNÉRER ?

• À Assise en Ombrie (Italie). Le pèlerinage à Assise est très fréquenté toute l'année, mais il culmine le 2 août pour la fête du Pardon à la chapelle, la Portioncule, là où François mourut dans la basilique Santa-Maria degli Angeli (à 4 km d'Assise), le 11 août pour la fête de sainte Claire, le 4 octobre pour la fête de saint François et pendant toute la Semaine Sainte (basilique San Francesco).
   La crypte de la basilique San Francesco abrite le tombeau de saint François. Dans celle de l'église Santa Chiaria, se trouve le tombeau de sainte Claire morte en 1253.
• À La Verna (Italie - montagne de l'Alverne, à 40 km d'Arrezo). François y fonda un couvent (on peut voir la grotte de François, ultime cellule de prière et de vie). L'église des stigmates à La Verna fut édifiée en 1263 sur le lieu où François reçut les blessures du Christ.

OÙ L'INVOQUER ?

Dans la grotte de la Verna.
En Italie, les religieux traversant une crise spirituelle invoquent le «poverello» en le priant de les soutenir dans leurs épreuves et de vaincre leurs doutes. François est le saint qui, par son exemple de « parfait chrétien », est le plus proche de tous ceux qui cherchent à se détacher du monde pour rejoindre un idéal de pureté et de simplicité. Il est aussi pour les plus pauvres, le frère de misère qui garde le sourire dans l'adversité.

OÙ L'ADMIRER ?

• Dans la basilique San Francesco d'Assise, Giotto a exécuté vingt-huit admirables fresques sur la vie de saint François.

Dans cette même basilique se trouve une pathétique fresque de Cimabue, la « Vierge de saint François et des anges ».

• L'iconographie de saint François est innombrable. Tous les épisodes de sa vie ont donné lieu à des fresques, des tableaux effectués par les peintres les plus renommés de l'histoire de la peinture aux plus méconnus. L'humble François conversant avec les oiseaux, apprivoisant un loup, donnant son manteau à un pauvre, recevant les stigmates (par exemple le magnifique tableau de Giotto du Louvre, Paris) où le Christ-Séraphin crucifié darde de ses plaies des rayons dorés qui atteignent le corps de François.

• Dernière rencontre artistique avec le saint, cette saisissante statue en bois polychrome du XVIIᵉ siècle (au Louvre) de « saint François mort » (les yeux sont en verre, les dents en os !).

Dans le monde de la chrétienté, c'est avec les apôtres et saint Antoine de Padoue, le saint le plus représenté.

VIE OU LÉGENDE

Né à Assise en 1182, fils d'un riche marchand de drap, il est baptisé Jean mais gardera son surnom de Francesco (son père voyageant souvent en France, son pays de prédilection). Après une jeunesse tumultueuse, François se convertit à l'âge de 25 ans et mène dès lors une vie évangélique ascétique. Il épouse « Dame Pauvreté », devient le Poverello qui, en 1209, avec quelques disciples forme un ordre qu'il nomme par humilité l'ordre des Frères Mineurs.

Les « frères » se groupent au pied de la colline d'Assise, autour de la petite chapelle de le « Portioncule ». En 1212, Claire d'Assise fonde avec François l'ordre des Pauvres Dames pour les femmes (ordre des Clarisses). François, comme soldat du Christ, tente de partir en croisade. De retour en Ombrie, la pauvreté qu'il souhaite n'est plus compatible avec les ambitions de ses frères conventuels. En 1224, il se retire sur le mont Alverne. Le jour de l'exaltation de la Sainte Croix, le Christ lui apparaît sous l'apparence d'un séraphin. Des rayons s'échappant des plaies du Christ viennent imprimer des stigmates dans la chair du saint. Ces marques qu'il portera jusqu'à sa mort lui causent une souffrance continuelle. Il devient presque aveugle. Deux ans après, le 4 octobre 1226, il meurt, accueillant la mort, dit-on, en chantant. Il fut enterré, enveloppé dans une robe de bure. On dit que longtemps après son décès, l'un de ses pieds stigmatisés, saignait encore.

Toussaint

Fête de tous les saints passés et présents, célébrée le 1er novembre;

À l'origine de cette fête, la dédicace du Panthéon à Rome, transformé en église et dédié à Marie et à tous les martyrs par le pape Bonifice IV en 607. Grégoire IV en 835, fit célébrer la Toussaint par tous les chrétiens. Depuis le XIᵉ siècle, sous l'influence de l'abbaye de Cluny, la fête est suivie du Jour des Morts, le 2 novembre.

La Toussaint orthodoxe est célébrée le dimanche après la Pentecôte.

Aujourd'hui, dans les grands centres urbains, on fleurit les tombes aussi bien à la Toussaint que le Jour des Morts. La Toussaint n'en reste pas moins une fête religieuse qui n'est pas le jour de tous les morts, si nous voulons respecter une tradition ou avons à cœur de nous adresser particulièrement aux morts qui peuvent, sinon intercéder, du moins nous protéger, nous consoler.

• Evêque de Tours, 316-397.
• Evangélisateur de la Gaule.
• Au Moyen Âge, Tours fut le lieu d'un très important pèlerinage.
• Avec saint Louis et saint Denis, saint Martin est l'un des patrons de la monarchie française.
• Patron des soldats, des cavaliers, des drapiers, des fourreurs, des papetiers, des tailleurs, des hôteliers.
• On demande l'intercession de saint Martin pour les problèmes d'alcoolisme. Il est invoqué par les femmes soumises aux brutalités de maris ivrognes.

ATTRIBUTS : manteau, habit de soldat romain, ours, âne, oie, cheval.

OÙ LE VÉNÉRER ?
• Dans la basilique Saint-Martin-de-Tours, se trouve le tombeau de saint Martin, qui attirait dès le IXe siècle les princes et les petites gens, les populations voisines et les pèlerins lointains.
• Tours fêtera le seizième centenaire de sa mort du 11 novembre 1996 au 11 novembre 1997. Ce sera « l'année martinienne ».

OÙ L'ADMIRER ?
• L'histoire de saint Martin : sur le chapiteau de l'abbatiale de Saint-Benoît-sur-Loire, XIe siècle.
• Scène de la Charité, tableau de Van Dyck, XVIIIe siècle, château de Windsor.

VIE OU LÉGENDE
Né en Hongrie d'un père officier romain. Enrôlé dans l'armée romaine, Martin servait à Amiens (Somme). Il était officier dans la garde impériale.

Un jour d'hiver très froid, il trancha d'un coup d'épée son manteau pour en donner la moitié à un pauvre homme qui grelottait. La nuit suivante, le Christ lui est apparu en songe, revêtu du manteau qu'il avait sacrifié et lui disant : « J'avais froid,

Martin m'a réchauffé. ». Impressionné par ce rêve, Martin se fit baptiser, quitta l'armée et vécut ensuite dans la région de Tours dont il devint l'évêque.

Il implanta le christianisme dans les campagnes : en Touraine, en Beauce, en Anjou, dans le Berry. Un jour, un ours dévora son âne. Il l'obligea à porter ses bagages jusqu'à Rome.

Entre deux missions, il résidait au monastère de Marmoutier, près de Tours. Il mourut d'épuisement à Candes (Indre-et-Loire), le 8 novembre 397. Le 11 novembre, son corps revint à Tours.

Pendant dix siècles, Martin fut le plus grand, le plus célèbre saint de la France. Cinq cents localités portent son nom. Quatre mille paroisses lui sont dédiées en France, onze mille en Europe.
• La Saint-Martin était une date essentielle dans les activités agricoles : on renouvelait fermages et métayages lors de grandes foires.
• Si le ciel est clément en cette période d'arrière-saison, c'est alors « l'été de la Saint-Martin ».

- Vierge et martyre - IIe siècle ?
- Patronne de la musique sacrée, des musiciens, des chanteurs, des fabricants d'instruments de musique.

ATTRIBUTS : un instrument de musique, une couronne de fleurs, une blessure au cou.

OÙ LA VÉNÉRER ?

- À Rome, la crypte de l'église Sainte-Cécile (dans le quartier du Trastevere) renferme les sarcophages de sainte Cécile et de saint Valérien, son époux. Cette crypte est installée parmi les vestiges de maisons antiques dont fait partie le premier sanctuaire dédié à sainte Cécile (Ve siècle).

OÙ L'ADMIRER ?

- La statue de sainte Cécile dans l'église Sainte-Cécile du Trastevere à Rome est une sculpture de Stefano Maderno (1599), qui évoque l'histoire et la légende de sainte Cécile.
- La très belle cathédrale d'Albi (France), Sainte-Cécile d'Albi, lui est dédiée au XIVe siècle.
- Dans l'église Saint-Louis-des-Français, à Rome, une chapelle est dédiée à sainte Cécile ; les fresques de Dominiquin, peintes en 1614, illustrent toute la légende de sainte Cécile.

VIE OU LÉGENDE

Très célèbre sainte romaine, sa vie est légendaire. Sainte Cécile aurait vécu au Ier ou IIe siècle. Jeune fille de la haute noblesse, elle fut contrainte à épouser le noble Valérius alors qu'elle avait fait vœu de virginité.
Cécile convertit Valérius au christianisme le soir de ses noces.
Comme Cécile refuse d'honorer les dieux païens, elle est condamnée à mourir suffoquée dans une chaudière. Elle est sauvée par une rosée miraculeuse. Elle eut ensuite la tête tranchée et agonisa pendant trois jours (la tête insuffisamment détachée du corps).

SAINTE CATHERINE
Jour propice : 25 novembre

- Vierge et martyre (une des plus célèbres des premiers siècles).
- Patronne des jeunes filles qui atteignent vingt-cinq ans sans être mariées. Celles-ci ont le privilège de coiffer la statue de sainte Catherine d'une couronne de fleurs : « coiffer » la Sainte Catherine. Cette tradition persiste dans le milieu de la haute couture parisienne. Le bal des Catherinettes, médiatiquement renommé, célèbre cette fête.
- Patronne des philosophes, des étudiants, des écoliers, des clercs, des tanneurs, des charrons.
- Les Catherinettes ont recours à leur sainte pour trouver un mari.

ATTRIBUTS : une roue à pointes, une couronne de fleurs, une épée parfois de la décollation.

OÙ L'ADMIRER ?
- En Angleterre, dans la chapelle du Saint Sépulcre de la cathédrale de Winchester : une soixantaine de peintures murales du XIIIe siècle relatent sa vie.
- En Italie, près de Florence, dans l'oratoire degli Alberti à Antella, « Le cycle de la vie légendaire de Catherine », par Spinello Aretino.
- À Assise, dans la basilique San Francesco, « Vierge à l'Enfant entre sainte Madeleine et sainte Catherine », de Giovanni Bellini, Gallerie Dell' Accademia, Venise.
- « Mariage mystique de sainte Catherine », de Veronèse, Dell'Accademia, Venise.

VIE OU LÉGENDE
Catherine est la fille d'un roi d'Alexandrie (Egypte). Elle ne veut se marier qu'avec un prince aussi beau, aussi doué qu'elle. Aucun prétendant ne répond à ses vœux. « C'est la Vierge Marie qui te procurera l'époux rêvé », lui dit un ermite. Cet ermite la baptise et lui enseigne l'humilité. Marie la présente à Jésus qui la trouve fort belle. Ainsi est conclu « le mariage mystique de sainte Catherine ».

Voulant rejoindre son époux céleste, Catherine ne songe plus qu'au martyre. La sainte soutient sa nouvelle religion contre cinquante philosophes chargés par l'empereur Maximien de lui démontrer l'inanité de sa foi chrétienne. Tous les philosophes se convertissent.

Furieux de cet échec, l'empereur les fait brûler vifs et condamne Catherine à être déchirée par une roue garnie de pointes. Miraculeusement, la roue se brise. Catherine mourra décapitée. Son corps sera transporté par des anges au Sinaï (monastère Sainte-Catherine-du-Sinaï).

- Apôtre Ier siècle.
- Saint patron de la Grèce, de la Russie (saint André est le fondateur de l'Eglise de Kiev - Ukraine -).
- Patron de l'Ecosse, qui possède des reliques du saint et des centaines d'églises consacrées à son nom.
- Patron de la maison ducale de Bourgogne et de l'Ordre de la Toison d'Or.
- Patron des pêcheurs et des poissonniers.
- Il est invoqué par les femmes qui veulent devenir mère.

ATTRIBUTS : une croix en X, un filet de pêcheur.

OÙ LE VÉNÉRER ?
- À Patras en Grèce (Péloponnèse), un haut lieu de pèlerinage pour le culte de saint André. La région de Patras fut évangélisée sous Néron par l'apôtre. Après sa mort, son tombeau fut très vite l'objet de vénération et de pèlerinages.
- Au Moyen Âge, les reliques de saint André sont dispersées.
- Au XXe siècle, ces reliques ont repris le chemin de la Grèce. Ainsi, en 1964, le chef de saint André, gardé à Saint-Pierre de Rome, revint à Patras. En 1980, le reliquaire de la Croix de saint André, abrité depuis le XIIIe siècle dans la crypte de Saint-Victor de Marseille, retrouva sa place dans l'église Saint-André-la-Neuve de Patras (Agios Andréas).

OÙ L'ADMIRER ?
- À Patras dans l'église Saint-André, deux grandes icônes de saint André et de la Vierge.
- Tableau de « saint André » par Piero della Francesca, Sansepolcro, musée civique, Italie.
- « Saint André crucifié sur une croix latine », 1607, Le Caravage, Cleveland Museum, Angleterre.
- « Saint André sur une croix en X », Rubens, Madrid, Chapelle du Real Hospital.

VIE OU LÉGENDE
Frère de Simon-Pierre, simple pêcheur sur le lac de Tibériade,

André est l'un des premiers apôtres à suivre Jésus.

Après la Pentecôte, il part évangéliser la Russie. Il serait mort à Patras attaché par des cordes, bras et jambes écartés sur une croix en forme de X, appelée depuis « Croix de saint André », mais cette tradition ne remonterait pas au-delà du XIVe siècle.

• Evêque de Myre en Asie Mineure, IVe siècle.
• Saint thaumaturge très populaire.
• Patron des Pouilles (Italie), de la Sicile, de la Grèce, de la Lorraine (France) et de la Russie.
• Patron des marins, des mariniers, des voyageurs, des tonneliers, des comptables, des enfants, des écoliers, des instituteurs, des parfumeurs (à cause, peut-être, du jeu de mots entre myrrhe et Myre), des apothicaires.
• On l'invoque aussi contre les voleurs.

ATTRIBUTS : la crosse d'évêque, trois enfants dans un baquet, trois bourses, parfois une ancre de marine.

OÙ LE VÉNÉRER ?

• En Italie, dans la crypte de la basilique Saint-Nicolas, à Bari, dans les Pouilles, se trouve le tombeau de saint Nicolas. Saint Nicolas est fêté le 8 mai (veille de la commémoration de l'arrivée d'Asie Mineure, en 1087, de son corps). La fête se déroule en mer ; les fidèles viennent prier en barque devant la statue du saint. La veille, un cortège, relatant les miracles de saint Nicolas, parcourt les rues de la ville. La visite des reliques de saint Nicolas devient, dès la fin du XIe siècle, l'un des pèlerinages les plus importants d'Occident et l'un des passages obligés pour tout croisé vers la Terre Sainte.
• En France, Saint-Nicolas-du-Port est un lieu de pèlerinage très fréquenté depuis le XIe siècle. Dans ce sanctuaire, Jeanne d'Arc vint s'agenouiller en 1429 avant de partir accomplir sa mission.
• Actuellement, saint Nicolas est tout particulièrement vénéré dans le nord de la France, en Belgique, aux Pays-Bas, en Allemagne et en Suisse. Saint Nicolas apporte les étrennes aux enfants, c'est l'ancêtre du Père Noël (à Epinal, par exemple, saint Nicolas et le père Fouettard visitent officiellement les écoles maternelles en distribuant du pain d'épices et des oranges).
• À Saint-Nicolas-du-Port (Meurthe-et-Moselle), le 6 décembre, on promène à travers la ville une relique de la cathédrale : un doigt du saint.

• À Dieulouard, à Marlenkeim, à Stiring-en-Barrois, les enfants trouvent un pain d'épices dans leur soulier.

Où l'admirer ?
• Nombreuses statues de saint Nicolas dans les églises d'Italie, de France, de Belgique, des Pays-Bas.
• Dans la basilique de Saint-Nicolas-du-Port, des panneaux peints sur bois illustrent des scènes de la vie du saint (XVIe siècle).
• Saint Nicolas de Fra Angelico (Prédelle du tryptique de Pérouse, Italie).

Vie ou légende
Il est né en Asie Mineure vers 270. Il est nommé évêque de Myre (Anatolie). Il serait mort en 343.

De sa très riche légende, trois épisodes sont célèbres. Il aurait offert une dot à trois jeunes filles pauvres. Il aurait aussi évité la condamnation à mort à trois officiers injustement accusés. On lui attribue la résurrection de trois enfants qu'un boucher avait découpés et placés dans un saloir.

De nombreux autres miracles sont attribués à saint Nicolas.

OLALLA EN ESPAGNOL

- Vierge et martyre, IVe siècle.
- Patronne de Barcelone (Espagne).
- Patronne des femmes en couches.
- La martyre la plus célèbre, la plus vénérée d'Espagne.

ATTRIBUTS : la croix de saint André, une couronne, une palme, parfois une colombe.

OÙ LA VÉNÉRER ?
- Dans la crypte de la cathédrale de Barcelone, ses reliques sont conservées dans un sarcophage. Elles font l'objet d'une grande dévotion.
- Sainte Eulalie est surtout vénérée sur le pourtour de la Méditerranée.

OÙ L'ADMIRER ?
- À Barcelone, dans la cathédrale, une sculpture du XVIe siècle retrace le supplice de sainte Eulalie.
- Un retable de la cathédrale de Palma de Majorque, XVe siècle, retrace des scènes de son martyre.
- Nombreuses statues dans les églises espagnoles ou italiennes.

VIE OU LÉGENDE
Eulalie de Mérida et Eulalie de Barcelone ne sont qu'une même et seule personne. Dès que se déchaîne la persécution de Dioclétien, Eulalie, âgée de douze ans, manifeste l'espoir d'être martyre.

Elle refuse d'honorer les dieux païens et se présente devant le juge qu'elle insulte. La peine de mort est prononcée. Le martyre d'Euladie est d'une longueur démesurée, comportant autant de miracles que de tourments.

Battue, elle est attachée à une croix, jetée dans un chaudron d'huile brûlante, puis elle est livrée aux flammes, vêtue de ses seuls longs cheveux qui dressent autour d'elle un fourreau protecteur. Elle fut alors décapitée (?) Une colombe blanche, dit la légende, s'échappa de sa bouche innocente.

Sa passion a inspiré le premier texte littéraire rédigé en français, en langue d'oïl, à la fin du IXe siècle : « La cantilène de sainte Eulalie ».

SAINTE ODILE	Jour propice : 13 décembre

- Abbesse bénédictine, VIIe, début VIIIe siècle.
- Patronne de l'Alsace.
- Patronne des aveugles et des oculistes.

ATTRIBUTS : elle apparaît toujours en robe d'abbesse bénédictine. Deux yeux sont placés sur le livre de la Règle Bénédictine qu'elle tient dans ses mains. À partir du XIVe siècle, elle porte un coq qui semble annoncer le lever du jour et le triomphe de la lumière sur les ténèbres.

OÙ LA VÉNÉRER ?

- En Alsace, au mont Saint-Odile, le 13 décembre a lieu un grand pèlerinage, le plus fréquenté de toute l'Alsace. Dans le couvent du mont Saint-Odile reposent, dans un sarcophage du VIIIe siècle, les reliques de la sainte.
- À la fontaine de Sainte-Odile, au mont Sainte-Odile, une source a jailli du rocher pour calmer la soif d'un vieillard venu implorer la guérison de son enfant aveugle. Cette source miracle de Sainte-Odile est un but de pèlerinage pour tous ceux qui souffrent des yeux.

OÙ L'ADMIRER ?

- Dans la chapelle Sainte-Odile, deux bas-reliefs du XVIIe siècle représentent l'un le baptême de sainte Odile, l'autre Adalric délivré des peines du Purgatoire.

VIE OU LÉGENDE

Odile nait aveugle. Son père, le duc alsacien Adalric, déçu de ne pas avoir un garçon, veut la tuer. Il rejette Odile que sa nourrice conduit au monastère de Balma (sans doute Beaume-les-Dames en Bourgogne).

Lors de son baptême administré par l'évêque saint Erhard, elle est guérie de sa cécité. Plus tard, grâce aux prières de sa fille, Adalric, devenu un bon chrétien, lui offre un château sur l'Hohenburg (Bas-Rhin) pour y fonder un monastère. À ce monastère, elle adjoint un hospice pour lépreux.

Elle est la première abbesse du monastère de Hohenbourg qui s'appellera le Mont Saint-Odile. Elle réussit par ses prières à arracher son père au Purgatoire.

Morte un 13 décembre au début du VIIIe siècle, sans avoir reçu les derniers sacrements, elle ressuscite grâce aux prières de ses sœurs religieuses et communie avec le calice qu'elle demande. Odile peut ainsi monter au Ciel. La plus grande partie de sa vie est légendaire.

STEFANO en italien
ESTABAN en espagnol
STEPHAN en allemand

- Diacre martyr, premier siècle.
- Premier martyr chrétien, mort en 31 ou 35
- Saint patron des bouchers, des charcutiers, des tonneliers, des tisseurs de laine.
- Saint Etienne est invoqué pour les troubles de la mémoire, l'amnésie.
- On le vénère en la cathédrale Saint-Etienne, à Sens.

OÙ L'ADMIRER ?

- Trois fresques datées de 850, parmi les plus anciennes de France, décrivent la prédication, le jugement et la lapidation de saint Etienne, dans la crypte de l'abbaye Saint-Germain à Auxerre.
- Scènes de la vie de saint Etienne, tympan du XIIIe siècle : portail central de la cathédrale Saint-Etienne, à Sens.
- Notre-Dame de Paris : le tympan du portail Saint-Etienne illustre la vie et la lapidation de saint Etienne.
- « Lapidation de saint Etienne » de Rembrandt, musée des Beaux-Arts, Lyon.

VIE OU LÉGENDE

Saint Etienne, juif helléniste, a-t-il été disciple de Jésus ? Il fut l'un des sept premiers diacres que les apôtres avaient chargé de « servir aux tables afin de pouvoir eux-mêmes vaquer à la prière et à la prédication ». Etienne convertit un grand nombre de ses coreligionnaires. On l'accusa de blasphémer contre Moïse, contre le Temple et la Loi (ou Torah). On le traîna devant le sanhédrin. Il fut lapidé en présence de Saül (futur saint Paul), qui se convertira peu après.

Le récit de son martyre dans les Actes des Apôtres provoqua la diffusion de son culte dans toute l'Europe.

- Apôtre, «l'aimé de Jésus».
- Patron des théologiens et des libraires.
- Auteur du quatrième Evangile, des trois Epîtres qui portent son nom et de l'Apocalypse.

On choisit Jean comme intercesseur dans deux circonstances :
— dans les prières collectives destinées à convertir ses ennemis à l'esprit d'amour,
— à titre personnel, on prie Jean de protéger un ami très cher que l'on sent menacé ou en proie au doute.

ATTRIBUTS : un aigle, le Livre (Evangile), un serpent ou un dragon sortant d'une coupe (le grand prêtre de Diane à Ephèse soumit Jean à une épreuve dont il sortit victorieux : boire un breuvage empoisonné avec des serpents venimeux).

OÙ LE VÉNÉRER ?
- Île de Patmos (Dodécanèse, Grèce). Jean fut exilé à Patmos par l'empereur Domitien en l'an 95 pour avoir répandu la parole du Christ. Le monastère Saint-Jean est un haut lieu de pèlerinage et de nombreuses fêtes religieuses. Dans ce sanctuaire est située une grotte où, selon la tradition, saint Jean aurait eu la vision de l'Apocalypse et entendu la voix de Dieu lui dire «Je suis l'Alpha et l'Oméga, le commencement et la fin...».
- Ephèse (Turquie) : la basilique Saint-Jean. En l'an 97, Jean retourna à Ephèse où il serait mort vers l'an 100. Depuis le IIe siècle, on y vénère le tombeau de saint Jean. Le martyrium cruciforme est devenu, au VIe siècle, une grande basilique.

OÙ L'ADMIRER ?
En Occident, Jean est représenté en beau jeune homme imberbe. Il tient souvent la palme donnée par la Vierge pour qu'il la porte devant son cercueil à ses funérailles. En Orient, il est souvent un vieillard chauve à barbe blanche.
- Les fresques de la chapelle Peruzzi (Eglise Santa Croce, à Florence) : le cycle de la vie de Jean est illustré par Giotto.
- Crucifixion de Matthias Grünewald. Retable d'Issenheim,

1512. Jean soutient Marie éplorée au pied de la Croix.
• Piéta d'Avignon, Enguerrand Quarton, 1410, musée du Louvre. Jean soutient de ses mains la tête du Christ mort.

VIE OU LÉGENDE

Comme Jacques-le-Majeur, son frère et Zébédée, son père, Jean est pêcheur sur le lac de Tibériade. Parmi les premiers à suivre Jésus, il est présent dans les grands moments de la vie du Nazaréen : lors de la Transfiguration sur le mont Thabor, lors de la Cène (sa tête est inclinée vers le buste de Jésus), lors de son agonie au Golgotha, Jean soutient Marie écrasée de douleur. Il est le premier disciple à venir au tombeau que Marie-Madeleine a trouvé vide. Le premier encore à reconnaître Jésus ressuscité en Galilée.

Après la Pentecôte, Pierre et Jean prêchent ensemble. Ils sont jetés dans la même prison. Ils se rendent tous deux chez les chrétiens de Samarie.

Sous le règne de Domitien, Jean est exilé à Patmos (Grèce), où il rédige l'Apocalypse. De retour à Ephèse, il y aurait composé son Evangile. Le tombeau de saint Jean, à Ephèse, est depuis sa mort très vénéré.

LES QUATORZE AUXILIAIRES

Ils sont fêtés collectivement le 8 août (voir en annexe le calendrier des saints).

Saint Acace, fêté le 9 avril († 421), évêque d'Armida en Arménie, invoqué contre les vols, les crimes.

Sainte Barbe, fêtée le 4 décembre, martyre, décapitée par son propre père. Après son exécution, un orage éclata et le bourreau fut foudroyé. Elle est invoquée pour la mort subite. Patronne des pompiers, artilleurs, fossoyeurs, bouchers, cuisiniers, architectes.

Saint Blaise, fêté le 3 février († 316), décapité, médecin à Sébaste puis évêque de cette ville. Il délivre de la mort un enfant ayant avalé une arête de poisson. Invoqué contre de tels accidents. Patron des cardeurs, des éleveurs de porcs, des drapiers, des tailleurs de pierre. Invoqué aussi contre les maux de gorge. Il intercède pour la guérison des maladies infantiles (il fut médecin à Sébaste). Il est également protecteur du bétail.

Sainte Catherine d'Alexandrie, fêtée le 25 novembre († 310). Vierge martyre, elle est invoquée contre la piqûre du scorpion.

Sainte Catherine de Ricci, fêtée le 2 février (1522-1590), dominicaine à Florence, elle eut des visions, des extases en revivant la Passion du Christ. On la prie pour supporter les douleurs physiques.

Sainte Catherine de Sienne, fêtée le 29 avril, on la prie lorsque l'on doit subir l'ablation d'un sein.

Sainte Catherine de Suède, fêtée le 24 mars (1331-1381), on la prie pour conjurer les menaces d'avortement.

Saint Christophe, fêté le 25 juillet († 250). Adresser une prière à saint Christophe devant sa médaille le représentant, on peut être assuré de ne pas mourir d'accident. Patron des voyageurs, des automobilistes, des navigateurs, des forts des halles, des jardiniers.

Saint Cyriaque, fêté le 15 juillet (IIIe siècle), martyr. C'est un bourreau à Sébaste. Chargé de décapiter saint Antiochus, il vit s'écouler de la tête coupée non du sang mais du lait. Il se convertit alors. Patron des bourreaux, il est invoqué pour se repentir de ses péchés avant de mourir. Il peut protéger aussi des crises de nerfs.

Saint Denis, fêté le 12 mai († v. 258), martyr. Prêtre romain qui devint le premier évêque de Paris. Décapité, il prit sa tête entre ses mains. Patron des arquebusiers. Il est aussi invoqué contre les migraines.

Saint Erasme ou **saint Elme**, fêté le 2 juin († 303), martyr. Eventré, ses entrailles furent enroulées sur un treuil. Il est invoqué contre les coliques et la transpiration excessive.

Saint Eustache († 625). Abbé de Luxeuil, il guérit sainte Salaberge et sainte Burgondofare de leur mauvaise vue. Invoqué contre la myopie.

Saint Eustache, fêté le 20 septembre († 118), martyr. Il vit apparaître une croix lumineuse entre les andouillers d'un cerf qu'il allait tuer. Patron des chasseurs. On demande sa protection au cours d'une partie de chasse afin qu'il n'y ait pas d'accidents.

Saint Georges (fin du IIIe siècle). Vénéré depuis le IVe siècle dans toute la chrétienté occidentale et orientale. Patron des chevaliers. Il est invoqué contre les maladies de peau, particulièrement les dartres.

Saint Gilles, fêté le 1er septembre (VIIIe siècle), ermite fondateur d'un monastère devenu la ville de Saint-Gilles-de-Gard. Patron des bergers, des forgerons, des marchands de chevaux, des mendiants. Invoqué contre la claudication, il est aussi prié pour aider à lutter contre le cancer.

Saint Guy ou **saint Vit**, fêté le 15 juin († 303). Invoqué contre les maux de dents (le juge lui donna un coup de poing avant qu'il ne soit décapité). Invoqué contre la danse de saint Guy. Lors d'une grave épidémie de chorée au XIVᵉ siècle, les fidèles allèrent en pèlerinage dans la région d'Ulm où sont conservées les reliques de saint Guy. Invoqué aussi contre les troubles du sommeil.

Sainte Marguerite ou **Marine**, fêtée le 20 juillet, vierge d'Antioche martyre. Patronne des nourrices, invoquée par les femmes qui accouchent.

Saint Pantaléon, fêté le 27 juillet († 305). Patron des médecins, il est invoqué pour les troubles de la parole. Aller honorer saint Pantaléon dans l'église de Campagne (Landes) et boire l'eau de la fontaine du village assure, dit-on, une guérison plus prompte.

LES SEPT SAINTS DE BRETAGNE

Les saints s'y dénombrent par centaines. Leurs statues de bois peint décorent églises, chapelles, fontaines. Les plus officiels ont été reconnus par les évêques ; les Bretons se sont donné les autres. Dans ce cas, leur notoriété ne dépasse pas les limites de la province, ni même parfois du village où ils sont nés. Les saints canonisés par Rome sont rares (saint Yves à Tréguier).

Sept saints sont célèbres : les sept saints fondateurs de la Bretagne , saints patrons des sept anciens évêchés : saint Malo, saint Brieuc, saint Pol-de-Léon, saint Samson (Dol), saint Tugdual (Tréguier), saint Corentin (Quimper), saint Patern (Vannes). Ils arrivèrent aux Vᵉ et VIᵉ siècles de Grande-Bretagne pour fonder monastères et abbayes. Jusqu'au XVIᵉ siècle, la tradition demandait que tout Breton fît une fois dans sa vie le pèlerinage des cathédrales : c'était le « Tro Breiz » (le Tour de Bretagne). Qui manquait à ce rite devait effectuer le voyage après sa mort en avançant tous les sept ans de la longueur de son cercueil !

Le « Tro Breiz »

• Saint-Malo

Le moine Maklow, Maclou en français, Malo en breton moderne, a débarqué du Pays de galles. Malo est devenu évêque d'Alet (Saint Servan). Sa vie légendaire ressemble à celle de saint Patern à Vannes. Entré en contestation avec de nombreux païens qui vivaient dans cette région, il s'exila en Saintonge où il mourut.

Un siècle plus tard, les descendants de ses persécuteurs allèrent chercher ses reliques pour les rapporter à Alet. La ville épiscopale de Saint-Malo fut au Moyen Âge l'une des étapes majeures du Tro Breiz, ce pèlerinage qui conduisait les dévôts à faire le tour de Bretagne pour vénérer les sept tombeaux des sept saints fondateurs de la patrie.

• Saint-Brieuc

Saint Brieuc crée un monastère sur l'emplacement du centre actuel de la ville. Il fut inhumé à l'endroit où s'élève la cathédrale Saint-Etienne.

• Saint-Pol-de-Léon

Pol Aurélien a débarqué de Grande-Bretagne au début du VIe siècle. Il aurait été le chapelain du roi de Tintagel en Cornouailles britanniques.

Il quitta, comme de nombreux moines itinérants, Tintagel pour l'île d'Ouessant, puis alla sur l'île de Batz, où il vainquit le dragon qui ravageait l'île et fonda un monastère. Il devint évêque de la contrée et fut intronisé au siège de Kastell Léon. Sous l'impulsion de Pol, la ville dévastée par les pirates devint une cité religieuse et mystique. Dans la basilique Saint-Pol, une chapelle lui est dédiée dans laquelle ses reliques sont conservées (le chef de saint Pol dans une châsse en bronze doré).

• Saint Samson : Dol-de-Bretagne

Cette ancienne cité épiscopale, métropole religieuse jusqu'au XIIe siècle, conserve les reliques de saint Samson dans la cathédrale Saint-Samson.

Avant d'émigrer en Bretagne, Samson avait été archevêque d'York. Selon la tradition, Samson fonda le monastère de Dol sur un terrain que lui offrit un seigneur local dont il avait guéri la femme de la lèpre et la fille du démon qui la possédait.

• *Saint Tugdual : Tréguier*
Tréguier doit son origine à un monastère fondé au VIe siècle par saint Tudwal (Tugdual) à Landreger « Le couvent de la vallée du Trégor ». Tugdual devint évêque et une légende vivace affirme qu'il fut pape.
La cathédrale Saint-Tugdual, une des plus belles de Bretagne, fut édifiée au XIVe siècle.

• *Saint Corentin : Quimper*
Le roi Gradlon fonda l'évêché de Quimper et choisit son premier évêque, Corentin (Kaourintin en langue bretonne), un ermite de la forêt sacrée de Plomodiern. Pendant des siècles, la ville s'est appelée Quimper-Corentin. La tradition rapporte que Corentin se nourrissait d'un unique et miraculeux poisson.
Chaque matin, Corentin en prenait une moitié comme repas et rejetait l'autre à l'eau. Le lendemain, le poisson s'offrait à lui tout entier. Dans la cathédrale Saint-Corentin, la chaire du XVIIe siècle est ornée de bas-reliefs retraçant la vie de saint Corentin.

• *Saint Patern : Vannes*
De l'abbaye de Saint-Gildas de Rhuys, Patern a débarqué en Bretagne. Elu évêque par les habitants de la région de Vannes, il fut en lutte aux vexations d'une population encore païenne, tant est si bien qu'il s'exila et mourut hors de la Bretagne. La réputation de ses miracles passés incita les Vannetais à ramener ses reliques à Vannes.
La cathédrale (XIIe siècle) est placée sous l'invocation non de saint Patern, mais de saint Pierre. Saint Patern a son église (XVIIIe siècle) dans la rue de la Fontaine, hors de l'enceinte historique.
Les relations des Bretons avec leurs saints ont toujours été empreintes de confiance, d'amitié et même de familiarité. On invoque les saints en toutes circonstances. Leurs fêtes, leurs dévotions rythment toute la vie. Il existe de très nombreux saints invoqués pour une maladie précise : saint Cado est invoqué contre la surdité, sainte Apolline guérit les maux de dents, saint Adrien les douleurs du ventre, saint Briac les maladies des nerfs, saint Hervé guérit les maladies du cuir chevelu.

Les bœufs, les chevaux ont aussi leurs patrons : saint Cornély et saint Herbot.

À Tridaniel, près de saint-Brieuc, la chapelle Notre-Dame-du-Haut est dédiée aux sept saints guérisseurs : sainte Eugénie, saint Hubert, saint Yvertin, saint Houarniaule, saint Méen, saint Mamert, saint Lubin.
- Sainte Eugénie guérit la migraine.
- Saint Hubert, la rage.
- Saint Yvertin, les céphalées.
- Saint Houarniaule (saint Hervé), les maladies mentales.
- Saint Méen, les troubles cérébraux, l'angoisse.
- Saint Mamert, les douleurs intestinales.
- Saint Lubin, les rhumatismes et les maux d'yeux.

Le paysan pouvait aller à l'office avec son bœuf tenu par le licou : l'enclos paroissial n'interdisait pas les animaux.

L'enclos paroissial, typiquement breton, est au centre du village. Il est formé par une enceinte (un muret) à l'intérieur de laquelle se trouve le cimetière et tout autour trois édifices : l'église, le calvaire, l'ossuaire. Ce dernier a une double intention : conserver les restes des morts les plus anciennement enterrés et donner aux vivants la familiarité de la mort. Ainsi la vie spirituelle de la paroisse est étroitement liée à la communauté des morts.

L'enclos paroissial possède parfois une fontaine sacrée. Celle-ci est souvent indépendante et située en dehors de cet enclos. Tel est le cas en des lieux aussi vénérés que Rumengol et Sainte-Anne-le-Palud.

Des pratiques accomplies aux fontaines sacrées, on peut retrouver quatre rites essentiels :
- les rites de guérison : chaque fontaine a sa spécialité, les rhumatismes, la goutte, ou les fièvres, etc.,
- les rites de fécondation : certaines eaux avaient le pouvoir de guérir la stérilité des femmes et des femelles d'animaux,
- les rites de divination : connaître la date d'un mariage ou la santé d'un enfant malade,
- les rites de protection : les eaux salutaires aux hommes l'étaient aussi aux animaux ; on menait boire les bêtes pour les protéger de tout mal.

Le saint chevalier

Lorsque dans les années 1970, Georges Cziffra et sa femme Soleyka ont voulu sauver un chef d'œuvre en péril à Senlis : l'ancienne chapelle royale Saint-Frambourg, le sanctuaire était transformé en garage pour instruments aratoires. Les Cziffra le restaurèrent et firent affluer les pèlerins en l'ouvrant comme Auditorium Franz Liszt.

Ils ont mis au jour l'épopée oubliée du saint dont la vie a inspiré à Chrétien de Troyes la geste de Lancelot du Lac.

Adélaïde, pieuse femme de Hugues Capet, a posé la première pierre de la chapelle en 990. Attribuant à saint Frambourg la prospérité du royaume, elle fit déposer dans le sanctuaire le corps du saint dans une châsse d'argent, à l'exception du chef demeuré à Lassay. En 1177, Louis XII remplaça la première chapelle menaçant de tomber en ruine par l'édifice actuel. La dynastie capétienne manifestait ainsi à son protecteur la reconnaissance de la royauté. Très jeune Frambourg de Lassay fuit le palais paternel pour entrer au cloître.

Son père cherche à le reprendre mais les eaux d'une caverne en grossissant le dérobent à sa vue. Il meurt en 570, après avoir passé sa vie dans un ermitage. Son nom signifie : la lance du lac.

Lancelot du Lac sera son double en chevalier. Le parallèle entre le saint et le héros est troublant : fils de roi, il est emporté par une fée au fond d'un lac et ainsi soustrait à la vue de sa famille qui le recherche.

Un jour, il demande, comme le fit le saint, à un charretier de le transporter avec un chargement de pierres. Celui-ci répond qu'il transporte un mort. Il ment et Dieu le punit. Le lendemain, Lancelot voit la charrette portant un mort : c'est le charretier.

Le chevalier achève sa vie comme ermite, et son corps est ramené dans l'église de la Joyeuse Garde où il est vénéré. Singulier mariage mystique entre le Christianisme et le Merveilleux celte.

LES PARDONS

Le pardon est une fête religieuse bretonne et chrétienne (catholique), forte d'une continuité millénaire. C'est un pèlerinage annuel, en général, qui se déroule selon une formule identique : messe solennelle, vêpres, procession (avec bannières, statue des ou du saint, reliquaire), salut au Saint-Sacrement, visites au cimetière. On y vient par dévotion, par tradition, pour se racheter d'un péché, quémander une grâce ou gagner des indulgences.

Les pardons ont plus ou moins d'importance, plus ou moins d'affluence, exerçant un attrait sur les habitants de quelques paroisses ou sur l'ensemble des Bretons, comme le pardon de sainte Anne d'Auray. Certains pardons, tombés en désuétude, sont en plein renouveau.

Depuis 1987, par exemple, le pardon de Restudo (dans le Finistère) avec la bénédiction des chevaux.

D'autres se sont créés comme le pardon des motards à Porcaro dans le Morbihan, qui accueille, le 15 août, des milliers de pilotes venus de toute l'Europe.

Citons deux pardons particulièrement originaux :
• la Troménie de Locronan
• les sept saints d'Ephèse ou pardon des Sept Dormants au Vieux Marché (à 13 km du sud-ouest de Lannion).

LA PRATIQUE

La Troménie de saint Ronan à Locronan (17 km de Quimper)

• La petite Troménie a lieu tous les ans (procession longue de 5 km)
• La grande Troménie a lieu tous les six ans (procession longue de 12 km) ; la prochaine grande Troménie aura lieu en l'an 2001.

Depuis mille ans, le pèlerinage de saint Ronan n'a jamais été interrompu, même pendant la Révolution. L'itinéraire est immuable. Il comporte douze stations. Dans chacune d'elles, une chapelle de piété est dressée, abritant la statue d'un saint, une chapelle plutôt une hutte couverte de branches de sapin et de draps blancs. À la première station, le pèlerin baise le reliquaire de saint Eutrope ; la statue de sainte Anne-de-la-Palud, prêtée pour cette Troménie, est exposée à la quatrième station, celle de Notre-Dame de Kergoat, à la huitième station.

Saint Ronan, ermite venu d'Irlande au Ve siècle a son tombeau dans la chapelle accolée à l'église de Locronan. Les châsses contenant ses reliques et celles d'autres saints sont portées à bras durant toute la procession. Saint Ronan faisait pénitence quotidienne en grimpant à jeun et pieds nus sur la montagne qui domine Locronan.

La grande Troménie reproduit le grand circuit accompli par saint Ronan tous les six jours (ce pèlerinage a lieu tous les six ans), la petite Troménie, celui qu'il effectuait tous les jours (ce pèlerinage a lieu tous les ans). La Troménie de Locronan, appelée pardon de la montagne, le mot étant supposé venir de Tro-Menez, tour de la montagne. En fait, il est admis qu'il vient de tro-Minihy, le tour de l'asile : dans cette région délimitée par les trajets de saint Ronan, les accusés trouvaient là un refuge inviolable contre les poursuites de la justice.

LA PRATIQUE

Les sept Saints Dormants au Vieux-Marché

Ce pardon a lieu le quatrième dimanche de juillet, à 13 km de Lannion, à la chapelle des Sept Saints. L'originalité de ce pèlerinage est d'honorer sept saints, sept saints étrangers, les sept saints dormants d'Ephèse.

En effet, Maximilian, Marc, Martinian, Denis, Yan, Serafion et Constantin ont été emmurés vivants sur ordre de l'empereur Decius lors des persécutions chrétiennes d'Ephèse au IIIe siècle. On les retrouva vivants cent soixante dix sept ans plus tard.

Leurs sept grandes statues se trouvent autour de celle de la Vierge de la Miséricorde dans la chapelle bâtie en 1703, sur l'emplacement d'un vieux sanctuaire, lui-même édifié sur un dolmen, qui sert de crypte. Ces Martyrs de la Foi sont vénérés par les chrétiens et par les musulmans, ce qui apporte une autre grande originalité à ce pardon breton suivi par des chrétiens et des musulmans. Les cantiques sont chantés en grec, en arabe, en kabyle, en français, en breton. À l'issue de la messe, tous les participants se rendent à la fontaine des Sept Saints où un imam lit la Sourate 18 du Coran Ahl al-kahf «les Gens de la caverne», relatant l'histoire des sept jeunes gens emmurés vivants, précurseurs de la Résurrection finale. Le pardon se termine par un méchoui fraternel. Ce culte de Sept Saints au Vieux-Marché remonterait au VIe siècle. Il serait parvenu en Bretagne par l'intermédiaire des moines grecs accostant avec des commerçants d'Orient de la route de l'étain, au petit port du Yaudet, dans la baie de Lannion.

LES SAINTS CORSES

L'insularité prête vigueur et originalité au culte des saints en Corse. Villes et villages fêtent leur saint patron avec messe solennelle et processions. Certains offices sont encore chantés en « paghiella » (modulation à trois voix d'hommes).

Chaque montagne, chaque vallée, chaque village a son oratoire ou sa chapelle, lieu de pèlerinage pour la fête du saint local, ou d'un saint de l'Eglise universelle et pour les fêtes de la Vierge Marie.
• À Ajaccio, à Erbalunga, à Propriano, le 2 juin, on célèbre saint Erasme, patron des pêcheurs et des marins avec messe solennelle, procession et bénédiction en mer de la statue du saint, des pêcheurs et leurs bateaux, des fidèles.
• À Castellare-di-Casinca, le 12 mai, on fête saint Pancrace (San Pancrazioydi Casinca), patron des bergers et des bandits. L'église romane de Saint-Pancrace conserve ses reliques apportées d'Italie en 1798. Saint Pancrace est venu de Phrygie à Rome où il se convertit à l'âge de quatorze ans. Dioclétien le condamne à mort pour sa foi en Jésus-Christ. Ce jeune saint fut très populaire.

• Sainte Restitute, proclamée patronne de la ville de Calenzana et de la Balagne par le pape Jean-Paul II, en 1984, est célébrée le 21 mai en Balagne, à un kilomètre de Calenzana, dans l'église Sainte-Restitute. Martyrisée et décapitée à Calvi en 303 sous l'empereur Dioclétien, sainte Restitute, martyre corse, est l'objet d'une grande vénération dans la région depuis le début du christianisme. Deux processions se déroulent en son honneur chaque année, le 21 mai et le lundi de Pâques.

• Julie, sainte patronne de la Corse, a son pèlerinage le 22 mai à Nonza (Cap Corse). Julie, jeune chrétienne de Nonza, refusa d'honorer les dieux païens. Elle fut crucifiée sur l'ordre du préfet Barbarus dans son village même. Une source miraculeuse surgit sur le lieu de son martyre : Fontaine Sainte-Julie aux eaux miraculeuses. L'église de Nonza conserve ses reliques.

• Sainte Dévote, fêtée le 27 janvier, patronne de Monaco, est célébrée dans un village de la Castagniccia à Piedicroce d'Orezza-Alesani. La chapelle de la confrérie Sainte-Dévote (avec une très belle statue de la sainte, du XVIIIᵉ siècle) se trouve dans l'église Saint-Pierre et Saint-Paul de Piedicroce. Selon la légende, sainte Dévote (de Dei Vota, consacrée à Dieu), fut martyrisée en Corse au IIᵉ siècle. L'esquif transportant son corps martyrisé, pris dans la tempête, fut guidé par une colombe et aborda à Monaco.

Au Moyen Âge, les reliques de la sainte furent volées et emportées en barque. Les voleurs rejoints, la barque fut brûlée. C'est l'origine de la cérémonie qui se célèbre le soir du 26 janvier, et au cours de laquelle une barque est brûlée sur le parvis de l'église Sainte-dévote de Monaco.

Le lendemain se déroulent messe et procession de la statue de la sainte.

• D'autres saints sont particulièrement vénérés en Corse : saint Antoine de Padoue, saint Roch, protecteur des troupeaux et des maladies du bétail, sainte Lucie, saint Jean-Baptiste.

Parmi les saints guérisseurs corses sont particulièrement invoqués : sainte Lucie de Ville di Pietrabugnu, le 13 décembre, pour les maux d'yeux ; saint Pancrace de Casinca, le 12 mai, pour les rhumatismes ; saint Laurent de Tralonca, le 10 août, pour la fièvre de Malte ; saint Roch, le 16 août, pour les épidémies et les plaies.

LES SAINTES MARIES DE LA MER

Vers 40 ap. J.-C., expulsés de Palestine, Marie-Jacobé, sœur de la Vierge Marie, Marie Salomé, mère des apôtres Jacques-le-Majeur et Jean, Lazare le ressuscité, ses deux sœurs Marthe et Marie-Madeleine, Maximin et Sidoine, l'aveugle guéri, sont abandonnés en mer sur un frêle esquif « sans voile et sans cordage, sans mât, sans ancre, sans timon ».

Sara, la servante noire des deux Marie, retenue à terre se désespère mais Marie-Salomé jette à l'eau son manteau (le manteau sert miraculeusement de radeau à Sara pour rejoindre la barque).

Grâce à la protection divine, la barque aborde la plage provençale que domine aujourd'hui l'église des Saintes-Maries-de-la-Mer. Après avoir construit un oratoire dédié à la Vierge, les disciples du Christ se séparent. Marthe évangélisera la région de Tarascon, Marie-Madeleine se réfugiera dans la grotte de la Sainte-Baume, Lazare sera l'apôtre de Marseille, Maximin et Sidoine évangéliseront la région d'Aix-en-Provence. Marie- Jacobé, Marie-Salomé et Sara resteront en Camargue.

À leur mort, les fidèles placeront leurs reliques dans l'oratoire de Notre-Dame-de-la-Mer. Le tombeau des saintes devient très vite l'objet d'un culte et d'un pèlerinage.
Au IXe siècle, une église fortifiée remplacera l'oratoire.

Depuis dix-neuf siècles, les Saintes-Maries-de-la-Mer sont un lieu de pèlerinage. Les «gens du voyage» (tziganes, roms, manouches, gitans, bohémiens) viennent vénérer leur patronne : Sara la Kali, Sara la Noire.

LA PRATIQUE

Deux grands pèlerinages « le pèlerinage des gitans » ont lieu en mai et en octobre :
• 25-26 mai pour la fête de Marie-Jacobé et de Sara ;
• samedi et dimanche le plus proche du 22 octobre pour la fête de Marie-Salomé et de Sara.

Les gens du voyage convergent de toute l'Europe. La messe solennelle est célébrée par l'évêque d'Arles, puis la châsse de Marie-Jacobé et la statue de Sara, richement parée de bijoux scintillants, vêtue d'une superposition de jupons multicolores, la tête ceinte d'une couronne de reine, précédées des Arlésiennes en costume et des gardians à cheval, sont promenées en procession dans les rues, sur la plage, dans la mer où elles reçoivent la bénédiction épiscopale.

Les pêcheurs partent en mer pour faire bénir leur bateau. Le cortège se reforme, bannières au vent, dans les chants et les prières, et les saintes dans leur châsse, retrouvent le chœur de l'église. Une fête folklorique suit la fête religieuse avec dans les arènes jeux de gardians, danses, course à la cocarde.

LE CULTE MARIAL

Marie, mère de Dieu, est au sommet de la pyramide des saints dans les Eglises d'Orient et d'Occident.

La fête mariale par excellence est fixée le 15 août, fête de l'Assomption.

Marie, de tout temps, fut l'objet d'une immense vénération dans le monde chrétien d'Occident et dans l'Orient byzantin.

La dévotion mariale a varié dans le choix des aspects théologiques :

• Le Haut-Moyen Âge privilégie la Vierge Théotokos (mère de Dieu) au hiératisme de type byzantin.

• Le XIIIᵉ siècle s'attache au caractère humain de la mère de Jésus, à sa tendresse maternelle (Floraison des thèmes : Vierge à l'Enfant).

• Les XIVᵉ et XVᵉ siècles insistent sur le tragique de la passion, la Mater Dolorosa, Vierge de Pitié ou Vierge aux Sept Douleurs.

Le culte marial, au XIIᵉ et XIIIᵉ siècles, se développe dans tout l'Occident. Les sanctuaires dédiés à la Vierge se multiplient : Notre-Dame de Chartres, Notre- Dame du Puy, Notre-Dame de Clermont, Notre-Dame de Boulogne, Notre-Dame de Montserrat en Catalogne, Notre-Dame de Walsingham en Angleterre, Mariazell en Autriche, Notre-Dame de Rocamadour en Quercy.

C'est autour d'une statue miraculeuse de la Vierge que se cristallise le culte. Le grand pèlerinage marial, fin XIIᵉ siècle en Occident, fut à Notre-Dame de Rocamadour. En 1166, on découvrit le corps d'un ermite enseveli sous le roc près de la chapelle. On y vit celui d'Amadour qui, selon la légende, est un serviteur de la Vierge venu en Gaule après l'Assomption de celle-ci.

Le long des grands chemins de pèlerinage vers Rocamadour, presque toutes les églises étaient dédiées à la Vierge : Saint-Flour, Aurillac, Moissac, Cahors...

Allant vers Marie, les pèlerins étaient sûrs de rencontrer Jésus. Toutes les statues des sanctuaires dédiées à Notre-Dame représentent Marie avec son enfant Jésus. Elle tient l'Enfant dans ses bras, ou poignardée par la douleur, elle agrippe le cadavre du crucifié sur ses genoux. Les deux thèmes, la Vierge à l'Enfant et la Mater Dolorosa, étaient associés dans le même pèlerinage.

Les pénitents venaient se réfugier, se blottir sous le manteau de la Vierge « refuge des pêcheurs ». Notre-Dame-du-Bon-Secours, « Maria Hilf » (Marie à l'Aide), dans les églises d'Allemagne, ces noms promettaient la guérison aux malades.

Aux XVIe et XVIIe siècles, la Contre-Réforme catholique exalte le culte de la Vierge, triomphatrice des ennemis de l'Eglise. De grands succès militaires sur l'hérésie et sur l'islam furent attribués à l'intercession de Notre-Dame. Notre-Dame-de-la-Victoire : que de chapelles ou d'églises édifiées à Notre-Dame-de-la-Victoire.

Parmi les cultes mariaux européens, celui qui connut le plus grand rayonnement aux XVIe et XVIIe siècles, fut la Santa Casa, la maison de la Vierge, à Lorette, le plus célèbre sanctuaire d'Italie après Rome.

Le sanctuaire de la Santa Casa de Nazareth à Lorette (Ancône) est encore aujourd'hui un très grand pèlerinage international, particulièrement le 15 août (Assomption), le 8 septembre (Nativité), 10 décembre (commémoration de la Translation).

MARIE, MÈRE DE JÉSUS
MYRIAM POUR LES HÉBREUX
MIRRYAM POUR LES MUSULMANS

Fille d'Anne et de Joachim selon les récits apocryphes.

Originaire de Nazareth, elle est fiancée au charpentier Joseph. L'ange Gabriel lui annonce qu'elle sera mère du Messie. Marie répond : « que cela soit fait ». La fête de l'Annonciation a été fixée le 25 mars, neuf mois avant Noël dès le VIIe siècle. Marie se rend chez sa cousine Elisabeth, alors enceinte de Jean-Baptiste. C'est la Visitation, fêtée le 31 mai.

Après la naissance de Jésus à Bethléem, elle s'enfuit avec lui en Egypte pour échapper au massacre des Innocents décrété par le roi Hérode. À leur retour, Marie présente son fils au Temple ; le 21 novembre est célébré la Présentation.

Marie est présente aux noces de Cana et au pied de la Croix. Elle reçoit l'Esprit- Saint à la Pentecôte avec les disciples. On ignore le lieu de sa mort : Ephèse ou Jérusalem.

Le monde grec célèbre la Dormination de la Vierge, c'est-à-dire sa mort et son entrée au ciel au même instant.

En Occident, la fête de l'Assomption célèbre l'enlèvement de Marie entrant au Paradis corps et âme. Le Christ étant Dieu, est monté au ciel (Ascension). Marie étant une créature a été élevée au ciel par la puissance de Dieu (Assomption).

MARIE, AUJOURD'HUI

Dans le monde entier, Marie a grâce aux yeux de tous, même de ceux qui vénèrent aussi des «saints pas très catholiques». Beata Virgina, Maria, Myriam, Mirryam, elle n'est pas invoquée seulement comme mère de Dieu, mais pour elle-même.

Elle est Notre-Dame de tous les secours, toutes les compassions, Vierge noire des mystères de la vie, Terre-Mère nourricière pour les chrétiens animistes, la belle Madone que l'on chante autant qu'on la prie.

Marie est proche des faibles et des forts parce que la plus humaine. Elle magnifie les femmes de toutes conditions. Elle rappelle que le plus humble peut être le plus héroïque.

Marie est la confidente infatigable des femmes qui vivent un moment difficile de l'amour maternel. Elle est la consolation des mères douloureuses, le recours des femmes stériles, des orphelines, des veuves.

Elles est dans le cœur des plus endurcis, des plus cuirassés qui lui vénèrent une tendresse secrète. Nombreux sont les hommes la portant sur eux, une médaille autour du cou.

Voyageurs exilés, navigateurs, prisonniers l'invoquent. Elle est la madone des soldats perdus, des sentinelles isolées, la mère qui veille l'absent, qui prie pour lui, protège son aventure lointaine et incertaine. Marie.

LES RELIQUES DE LA VIERGE MARIE

• Sanctuaire de la Santa Casa de Nazareth à Lorette dans la province des Marches (Italie)

De grands pèlerinages nationaux et internationaux s'y déroulent particulièrement le 15 août pour l'Assomption, le 8 septembre, fête de la Nativité de la Vierge et le 10 décembre pour la commémoration de la Translation.

La Santa Casa « maison de Marie » fut miraculeusement apportée par les anges en 1291 de Nazareth en Dalmatie puis en 1294 le 10 décembre ; la Santa Casa fut déposée dans un bois de laurier, en latin *lauretum* qui a donné Loreto, dans la province des Marches.

• La « Sainte Ceinture » à Prato, près de Florence (Italie). La chapelle de la Sainte Ceinture est dans le dôme (cathédrale) de Prato.

Origine : l'apôtre Thomas, qui n'avait pas cru à la Résurrection du Christ, ne voulut pas admettre l'Assomption de la Vierge. Il demanda qu'on ouvrît la tombe de Marie. Celle-ci était pleine de lys et de roses, mais levant les yeux au ciel, Marie lui apparut dans toute sa gloire : elle dénoua sa ceinture pour la lui donner.

• À Aix-la-Chapelle, dans la basilique de la Sainte-Mère-de-Dieu, sont conservées (depuis Charlemagne) de grandes reliques : la robe de la Vierge, les langes de Jésus, le pagne qu'il portait sur la Croix... et autres reliques aussi précieuses.

Un pèlerinage attire des milliers de pèlerins le jour de la Saint-Charlemagne, le 28 janvier, seul et unique jour où les reliques quittent le trésor de la basilique et sont présentées à la foule (et uniquement tous les sept ans).

• À Chartres (France). La cathédrale Notre-Dame renferme une relique précieuse entre toutes, la Sainte Tunique ou Sainte Chemise (deux morceaux du voile de la Vierge), qui aurait été offerte par le roi Charles-le-Chauve en 876. De nombreux miracles furent attribués à cette relique et tout au long des siècles, Chartres fut un grand pèlerinage chrétien. En 1935, commence le pèlerinage des étudiants, le lundi de Pentecôte. Il se fait à moitié à pied, reprenant ainsi la tradition médiévale.

• À Mexico, la basilique Notre-Dame-de-la-Guadalupe conserve une image sainte de Marie : son visage imprimé sur le manteau d'un Indien, Juan Diego, à qui elle est apparue en décembre 1531. En effet, Marie est apparue à Juan Diego sous les traits d'une femme métisse enceinte. Elle lui demanda de faire édifier un sanctuaire sur cette même colline de Tepeyac. Juan Diego en avertit l'évêque qui fut convaincu de cet extraordinaire message en reconnaissant le visage de la Vierge Marie imprimé sur le manteau porté par l'indigène. Des sanctuaires de plus en plus grands furent construits jusqu'à une immense basilique, Notre-Dame-de-la-Guadelupe, consacrée en 1976. Des millions de Mexicains y viennent en pèlerinage chaque année (deux millions, chaque premier dimanche de décembre).

• Meryem Ana : la maison de Marie, à Ephèse (Turquie).

LA PRATIQUE

À la fin du XVIIIe siècle, Catherine Emmeric (1774-1824), une religieuse allemande a décrit à travers des visions, la maison de Marie à Ephèse.

Deux prêtres français allèrent vérifier l'authenticité des visions de Catherine Emmeric. Ils identifièrent Panaya Kapulée comme la dernière demeure de Marie.

Ce petit sanctuaire, desservi par trois religieuses de Saint-Vincent-de-Paul et un père capucin, n'est pas officiellement reconnu par l'Eglise : la tradition fixe le lieu de la mort et le tombeau de Marie à Jérusalem.

LES APPARITIONS

Au XIXᵉ siècle, ont eu lieu les grandes apparitions de la Vierge Marie. Ces manifestations ont ravivé en Europe le culte marial, un peu en retrait dans le siècle des Lumières. Même si l'Eglise n'a reconnu que certaines d'entre elles (au XXᵉ siècle surtout), les apparitions exaltent la dévotion permanente à la Vierge Marie.

Les quatre grandes apparitions officiellement reconnues au XIXᵉ siècle :

• À Catherine Labouré, le 18 juillet 1830. La Vierge est apparue à cette jeune sœur, fille à la Charité de Saint-Vincent-de-Paul, au 140 de la rue du Bac à Paris. Elle lui demanda de frapper une médaille portant l'inscription « Ô Marie, conçue sans péché, priez pour nous qui avons recours à vous » en promettant que toutes les personnes qui la porteraient recevraient de grandes grâces. Par la suite, la médaille s'est appelée miraculeuse.La chapelle de Notre-Dame-de-la-Médaille-Miraculeuse devint vite un centre de pèlerinage et les médailles se vendent par millions.

• Aux enfants de la Salette, le 19 septembre 1846. Dans un ravin escarpé des Alpes, la Vierge Marie apparaît à deux jeunes bergers Mélanie Calvat et Maxime Giraud, à qui elle annonce le châtiment de plusieurs nations et à qui elle confie des secrets. Notre-Dame-de-la-Salette attire très vite des milliers de pèlerins.

• À Bernadette Soubirous. Douze ans après l'apparition de la Salette, la Vierge Marie apparaît à une petite pauvresse, Bernadette Soubirous, sur la rive du gave de Pau, à Lourdes, petite ville pyrénéenne. Entre le 11 février et le 4 mars 1858, Marie s'entretient en dix-huit occasions avec Bernadette. La Vierge lui donna l'ordre en patois de boire de l'eau de la source qu'elle fit jaillir et de bâtir une chapelle. Le 25 mars, elle lui déclara « Je suis l'Immaculée Conception ». Les pèlerinages se succédèrent et les miracles aussi. Cinq millions de pèlerins viennent chaque année prier Notre-Dame de Lourdes.

• Aux enfants du village de Pontmain, situé aux confins de la Mayenne et de la Bretagne. Le 17 janvier 1871, la Vierge apparaît à Eugène et Joseph, Jeanne-Marie et Françoise. «Mais priez mes enfants. Dieu vous exaucera en peu de temps. Mon fils se laisse toucher». Le message de Pontmain est essentiellement un message d'espérance.

Au XXe siècle :

• Aux petits bergers de Fatima, au Portugal, le 13 mai 1917. La Vierge apparaît, au-dessus d'un chêne vert sur le plateau désertique de la Cova da Iria, à Lucia do Santos, âgée de dix ans (elle vit encore), Francisco et Jacinta Marton, ses cousins âgés de neuf et sept ans, morts en 1919 et 1920. Les apparitons eurent lieu le 13 de chaque mois jusqu'au 13 octobre 1917. Le sanctuaire marial connaît une affluence croissante. Avec plus de trois millions de pèlerins par an, Fatima se classe parmi les plus grands pèlerinages du monde.

Les pèlerinages des papes Paul VI et Jean-Paul II ont marqué la place exceptionnelle de Fatima dans la sensibilité religieuse contemporaine.

• À Mama Rosa, à San Damiano en Italie, la Vierge est apparue de 1968 à 1981.

En Bosnie et à Rome

• *À six jeunes enfants bosniaques à Medjugorje en Bosnie-Herzégovine. Depuis le 24 juin 1981, six jeunes enfants voient la Vierge. Quatre d'entre eux voient Marie chaque jour depuis treize ans. La Vierge a révélé à chacun dix secrets et les a assurés que ce sont là ses «dernières apparitions».*

• *Le 2 janvier 1995, aux portes de Rome à Civitavecchia, une statuette de la Vierge rapportée de Medjugorje, installée dans un jardinet, verse des larmes de sang. L'Eglise se montre très circonspecte quant à l'interprétation de ce phénomène. C'est la cinquième Vierge qui pleure depuis 1990 en Italie.*

LES APPELLATIONS DE MARIE

Le titre «Notre-Dame» donné à la Vierge Marie a probablement pour origine l'amour courtois célébré au Moyen Âge. Les chevaliers portaient son image sur leur étendard.

Toutes les statues des sanctuaires, placées sous le vocable de Notre-Dame, la représentent avec son enfant. Les Vierges à l'Enfant placées sous le signe de la tendresse, de l'amour maternel se multiplient à partir du XIIᵉ siècle.

La Vierge de la Miséricorde, abrite sous son manteau les hommes, l'humanité toute entière : Marie est la meilleure médiatrice qui intercède auprès du Christ en faveur des hommes. Elle est Notre-Dame-de-Tout-Secours qui console toutes les souffrances humaines.

La Vierge de pitié reçoit sur ses genoux le Christ, son fils, que l'on vient de descendre de la Croix : Notre-Dame-des-Sept-Douleurs, Vierge-de-la-Solitude.

Il n'y a pas une Notre-Dame mais mille Notre-Dame :
• Notre-Dame-de-la-Paix
• Notre-Dame-de-Bonne-Espérance
• Notre-Dame-du-Bon-Accueil
• Notre-Dame-du-Peuple
• Notre-Dame-du-Bon-Secours
• Notre-Dame-du-Bon-Encontre
• Notre-Dame-des-Anges
• Notre-Dame-des-Fontaines
• Notre-Dame-des-Grâces
• Notre-Dame-des-Miracles
• Notre-Dame-du-Bon-Remède
• Notre-Dame-du-Grand-Pouvoir
• Notre-Dame-du-Prompt-Secours
• Notre-Dame-du-Bon-Cœur
• Notre-Dame-du-Rosaire
• Notre-Dame-de-la-Bonne-Garde
• Notre-Dame-de-la-Merci
• Notre-Dame-de-la-Pitié
• Notre-Dame-de-la-Douleur
• Notre-Dame-de-la-Miséricorde
• Notre-Dame-des-Affligés

- Notre-Dame-des-Cent-Biens
- Notre-Dame-des-Lumières
- Notre-Dame-des-Neiges
- Notre-Dame-de-la-Route
- Notre-Dame-de-la-Détresse
- Notre-Dame-des-Pauvres
- Notre-Dame-des-Victoires

Notre-Dame est associée au nom des localités (où le plus souvent fut trouvée une statuette de la Vierge) ou du lieu où elle est apparue :

- Notre-Dame de Clermont
- Notre-Dame de Fourvière
- Notre-Dame de Chartres
- Notre-Dame de Rocamadour
- Notre-Dame de Lourdes
- Notre-Dame de la Salette

Les vierges noires

La tradition assimile les sombres madones à d'antiques déesses représentées aux temps préhistoriques par des pierres noires, emblème du tellurisme, du feu vital, de la Terre nourricière. C'est la Terre-Mère, la Déesse-Mère.

Les vierges noires jalonnent les grands pèlerinages vers Compostelle, Chartres, Dijon, Le Puy, Montserrat. Celles-ci sont enracinées sur d'anciens lieux celtiques, proches d'une source ou d'une fontaine ou encore des sites mégalithiques. Toute grotte semble détenir une sacralité.

Les vierges noires, après avoir émergé du milieu souterrain, rayonnent dans l'ombre des cryptes et des absidioles. La cathédrale Notre-Dame de Chartres en est un exemple éclatant. Elle fut en effet édifiée sur un haut-lieu sacré du peuple gaulois. À cet endroit, dans une grotte, il vénérait une statue de la Déesse-Mère.

Dans les premiers temps chrétiens, Notre-Dame-de-Sous-Terre s'est substituée à la Déesse-Mère celtique. Les chrétiens l'honorent dans la crypte de la cathédrale, près d'un puits (le puits des Saints-Forts) aux eaux miraculeuses.

LA VIERGE DE LA BEAUCE

En la cathédrale de Chartres, Marie a trois aspects très vénérés :
• dans la crypte, une statue évoque la Vierge Souterraine, transcendant la divinité Terre-Mère nourricière ;
• dans une chapelle latérale, près du transept, elle est la Vierge Noire, stylite en station debout sur le chapiteau d'une colonne corinthienne. Elle porte l'Enfant-Roi, noir lui-aussi. Les fidèles — surtout les chrétiens nestoriens d'Inde du Sud et les chrétiens d'Orient — appliquent la main droite sur le pilier pour être pénétrés de la grâce mariale ;
• dans une chapelle absidiale, un vitrail sublime célèbre la Vierge de l'Assomption.

Notre-Dame-de-Sous-Terre, Notre-Dame-du-Pilier, Notre-Dame-de-la-Belle-Verrière, ces trois grâces sont citées dans la prière à la Vierge de Chartres. La cathédrale possède de surcroît des centaines de représentations de Marie dans des scènes du Nouveau Testament.

Prière à Notre-Dame-de-Chartres

Notre-Dame de Sous Terre
soyez toujours notre médiatrice de grâce,
Notre-Dame-du-Pilier, soyez notre
dispensatrice des trésors célestes,
Ton image, Sainte-Mère-de-Dieu,
dans la transparence de la Belle-Verrière,
nous l'admirons.
Dans la clarté scintillante des cierges, nous la vénérons ;
dans la paix de Sous Terre, nous la contemplons.
Avec les jeunes qui t'invoquent, les malades
et les éprouvés qui te supplient,
Notre-Dame-de-Chartres, nous te prions.
O Vierge Immaculée, qui devez enfanter
à la grâce tous les élus de Dieu, daignez
me recevoir dans votre sein maternel
et me former en vous pour que je ressemble
à Jésus.

LES GRANDS PELERINAGES
DANS LE MONDE

En France :

Le plus grand pèlerinage national et international est celui de Lourdes. Notre-Dame de Lourdes reçoit chaque année cinq millions de visiteurs. Des centaines de milliers de pèlerins accourent aussi vers :

• Notre-Dame de la Salette
• Notre-Dame de Rocamadour
• Notre-Dame de Chartres
• Notre-Dame du Puy-en-Velay
• Notre-Dame de Fourrière (Lyon)
• Notre-Dame-de-la-Garde (Marseille)
• Notre-Dame-du-Bon-Remède, abbaye Saint-Michel de Frigolet, près de Tarascon
• la chapelle de la Médaille-Miraculeuse, rue du Bac (Paris)
• Notre-Dame-de-Piétat (Tarbes)
• Notre-Dame-du-Chêne (Le Mans)
• Notre-Dame-de-Garaison (Tarbes)
• Notre-Dame-de-Santa-Cruz (rapatriée d'Oran, à Nîmes)
• Notre-Dame-de-Lavasina, près de Bastia (Corse)
• Notre-Dame-de-Bethléem (Orléans)
• Notre-Dame-des-Miracles (Saint-Omer)
• Notre-Dame-des-Lumières, dans le Luberon
• Notre-Dame-de-Liesse (Soissons)
• Notre-Dame-de-l'Espérance (Saint-Brieuc)

En Belgique :

• Notre-Dame de Scherpenheuvel-Montaigu (Brabant)
• Notre-Dame-des-Pauvres (Banneux)
• Notre-Dame de Beauraing (la Vierge y apparut à cinq enfants, trente trois fois du 29 novembre 1932 au 3 janvier 1933).

En Hollande du Nord :

• Notre-Dame-de-la-Détresse (Heiloo)

En Grande-Bretagne :
• Notre-Dame de Glastonbury (Somerset)
• Notre-Dame de Walsingham (Norfolk).

En Allemagne :
La dévotion aux images de la Vierge est très répandue :
• à Weil, Madone à l'Enfant,
• à Altötting, image de la Mère à l'Enfant,
• à Kevelaer « La Consolatrice des Affligés »,
• à Telgte, la Mère des Sept Douleurs.

En Autriche :
Mariazell : le pèlerinage le plus célèbre d'Autriche à la statue miraculeuse de la Vierge à l'Enfant en bois de tilleul, apportée par un bénédictin prêcheur au XIIᵉ siècle. Statue vénérée sous le nom de Magna Mater Austriae.

En Pologne :
La très catholique Pologne abrite le plus grand nombre de pèlerinages (Vierge et saints) :
• Vierge Miraculeuse (Ludmierz)
• Notre-Dame de Korlen ; les Polonais prient la madone de la Guadalupe.
    Le plus célèbre pèlerinage est celui au sanctuaire de Czestochowa à Jasna-Gora où l'icône sainte de la Vierge Noire est gardée par des religieux dans un monastère-forteresse, qui est le centre spirituel de la Pologne depuis le XVᵉ siècle.

En Espagne :
• Montserrat en Catalogne est l'un des pèlerinages les plus fréquentés d'Espagne (plus d'un million de pèlerins). Des ermites au IXe siècle ont édifié un sanctuaire à Notre-Dame, dans un massif abrupt de grès rose. Le monastère actuel est bâti sur une terrasse à 725 mètres d'altitude. La statue de la Vierge Noire du XIIᵉ siècle est très vénérée : c'est la patronne de la Catalogne.
• Saragosse : Santa Senora del Pilar. Ce sanctuaire marial

serait le plus ancien de la chrétienté. Il fut édifié le 2 janvier l'an 40 par saint Jacques, qui aurait recueilli une image miraculeuse de la Vierge se trouvant encore à l'endroit où il l'aurait déposée dans le pilier de la cathédrale. Cérémonies et processions se déroulent du 11 (fête de la maternité de la Vierge) au 20 octobre.

• Guadalupe. Notre-Dame-de-Guadalupe en Estramadure. En 1300, un berger découvre une statue de la Vierge (en bois foncé), la « Virgen Morena ». En 1340, Alphonse XI fonde le monastère des Hiéronymites pour célébrer la Vierge Noire. Notre-Dame-de-Guadalupe, patronne de la Hispanidad et du Mexique, est particulièrement vénérée du 6 au 8 septembre (Nativité de la Vierge), le 12 octobre, fête de la Hispanidad et le 24 décembre pour Noël.

Au Portugal :
• Nossa Sentora da Oliveira à Guimaraes,
• Nossa Sentora de Leité à Braga,
et surtout Fatima où la Vierge est apparue en 1917 à trois petits bergers (voir « Apparitions »). Trois à quatre millions de pèlerins par an se rendent à Fatima (les 12 et 13 de chaque mois, de mai à octobre).

En Afrique :
• Egypte : les chrétiens coptes vénèrent la Vierge à Mostorod au nord du Caire et à Deir el-Adra.
• Ethiopie : la ville de Lalibela abrite des églises souterraines consacrées aux lieux saints.
• Ouganda : un sanctuaire en l'honneur de la Vierge est érigé sur le lieu du massacre des premiers martyres à Tsuwano. Ces persécutions eurent lieu en 1870.

En Amérique :
• À la jonction du Canada et des Etats-Unis, s'élève à Midland sur le lac Huron Sainte-Marie-au-Pays-des-Hurons.
• Notre-Dame-de-Guadalupe à Mexico (voir les reliques de la Vierge Marie). Des millions de pèlerins viennent chaque année

vénérer la « Vierge Morena » ; certains parcourent des centaines de kilomètres à pied.
• En Equateur, de nombreux sanctuaires dédiés à la Vierge font l'objet de grands pèlerinages : el Cisne (Loja), Chilla (el Oro), le Nube (Canar), el Rocio (Biblian Canar).
• En Colombie, le 9 septembre et le 26 décembre, les Colombiens vénèrent Notre-Dame-de-Chiquinquira.
• En Bolivie, au bord du lac Titicaca, le dernier fils du roi inca, converti au christianisme, fit ériger le sanctuaire de Notre-Dame-de-Copacabana.
La plus haute chapelle du monde, dédiée à Marie, se trouve à 4 120 m à Huanchaca.
• Au Brésil, le plus célèbre sanctuaire est Notre-Dame-de-la-Conception-Aparecida, dans l'Etat de São-Paulo. En 1717, des pêcheurs dans le port d'Itaguaçu, trouvent dans leur filet une petite statue en deux morceaux de la Vierge Immaculée. Ils les recollent et bâtissent un petit oratoire familial. La renommée de Notre-Dame-de-la-Conception-Aparecida fut telle que de chapelles en chapelles de plus en plus grandes, une immense basilique fut édifiée et consacrée solennellement par le pape Jean-Paul II le 4 juillet 1980. Six à sept millions de pèlerins viennent chaque année honorer Notre-Dame.

En Océanie :
Tomo, en Nouvelle-Calédonie, attire plus de 5 000 pèlerins. Le 15 août, à Nouméa, le pèlerinage marial de la Conception, rassemble plus de 5 000 personnes.

En Asie :
À Bombay, Notre-Dame-de-Tout-Secours est vénérée. Notre-Dame de Vellangany, entre Pondichéry et Karikal, rassemble aussi de très nombreux pèlerins.

Au Japon :
« La Colline des Martyrs » à Nagasaki (vingt-six chrétiens y furent crucifiés en 1597) où les chrétiens japonais viennent prier Marie.

Au Viêt-nam :

Dans le centre du Viêt-nam, tous les trois ans pour le 15 août, des pèlerins se réunissent dans un lieu appelé la Vang où, selon la tradition, Marie serait apparue pour consoler les chrétiens persécutés en 1798.

Une Marie tropicale

La Vierge de Coromoto est la patronne du Venezuela. Un nouvel aspect de la sainte fait l'objet d'un culte récent : la dévotion à Maria Lionza. Elle constitue une trinité avec Guacapuro, cacique indigène qui lutta contre les conquistadors espagnols et avec le seul Noir qui fut officier dans l'armée de Simon Bolivar.

Les principaux sanctuaires sont implantés près du fleuve Veracruz, dans un parc national, à 300 km à l'Ouest de Caracas, sur trois montagnes recouvertes de forêt tropicale. Les fidèles participent à un rituel très codifié qui fait intervenir des médiums. Dans le parc, des échoppes vendent des bougies, des rubans et de l'encens. Grands rendez-vous : la Toussaint, Pâques, le jour de l'anniversaire de la découverte de l'Amérique. Un culte trinitaire enrichi d'emprunts africains, asiatiques et nordiques.

LES PRINCIPALES FETES DE MARIE

- 1er janvier : sainte Marie, mère de Dieu.
- 11 février : Notre-Dame de Lourdes
- 25 mars : Annonciation (annonce faite à Marie par l'ange Gabriel qu'elle sera la mère du Messie). La fête est célébrée le 25 mars, neuf mois avant Noël. Elle fut introduite dans la liturgie par le Concile de Tolède de 656.
- 31 mai : Visitation (visite que fit Marie à sa cousine Elisabeth, enceinte de Jean-Baptiste). La fête de la Visitation a été introduite par les Franciscains, à l'instigation de Nonaventure, en 1263.
- 16 juillet : Notre-Dame-du-Mont-Carmel. Ce sont les carmes, religieux d'un ordre contemplatif, issus d'un groupe d'ermites installés au mont Carmel, en Palestine, au XIIe siècle, qui contribuèrent à faire invoquer Marie sous ce titre.
- 15 août : Assomption. Elévation de Marie qui entre au Paradis avec son corps et son âme. Le Christ étant Dieu, il est monté au ciel (Ascension). Marie étant une créature a été élevée au ciel par la puissance de Dieu (Assomption). Le monde grec célèbre la Dormition de la Vierge, c'est-à-dire sa mort et son entrée au ciel au même instant. Dormition et Assomption sont fêtées le 15 août, en Orient depuis le VIIe siècle, en Occident depuis la fin du XIIIe siècle. Après le vœu de Louis XIII qui consacrait la France à la Vierge Marie, cette fête fut célébrée avec éclat par la monarchie.
- 8 septembre : Nativité de la sainte Vierge.
- 15 septembre : Notre-Dame-des-Sept-Douleurs. Dévotion apparue en Flandre au XVe siècle. Elle commémore les sept moments de souffrance de la Vierge Marie : prophétie de Siméon lui annonçant qu'un glaive lui transpercera l'âme ; fuite en Egypte ; perte de Jésus au Temple de Jérusalem ; rencontre du Christ montant au Calvaire ; Cruxifixion ; descente de Croix ; mise au tombeau. Le *stabat mater* est l'hymne de la liturgie catholique, composé par Jacapone de Todi (1230), qui rappelle les souffrances de Marie au pied de la Croix. Cet hymne est chanté à la fête de Notre-Dame-des-Sept-Douleurs. De nombreux musiciens ont composé des *Stabat mater*.
- 7 octobre : Notre-Dame-du-Rosaire. La fête de Notre-Dame-

du-Rosaire a été instituée par le pape Grégoire XIII, en 1573, en souvenir de la victoire de Lépante sur les Turcs (7 octobre 1571), victoire attribuée à la récitation du rosaire.

• 21 novembre : présentation de Marie au Temple. Célébrée en Orient dès le VIIIe siècle, cette fête se propagea en Occident au XVe siècle. Marie fut présentée au Temple par ses parents à l'âge de trois ans.

• 8 décembre : Immaculée Conception. Selon la foi catholique, Marie fut conçue exempte du péché originel. En 1858, Marie « déclara » à Lourdes « je suis l'Immaculée Conception ».

Madone pascale

Une madone éblouissante est fêtée à Pâques à Sulmona, dans les Abruzzes (Italie). La fête de la « Madonna che scappa in piazza », le dimanche de Pâques, attire fidèles et curieux. La statue de la Vierge Marie est portée à la rencontre de celle du Christ ressuscité. Au moment de la jonction, à la vue de Jésus, elle est dépouillée de ses vêtements de deuil et revêtue d'une robe éblouissante, puis portée vers son fils ressuscité.

PRIERES A MARIE

• *Ave Maria*
« Je vous salue Marie » en latin, en grec « Réjouis-toi Marie ».

Prière à la Vierge commençant par les paroles de l'ange Gabriel lors de l'Annonciation, appelée aussi salutation angélique. Le Troisième verset n'est attesté qu'au XVe siècle. C'est la principale prière à la Vierge depuis le XIe siècle en Occident. L'Ave Maria désignait aussi l'heure de l'Angélus du soir.
Prière ; « Je vous salue Marie...».

• La première prière connue adressée à Marie commence par les mots latin *sub tuum praesidium* (sous la protection), et daterait du IIIe siècle.

Au XIIe siècle, se répand l'expression Notre-Dame. C'est l'époque de la chevalerie, de l'amour courtois. On invoque Marie lors des batailles ou brode son nom sur les étendarts. Les églises, cathédrales, abbatiales sont bâties en son honneur.

• *Le Salve Regina* a été écrit par Adhémar de Monteil au XIe siècle. Confiance, respect, affection. Notre-Dame est présentée comme une reine.

• *L'Angelus* daterait de la fin du Moyen Âge. Cette prière, très simple, devient vite populaire. Elle rythme par le son des cloches la vie des villes, des villages, la vie des champs.

• La dévotion à la *Vierge des Douleurs (Mater Dolorosa).* Cette dévotion à la compassion de la Vierge, née en Flandres au XVe siècle, sera officialisée au XVIIIe siècle par le pape Benoît XIII, qui institua la fête Notre-Dame-des-Sept-Douleurs célébrée actuellement le 15 septembre. L'iconographie est nombreuse (Sept Douleurs = les Mater Dolorosa = Représentation de la Vierge de compassion). Auprès de la Croix apparaissent les images de Marie transpercée de glaives ou tenant son fils mort sur ses genoux (Piéta), après la descente de la Croix.

• *Le staba Mater* a été composé par Jacopone da Todi (1230-1306). Cet hymne qui rappelle les souffrances de Marie au pied de la Croix, est chanté ou récité à la fête de Notre-Dame-des-Sept-Douleurs le 15 septembre. De nombreux et grands musiciens ont composé des Stabat Mater.

• *Magnificat*, cantique chanté aux vêpres. Celui-ci reprend les paroles de la Vierge lors de la Visitation : « Mon âme exalte le Seigneur, exalte mon esprit en Dieu mon sauveur ». Ce thème a inspiré de nombreux musisiens, tels Monteverdi et J.S. Bach.
En 1512, Luther publie un *Magnificat* , très beau texte écrit sur la Vierge Marie.

• *Salve Regina* (Salut, Ô Reine). Prière à la Vierge introduite dans la liturgie par Adhémar de Monteil, évêque du Puy (1079-1098), récité quotidiennement depuis le XIIe siècle par les cisterciens et les clunisiens, puis par les franciscains et les dominicains (musiciens : Schubert, Vivaldi...)

LES ANGES : connection

Les anges n'ont jamais eu d'ailes. Pour la bonne raison qu'ils n'en ont pas besoin. Pour voler, les ailes sont indispensables aux corps plus lourds que l'air. Ce qui n'est pas le cas pour ces messagers du ciel qui sont au-dessus des lois de la gravitation, du mur du son et de la vitesse de la lumière.

Ils nous apparaissent avec des ailes depuis que les peintres et sculpteurs, sans compter les cinéastes, les ont dotés de formes humaines, plutôt gracieuses, tels des adolescents, pages ou écuyers du Seigneur du Monde. Parfois, avec une stature d'athlète olympique. Et le plus souvent en légion de petits enfants joufflus, dodus. Ceux qui vous gardent, qui ont le don de vous mettre en garde ou de vous protéger, sont des adultes. On n'embauche pas des vigiles nains. Et même au firmament, le travail des enfants, surtout de nuit, n'est pas autorisé.

À partir du moment où les anges prenaient forme humaine, ils réalisaient le rêve de tout homme depuis la nuit des temps : celui de se réincarner en un oiseau d'envergure, capable de planer dans les airs pour se déplacer à grande vitesse, sans autre bruit que le vent. Le rêve d'Icare, en somme. À l'origine, les anges se manifestaient d'une manière terrifiante, aux dires des visionnaires de l'Ancien Testament, nuées, tourbillons, tornades, boules de feu. Ils n'étaient pas du tout ce qu'ils sont devenus au contact de notre civilisation : angéliques.

Nos anges favoris sont musiciens. Ils jouent d'instruments de musique à ravir dans leurs loisirs, mais en mission, ils chantent a capella les nouvelles, bonnes ou mauvaises, vous concernant.

Télégrammes téléphonés qui ont infiniment plus de portée et de sens que ceux des demoiselles des PTT, elles-mêmes dépassées par la haute technologie.

Les anges gardiens, eux, loin de se démoder, connaissent un regain de faveur dans les solitudes urbaines. Après une éclipse, ils sont de retour parmi nous. Archanges en tête. Leurs noms : Michel, Gabriel, Raphaël et les autres.

LES ANGES DANS LES DIVERSES RELIGIONS

Depuis la Haute Antiquité, les anges sont les messagers de la divinité. Au XVe siècle avant Jésus-Christ, en Syrie, le dieu Baal ne communique que par leur médiation. À Ninive, ils sont les émissaires d'Arès, le démon du Ciel ; en Perse, les envoyés de Zoroastre ; les génies émissaires des dieux égyptiens. Chez les Hébreux, ils sont des créatures de Dieu, au même titre que l'homme, ils sont circoncis, donc mâles. Des intermédiaires entre Dieu et l'Homme.

> ### Le messager
> Dans des textes retrouvés à Ougarit, le verbe « la' aka » revient souvent : il signifie « envoyer un messager ». Il donnera naissance au terme hébreu maleak, l'ange. Dans la tradition chrétienne, l'ange vient du latin angelus, dérivé du grec aggelos, le messager. En Chine, les missionnaires jésuites ont rapproché les génies de nos anges. Tout concorde.

Le catéchisme de l'Eglise catholique précise qu'ils sont des êtres spirituels et non-corporels, immortels, dotés d'une volonté personnelle.

Il est dit que Jésus, dans sa traversée du désert, a été servi par des anges.

La liturgie des chrétiens orthodoxes célèbre la communion totale des humains et des anges. À Noël, le choeur des anges annonce l'Incarnation, à Pâques, il apporte aux femmes la Révélation. L'hymne des chérubins accompagne l'Eucharistie. Le 8 novembre marque la rencontre de l'archange Michel avec toutes les puissances immatérielles. Le Coran n'est pas en retrait. « Les anges, stipule-t-il, portent le Trône et l'entourent, exaltent par la louange la transcendance de leur Seigneur ; ils croient en lui et implorent son pardon pour les croyants. » Les Réformés, bien que plus réservés, ne leur reconnaissent pas l'essence divine, leur accordant une « pure existence ».

Il existe des myriades d'anges anonymes dirigés par des anges aux noms prestigieux. La tradition kabbaliste les regroupe en plusieurs ordres.

LA HIERARCHIE CELESTE

La Kabbale dénombre 72 génies dont les noms composés de trois syllabes, contiennent le nom de Dieu. La tradition chrétienne les rassemble en neuf unités de huit anges. Denys-l'Aéropagite, dans son « Traité de la hiérarchie céleste », classe neuf chœurs répartis en trois ordres. D'après la litanie de Lorette, la Vierge est la reine de ces neuf chœurs des Anges.

1er ordre
• Les séraphins : brûlants de Dieu, ils enflamment. À leur tête, Metatron
• Les chérubins : remplis de science. Ils sont dirigés par l'archange Raziel.
Les séraphins et les chérubins se tiennent toujours autour du trône de Dieu.
• Les trônes sont suréminents : ce sont les roues du char de Dieu, conduit par Binaal.

2ème ordre
• Les dominations (dominent mais n'oppriment pas). Hésédiel les commande.
• Les vertus sont fortes, elles tiennent un Livre. Raphaël est leur régisseur.
• Les puissances, animées par Camaal, sont énergétiques.

3ème ordre
• Les principautés, vêtues tantôt en guerriers, tantôt en diacres, portent une branche de lys.
• Les archanges luttent contre les démons. Les anges sont chargés de s'occuper des simples soldats de l'armée céleste et portent des flambeaux ou des encensoirs.
Les archanges sont au nombre de sept :
    - Michel, le combattant, chef suprême des Archanges.
    - Gabriel, l'annonciateur, prince des Anges, héros de Dieu.
    - Raphaël, le guérisseur.
    - Uriel : on le reconnaît à son épée et aux flammes qui jaillissent sous ses pieds.

- Jéhoudiel : porte une couronne d'or et un fouet à trois lanières.
- Raziel : qui aurait expulsé Adam du Paradis.
- Scaltiel : qui arrêta le sacrifice d'Isaac ; il a les mains jointes dans l'attitude de la prière.
En 746, le Concile de Latran limita le culte des Archanges aux trois premiers.

Anges de l'Ancien Testament :
Sous l'influence de Saturne :

• ange de Noé	Rédemption
• ange d'Abraham	Grâce
• ange de Samson	Force
• ange de Jacob, Isaac et Tobie	Beauté et gloire
• ange de David	Justice

Sous l'influence de Mercure :

• ange de Salomon	Concorde
• ange de Joseph	Alliance
• ange de Moïse	Prophétie

Les initiés qui sont entraînés à entrer en contact avec les anges peuvent bénéficier du pouvoir et de l'énergie des archanges. Celle-ci serait captable à des périodes plus favorables, déterminées par la position des planètes.

Les anges ordinaires retransmettent les énergies zodiacales des archanges.

Il faut distinguer les *anges gardiens* des *anges du jour.*
72 anges gouvernent chacun cinq jours de l'année. Les personnes qui sont nées dans cette phase du calendrier sont sous la protection de l'ange en exercice. Il y a 360 degrés dans le Zodiaque. Tous les cinq degrés, à partir de zéro degré, signe du Bélier, l'ange de service est relevé par un autre ange tutélaire. Chacun de ces êtres célestes, en plus de sa régence de cinq jours, régit cinq fois un jour dans la rotation du cercle zodiacal.

Les anges gardiens
Pour les Grecs néoplatoniciens, les anges gardiens étaient des « daimôn », ayant pour fonction d'accompagner chaque homme dans sa marche terrestre puis d'escorter son âme vers le monde céleste.

Veiller sur notre salut, tel est le rôle des anges, selon les réformés calvanistes. Ils peuvent être les mains de Dieu. Le mystique Padre Pio s'est rendu célèbre en notre siècle pour ses dialogues avec son ange. Quand des visiteurs lui expliquaient leur détresse, leur désarroi, il leur disait ces simples mots : « Si je peux quelque chose pour vous, envoyez-moi votre ange gardien. »

L'ange est député auprès de chacun de nous pour nous aider. Les anges qui apparaissent aux saints martyrs, ceux qui escortaient Dieu le Père ou le Fils, ou qui préparaient les voies du Messie, ne circulent que de haut en bas, ils ne sont pas chargés des choses humaines.

« QUI EST COMME DIEU », EN HÉBREU

• Archange, il est le chef de la milice céleste et le défenseur de l'Eglise, ange de la France et de l'Eglise.

• C'est un ange thaumaturge et « psychopompe » : il conduit les morts et pèse les âmes le jour du Jugement dernier. Il fut chargé d'écraser la révolte des mauvais anges et de les expulser du Paradis. Il est victorieux du dragon de l'Apocalypse (Satan).

• Patron des chevaliers et de tous les corps de métiers liés aux armes et aux balances ; patron des parachutistes, des escrimeurs ; patron des lieux élevés. Une chapelle Saint-Michel est, très souvent, édifiée sur le point culminant d'une île ou d'une région.

• Il est invoqué pour la bonne mort, contre le démon, pour adoucir les peines du Purgatoire.

• Il fait des miracles. Le culte de Michel a remplacé celui des divinités païennes du dieu égyptien Anabis, et particulièrement de Mercure, l'Hermès psychopompe qui jouait dans la mythologie un rôle analogue. Au XVIIe siècle, sous l'influence de la contre-réforme, le chef de la Milice divine qui triompha de Lucifer et des mauvais anges, symbolisa aux yeux des jésuites le triomphe de l'Eglise catholique contre le dragon de l'hérésie protestante.

ATTRIBUTS : le dragon, des ailes, une balance, des coquilles.

OÙ LE VÉNÉRER ?
• Pèlerinage au Mont-Saint-Michel le dimanche le plus proche du 29 septembre.
• À Solesmes, écouter la messe des anges en grégorien.

OÙ L'INVOQUER ?
• Les chapelles édifiées sur des tertres en Bretagne, par exemple la chapelle « amer » de l'île de Bréhat, consacrée à saint Michel.

Où le rencontrer ?

• Monte Sant' Angelo dans le massif du Gargano, Pouilles, Italie. Là apparut l'archange saint Michel le 8 mai 493 à l'évêque de Siponto. « Je suis celui qui est toujours auprès de Dieu ». À la troisième apparition, l'évêque trouve dans la grotte indiquée par l'archange, trois autels (l'un est recouvert d'un manteau rouge), l'empreinte du pied de l'ange sur une pierre et une source miraculeuse. Le 29 septembre 493, le pape décide que toute la chrétienté célébrera la fête de la dédicace de saint Michel. Ainsi est né le culte de saint Michel, qui se répandit dans tout l'Occident. Le Monte Gargano devenu le Monte sant' Angelo donne naissance à de nombreux sanctuaires sur de hauts lieux dont l'archange s'est déclaré protecteur. Le Monte Gargano fut passage obligé pour les croisés s'embarquant pour la Terre Sainte à Manfredonia. Au cours des siècles, de nombreux papes (dont Jean XXIII récemment), rois, saints (Bernard de Clairvaux, Brigitte de Suède, François d'Assise) vinrent vénérer saint Michel au sanctuaire Saint-Michel du Monte Gargano.

Le 29 septembre, l'épée enlevée momentanément de la statue de saint Michel est promenée en procession à travers la ville. La veille au soir, les autorités religieuses et civiles offrent un cierge à l'archange.

• Au Mont-Saint-Michel-au-péril-de-la-mer, France. En octobre 708, l'archange est apparu en songe à saint Aubert, évêque d'Avranches. Il lui demande de construire un sanctuaire en son honneur sur le Mont Tombe. Un oratoire fut édifié. Des reliques de saint Michel (un pan de manteau et un morceau de la pierre sur laquelle s'était imprimé le pied de l'archange) vinrent d'Italie, du Monte Gargano. L'oratoire fut remplacé par une abbaye carolingienne, romane puis gothique (« La Merveille »). Les pèlerins affluèrent pendant des siècles.

Les rois de France vinrent en pèlerinage demander protection à saint Michel. Charles VII choisit comme emblème saint Michel terrassant le dragon et pour devise « Michel est mon défenseur ».

• Château Saint-Ange (Castel sant'Angelo), Rome. En 590, le pape Grégoire-le- Grand conduisait une procession pour que cessât la peste qui décimait la ville. Au sommet du mausolée d'Hadrien, un ange apparut, saint Michel, en train de remettre son épée dans le fourreau. Ce geste interprété comme le signal de la fin de l'épidémie, incita le pape, en reconnaissance, à élever une chapelle sur le mausolée. La statue de l'ange qui domine le château Saint-Ange date du XVIIIe siècle.

• Le pont Saint-Ange, l'un des plus élégants de Rome. Aux statues des saints Pierre et Paul, placées en 1530 par Clément VII, Clément IX fit ajouter par Bernin dix statues d'ange.

• Fontaine Saint-Michel, à l'orée du boulevard Saint-Michel. L'archange veille sur les étudiants du quartier latin et les routards de tous pays qui se retrouvent à la fontaine.

OÙ L'ADMIRER ?
Saint Michel est représenté en tenue de soldat ou de chevalier, tenant une lance ou une épée, un bouclier orné d'une croix. Il est toujours ailé. Les statues de l'archange saint Michel sont nombreuses dans les églises de France, d'Italie, d'Europe. La statue de saint Michel de Freémiet prolonge la flèche de l'abbaye du Mont-Saint-Michel, elle culmine à 157 m.

• Archange saint Michel, fresques de Perin del Vega, au Castel sant'Angelo, à Rome.

• Dans de nombreuses églises d'Europe, une statue représentant l'archange saint-Michel domine la chaire dans la nef.

• Statue de saint Michel, (1500) en bois polychrom de Malines. À ses pieds, un dragon est enroulé. Musée du Louvre.

• Saint Michel terrassant le dragon en pierre polychromée du XIIe siècle. Sculpture provenant de la chapelle Saint-Michel (abbaye de Nevers).

« Dieu guérissant »

- Il est l'ange du Seigneur dont parle saint Jean.
- Patron des apothicaires et des médecins.
- Protecteur des voyageurs, des marins, des adolescents.
- La dévotion portée à Raphaël, a été promue au XVIe siècle par l'instigation de l'évêque de Rodez, François d'Estaing, qui institua le culte de l'ange gardien en 1526.

Attributs : bourdon, gourde et panetière de pèlerin. Poisson (évoquant la capture du poisson miraculeux par Tobie). Vase d'onguent contenant le fiel du poisson avec lequel Raphaël guérit les yeux de Tobie.

Légende
« Je suis Raphaël, l'un des sept anges qui se tiennent devant la gloire du Seigneur et pénètrent en sa présence ». L'archange Raphaël se révèle en ces termes à Tobie et à son fils. Raphaël guérit les yeux malades de Tobie, sert de guide et de protecteur au fils de Tobie (*Le livre de Tobie*).

Où le vénérer ?
En la cathédrale de Rodez, siège de l'évêché qui rendit populaire le culte de l'archange.

Où le rencontrer ?
Réservé aux voyageurs qui traversent le désert de Médée, dans l'ancien pays des Mèdes, entre le Tibre et la Caspienne. C'est là que le fils de Tobie l'aurait rencontré.

Où l'invoquer ?
- Au cours d'un voyage, dans une situation difficile.
- En présence d'un aveugle.

Où l'admirer ?
Il figure dans les représentations des trois archanges avec Gabriel et Michel. Il apparaît dans le cycle de Tobie.

« HOMME DE DIEU
HOMME À QUI DIEU FAIT CONFIANCE
DIEU EST FORCE »

• Patron des télécommunications, des speakerines, des « demoiselles » des Postes, des techniciens et professionnels de la communication.
• Messager de Dieu, il intervient dans l'annonce à Zacharie de la future naissance de Jean-Baptiste. Il est envoyé par Dieu pour annoncer à Marie, à Nazareth, qu'elle va donner le jour à Jésus.
   C'est l'intercesseur par excellence à invoquer par les femmes qui désirent avoir un enfant.
• Il a aussi la fonction de gardien et partage avec saint Michel le soin de protéger les portes des églises contre les intrusions des démons.
• Dans la religion islamique, Gabriel est l'ange de la Révélation, qui dicte le Livre au prophète Mahomet.

ATTRIBUTS : bâton de messager, lys, phylactère portant la salutation angélique « ave Maria gratia plena », licorne (qu'il poursuit). Il tient une lampe allumée et un miroir de jaspe.

OÙ LE VÉNÉRER ?
• Dans les églises de l'Annonciation.

OÙ LE RENCONTRER ?
• Sur la colline des Anges à Gérone (Catalogne).
• À Nazareth, lieu désigné de l'Annonciation à Marie, par la tradition chrétienne.
• À La Mecque, lieu désigné de la Révélation faite au prophète Mahomet par Gabriel, selon la tradition musulmane.

OÙ L'ADMIRER ?
• Gabriel est représenté en jeune homme. À partir des Ve et VIe siècles, il est ailé et nimbé. À partir du XIVe siècle, en Italie, il a des traits féminins.

LA PRATIQUE ████████████████████████

L'escalier des 3 archanges

Des oratoires bien perchés sont consacrés aux archanges.

Au Puy-en-Velay, la chapelle Saint-Michel-d'Aiguille, fondée en 962 par le premier pèlerin français allant à Saint-Jacques-de-Compostelle, est dressée sur un piton volcanique.

Un escalier taillé dans la roche, marque trois paliers dont deux portent des oratoires consacrés l'un à Gabriel, l'autre à Raphaël.

MESSAGERIES

L'ange gardien est celui de votre soleil de naissance. Il est censé ne pas vous quitter si vous «sentez» sa présence.

L'ange du jour est disponible si on le mobilise. Il renforce la protection, l'assistance. Il compose l'escorte complémentaire de votre ange attitré.

➡ En consultant sur Minitel le 3615 Angéologie* (le terme angélologie étant plus « initié »), vous verrez défiler le tour de garde (qui dure cinq degrés-jours) des anges selon le calendrier zodiacal (360 jours).

En regard de votre date de naissance, vous noterez le nom de votre ange gardien, accompagné de ses compétences, de son pouvoir particulier.

De la même source, la liste des anges du jour, mois par mois, et les bienfaits qu'ils accordent.

Le kaballiste Haziel, grand « révélateur des anges » va jusqu'à indiquer dans ses ouvrages spécialisés les pulsations des anges gardiens toutes les vingt minutes, de minuit à minuit.

(*) Ne pas confondre avec le 3615 code Gabriel. Sur cette messagerie, l'ange de la communication se contente de vous inviter à l'église, en vous informant de l'horaire des services religieux et du calendrier des fêtes catholiques.

➡ Un « téléphone des anges » est mis en messagerie : 36 68 17 18. Le « serveur des plans supérieurs » vous répond. Une voix assurée et apaisante comme dans un aéroport vous invite à entrer en relation avec l'ange du jour, qui peut vous transmettre son énergie. Il est défini comme l'essence même de votre potentiel individuel.

A vous d'appuyer sur la touche étoile puis sur l'une des touches 1, 2, 3 pour choisir votre gardien. En fait, c'est un peu un tirage au sort, la roue de la fortune. Ce programme enregistré est à un contact vibratoire individuel ce que l'astroflash est au portrait psycho-astrologique personnalisé.

N'attendez pas plus de ce message téléphoné que d'un mini-réconfort. Cela ne remplace pas l'induction du champ vibratoire par une technique de sophronisation (auto-relaxation profonde). Surtout appeler le matin pour connaître le nom de l'ange, par exemple, Unabel qui apporte l'équilibre, Séaliah l'amour, Ariel la richesse, qui va vous accompagner toute la journée.

Le message enregistré annonçant qui sera le guide de votre journée. C'est l'ange des pauvres. Il ne résout pas votre problème. Il vous donne l'impression d'être moins seul. Une sorte de SOS solitude. Un ami céleste vous veut du bien.

Comme pour les saints, ce ne sont pas les avantages matériels que les anges ont pouvoir de favoriser. Leur mission est d'inspirer la force et la lucidité pour surmonter une épreuve, la prévention d'une erreur, le choix, le courage d'une décision. Ouvrir la porte du salut, dévier l'accident.

LES ANGES COMPLEMENTAIRES

Pour ne pas se tromper de réseaux et s'égarer dans les interférences en mélangeant les «lignes de communication», nous recommandons de jouer les « anges complémentaires ».

L'ange gardien est intérieur, les anges messagers sont extérieurs. Vous voulez fortement que votre ange descende sur terre et se mette à votre portée. Pensez qu'il est d'autant plus près de vous qu'il est en vous. Il fait partie de vous-même. Un double, une voix intérieure, la conscience. Socrate l'appelait son « daîmon » et disait, en souriant, que sans lui, ce mentor, ce conseiller, cet « ami qui te veut du bien », il aurait peut-être mal tourné.

La rencontre avec son ange gardien est facilitée chez ceux qui sont en état de recherche spirituelle et qui ont tenté un certain nombre d'expériences psychiques. Sont prédisposés à se tourner vers l'angélologie (la discipline des anges), les chrétiens en rupture avec une église, les rescapés des sectes, les déçus des ashrams, les orphelins d'un gourou, les stagiaires du hata-yoga, les apprentis gymnastes des techniques de relaxation.

Le contact vibratoire avec l'ange leur convient parce qu'il est dépouillé de tout appareil institutionnel, de rituel liturgique, de dogmatique.

LE CONTACT VIBRATOIRE

Dans les séances collectives (voir adresses plus loin), les néophytes sont invités à s'immobiliser pendant vingt minutes assis, les jambes décroisées, les mains ouvertes paumes en avant, les yeux fermés (si possible). Lumière tamisée, fond musical (le divin Mozart s'impose). Les minutes de silence sont longues. Ceux qui ne reçoivent pas les vibrations écoutent patiemment le silence des autres. La méditation achevée, les adeptes ont la parole. Les volontaires témoignent.

Certains ont senti une forte chaleur les traverser, d'autres ont vu une lumière verte auréoler un des instructeurs. « Je n'ai pas vibré, j'ai prié pour vous », avouent franchement d'autres venant d'une «mouvance charismatique».

Ceux qui ont eu quelques cours de relaxation parleront de « paix », de « bien-être ». Au cours de ces séances, le symptôme du « passage angélique » se manifeste ainsi : « J'ai eu un choc, au niveau de la jambe. J'ai cru que l'on me donnait un coup de pied. » L'animateur explique : « Ce n'est pas étonnant. L'énergie angélique se diffuse par un membre inférieur. »

Des initiés témoignent. Des créateurs comme le couturier Paco Rabanne, le peintre plasticien Klaus Guingaud. Celui-ci dit prier son ange trois fois par jour et répéter la même mise en scène : endosser une blouse blanche réservée à cet usage, se couvrir les épaules d'un tissu bleu et se chausser de mocassins noirs. Le corps tourné vers l'est, il allume une bougie à sa droite, les yeux clos et les rouvre en prononçant ces mots « que la lumière soit ! «.

La connection est une chose. Une autre, la valeur de l'échange. Le dialogue avec l'ange se mérite. Nul besoin d'être un expert pour comprendre que la technique du moindre effort (par le téléphone, par le minitel) ne donne pas la même qualité de contact, le même taux vibratoire que l'exercice le plus exigeant (induction par la concentration, la sophronisation, la prière). Passons en revue les différents modes opératoires.

L'initiation est organisée en groupes par des animateurs. On peut aussi se mettre seul en état de réception. La « première fois » demande une préparation particulière, un effort de concentration et de la persévérance. Il est utile de connaître les réactions les plus citées par les pratiquants, les prémices, les signes.

Une fois le contact établi, il devient plus rapide si on le répète chaque jour. Après une longue interruption, rétablir le contact n'est pas forcément immédiat. Pour améliorer la réceptivité, il faut associer certaines positions corporelles à une ambiance de veille, une lumière étudiée, et un état d'esprit.

LA PRATIQUE

Qu'un rituel soit une aide, une mise en condition propice est à prendre en compte. Mais chacun reste libre de le concevoir pour lui seul, de l'adapter à sa mesure.

Mieux vaut être fidèle à ses couleurs préférées, choisir un coin de sa maison où l'on se sent particulièrement bien. Porter un vêtement d'intérieur douillet, souple, ne peut que faciliter la détente. Sans qu'il soit nécessaire de chercher l'équivalent d'une chasuble et d'une étole sacerdotales.

Pour l'ambiance sonore, éviter une grande musique qui vous entraîne dans l'univers d'un génie de la musique et vous distrait puissamment de votre appel personnel. Adopter un support discret, un simple accompagnement comme une basse continue, plutôt neutre et répétitive. Cloches tibétaines, tambours de Bali, enregistrements du bruit de la mer (ressac sans goëlands), de la forêt (tempérée, pas tropicale en raison de sa stridence).

La prière n'est pas codifiée. Nommer l'ange et lui demander son aide sans fausse humilité, sans déclamation à voix haute. Une invocation mentale avec des mots ordinaires. Il est conseillé d'aérer la pièce, de ne pas abuser des bâtonnets d'encens, de ne pas plonger le local dans le noir.

• Conseils particuliers pour contact direct :
« Harmonie vibratoire »
102, avenue Parmentier, 75011 Paris

• Séances de groupes :
Notre-Dame-des-Anges
102 bis, rue de Vaugirard, 75006 Paris
Le vendredi de 20h à 21h 30.

• Square basilique Saint-Denis, le premier samedi du mois à 17 h 30 (métro St-Denis).

• Le réseau Internet centralise la liste des forums consacrés aux anges dans le monde (des centaines).

TECHNIQUES
Pour induire seul le «contact vibratoire», il y a plusieurs approches, de la plus simple à la plus sophistiquée.

• **La prière d'invocation mentale**, écrite ou à voix haute, sur un tabouret (près d'une fenêtre) avec éclairage indirect.

• **La sophronisation** : technique d'auto-suggestion pour trouver l'ange intérieur : relâcher ses muscles, se concentrer sur une image heureuse, écouter une musique vocale qui a sur vous un effet d'apaisement immédiat.

• **Les chakras** : les sept centres énergétiques du corps éthérique qui enveloppe le corps physique. Une technique empruntée aux traditions d'ascèse hindouiste. Chakra du siège, de la rate, du plexus solaire, du cœur, de la gorge, du front, du sommet de la tête. Il s'agit mentalement d'envoyer sept couleurs lumineuses symboliques dans ces parties du corps. L'exercice est facilité si l'on fixe sept verres contenant des jus de fruits évoquant ces couleurs : jus d'orange sanguine (rouge), jus d'orange (orangé), orange diluée dans l'eau (jaune), diabolo-menthe (vert), jus de myrtille à l'eau (bleu), myrtille et citron (bleu indigo), jus de griotte au citron (violet). Selon des tenants de cet exercice, la voix intérieure, si elle se manifeste, a un timbre et une couleur de son différents de notre propre voix.

• **La quija ou tablette de lettres.** Sur une feuille de papier de 50 sur 60 cm, on trace une croix qui divise la page en quatre quartiers. On écrit en haut et bas "oui", puis à gauche et à droite "non". La branche verticale est donc l'axe des "oui", l'horizontale, l'axe des "non".

Dans le premier et le quatrième quartier, on trace en capitales sur cinq rangées les 26 lettres de l'alphabet. Dans le deuxième et le troisième quartier, sur trois rangées, les chiffres de 0 à 9 (10 étant le nombre des noms kabbalistes de Dieu). Au centre de la croix, de part et d'autre du trait vertical, on trace la combinaison SH (au dessus de la barre horizontale) et la combinaison CH (au dessous) : ce sont les lettres doubles désignant dans la Kabbale l'initiation et divination.

Etendre sur une table un foulard de soie violette et poser dessus la quija. Personne d'autre que vous-même ne doit la toucher. S'asseoir autour avec un partenaire, face à face. Prendre une croix de bois constituée de deux planchettes de 50 cm de long, fixées l'une sur l'autre par un clou dépassant de 3 à 4 cm. Poser deux des extrémités de la croix de bois sur vos index, les deux autres sur ceux de votre partenaire. La tenir ainsi en équilibre au-dessus de la quija. Appeler votre ange gardien.

Le premier signe de contact est un léger déplacement de la croix sur vos doigts, comme si votre partenaire la tirait légèrement à lui. En réponse à des premières questions simples, la pointe du clou se pose sur l'axe des "oui" ou sur l'axe des "non". Puis, si l'échange progresse (au bout de plusieurs séances, elle se pose sur les lettres ou les chiffres), transcrivez-les sur un carnet.

Les lettres indiquées par la pointe du clou vont former des mots. Dialogue avec l'ange nommé, si le contact est vraiment établi.

La méthode de la tablette de lettres, apparentée à la radiesthésie, transcommunication "télékinésique" est un exercice de longue patience. Elle implique de trouver un partenaire motivé et contrôlé. Pour la pratique seul, il faut utiliser un pendule. Ce n'est pas accessible à tous. Le risque d'échec est élevé.

• **Les cartes :** un jeu d'enfant.

Il s'agit d'un support de méditation. On peut l'utiliser comme aide à l'auto-induction des contacts vibratoires (voir plus haut).

Dans un endroit tranquille, assis, relaxé, respirez et dans un geste ralenti, mélangez les cartes, (en fait, des petits rectangles en forme de minuscules ex-voto, sur lesquels un mot clé est imprimé : Force, Lumière, Compréhension, Espérance, Foi, Equilibre, Pardon, Joie, Beauté, Fraternité, Amour, Tendresse, Patience, Transformation, Guérison, Ouverture, Paix... Clarté). Etalez le jeu face contre le sol. Gardez comme joker celle qui porte : Communication. Fixez celle-ci et concentrez-vous sur un objectif qui prime pour vous à l'instant présent. Invitez l'ange du jour à vous aider à atteindre ce but, un état intérieur positif.

Dès que vous sentez un courant vous pénétrer, parcourez du regard le jeu étalé. Retournez une carte en harmonie avec cette inspiration qui vous attire. Si le mot clé répond à votre attente, associez-le, en augmentant l'énergie de la présence amie, à votre demande. Sinon, choisissez une autre carte jusqu'à ce que vous sentiez le canal de cette énergie lumineuse s'ouvrir plus encore en vous, élargir l'espace intérieur de radiance. Si le « contact » ne s'opère pas, écrivez le nom de votre ange gardien sur des cartes vierges avec un mot clé qui vous vient à l'esprit comme un leitmotiv et focalisez-le comme support de prière à l'ange.

Ce jeu de cartes imprimé peut se commander à : Le Souffle d'Or 05300 Barré le Bas.

En recueillant les conseils de plusieurs utilisateurs, nous avons ajouté le mode d'emploi à la règle du jeu indiquée qui, trop sommaire, n'est guère opératrice. Il est recommandé de se constituer soi-même un jeu de cartes des anges.

Le contact s'induit d'autant plus rapidement que tout ce que vous utilisez comme support est entièrement de votre main et personnalisé. Un objet intime de votre façon et qui n'est pas de « série ». Mais là encore, chacun reçoit la lumière qu'il mérite, à la mesure de son exigence. Ce point est capital.

Plus l'ange est intériorisé, plus il répond à cette définition post new-age que nous vous proposons dans une synthèse originale de toutes les expériences actuelles. Qu'est-ce que l'ange en l'an 2000 ?

L'ange est un messager d'énergies positives.
Les énergies positives incarnées dans une image de beauté ailée.

LA VOIE MAGIQUE

LES GÉNIES ET LUTINS

Dans les pays de landes, les esprits errent en liberté. Ils s'appellent korrigans en Bretagne, farfadets en Provence. Dans les brumes des forêts dansent les elfes. Les gnomes des montagnes skient comme des Suisses, iodlent comme des Tyroliens, travaillent dans les mines des Niebelungen en Allemagne, dédaignant les Lorelei du Rhin germanique et les petites sirènes danoises. Au-dessus d'eux, les trolls nordiques font la grimace aux petits Lapons.

Tous ces esprits turbulents, souvent facétieux, accompagnent, troublent, dérangent, séduisent les gens confrontés à une nature forte et hostile. Ils se gorgent de plein air, de brouillard, de rosée et de givre, et donnent des humeurs assassines sous la pleine lune. Ils ne sont pas malveillants en soi, mais signes avertisseurs des dangers que l'on court.

On éduque les enfants en leur inspirant la peur des korrigans qui vont les punir de leurs impudences. Les petits ne sont pas dupes et rient avec eux dans une sorte de complicité amusée.

Il arrive qu'un roi des Aulnes passe comme messager funèbre. Mais s'ils sont tous les papillons et les mouches du royaume des morts, les esprits fols vous rappellent la présence du monde invisible au milieu des vivants sans avancer pour autant l'heure du destin.

Ils peuplent l'au-delà des rêves pour adultes qui veulent rester des enfants.

Ces êtres évanescents ont une parcelle de génie. Parmi tout ce peuple de lutins, il n'est pas aisé de distinguer les bons des mauvais génies. Ils sont comme les humains, du reste, ni tout noirs ni tout blancs et on peut les retourner à son profit en déjouant les sorts.

Pour ne pas se les aliéner, mieux vaut connaître d'abord leurs sites d'élection et leurs attributs. Puis le code de conduite à suivre quand vous vous perdez, l'été, sur la lande ou en montagne, l'automne dans une forêt, l'hiver, la nuit au bord d'un étang gelé ou d'une mare aux fées, cernée de neige.

Les quatre éléments

Le monde naturel est peuplé d'êtres qui, d'après les livres ésotériques, sont les messagers des forces élémentaires : le feu, l'eau, l'air et la terre.

Ondines dans les rivières et fjords nordiques, sylphides dans les forêts celtiques, korrigans sur les landes bretonnes, farfadets dans les lavandes provençales, gnomes dans les montagnes allemandes, suisses et savoyardes, trolls dans les neiges de Norvège.

Selon la Kabbale, ces petits vibrions des quatre éléments sont gouvernés par l'ange-prince Sandalphon, représentant terrestre du prince-archange Métatron.
Ils sont bénéfiques.

Mais il existe des génies et lutins, êtres de la brume et de la nuit qui sont sans cesse sur la défensive, qui déçus et contrariés par les hommes ou alliés à des démons, sont prêts à se venger. Il faut se les concilier pour n'en pas subir les effets maléfiques.

LA PRATIQUE

LIEUX D'ELECTION, SITES FAVORIS

Gnomes :
L'Allemagne rhénane - Suisse (montagnes, cavernes, mines, moraines de glaciers).
Lutins :
Suisse romande, Wallonie, France (talus, pierres levées, racines d'arbres).
Korrigans :
Bretagne (landes, grottes, dolmens, falaises, cromlechs)
Farfadets :
Provence et aussi Vendée
Trolls :
Norvège
Elfes :
Islande, Suède, îles de la Baltique (Stern, Mel et Rôgan).

LES GNOMES

Ce sont les génies de la terre et des montagnes. Leur nom, dérivé du grec *gnosis* qui signifie connaissance, est mentionné pour la première fois par le Suisse Paracelse au XVIe siècle.

On suppose que Paracelse inventa le mot gnome parce que ces petits personnages connaissaient et pouvaient révéler aux hommes l'endroit précis où étaient cachés les métaux.

La tradition populaire les voit comme des nains barbus aux traits grossiers et grotesques ; ils portent des vêtements ajustés de couleur brune, ornés de pierres précieuses selon certains et des capuchons monastiques ; ils ont pour mission de garder les mines et veiller sur des trésors cachés.

Ils ont un pied de haut et peuvent rétrécir pour se faufiler à travers les plus étroites fissures. On a signalé des gnomes colosses d'à peu près un mètre de haut dans les Carpates, en Ukraine, aux environs de Tschirnau, en Bohème.

Le gnome est musclé, noueux, large d'épaules. Il a une grosse tête, un front lourdement bosselé, des cheveux et une barbe aussi drus que de la limaille de fer. Sa peau est très sombre, ses yeux perçants et rêveurs.

Sa femme, la gnomide, encore plus petite que lui, très belle, superbement vêtue, marche en silence : on n'entend que le bruit de ses pantoufles dont l'une est en émeraude et l'autre en rubis.

Le roi des gnomes

Nicolas Gogol décrit Vij, roi des gnomes russes : « un être râblé, puissant, maladroit. Il était tout barbouillé de terre noire. Ses mains et ses pieds, couverts de terre, se détachaient telles de fortes racines striées de grosses veines. Sa démarche était pesante et il butait constamment. Ses longues paupières tombaient jusqu'au sol, son visage était de fer ».

Les gnomes vivent par clans dans des grottes spacieuses et bien entretenues, dans les mines. L'un des plus célèbres, Albérich, gardien du trésor du roi Niebelung fut vaincu et dépouillé par le roi Siegfried. Ils habitent aussi sur les cimes en

Allemagne, en Pologne, dans les Flandres et en Russie, dans les régions désertes de l'hémisphère boréal. Les « Schroetteliss » survivent en Suisse. Une famille de gnomes fut signalée en 1911 en Irlande.

Les gnomes élèvent des chèvres dont ils boivent le lait et mangent la chair ; ils fabriquent des biscuits parfumés aux lichens et plantes cavernicoles ; ils cultivent des champignons et obtiennent par greffes des espèces savoureuses. Autrefois, certains travaillaient les métaux, pierres précieuses, dégrossissaient, ébauchaient le travail que les nains maîtres orfèvres finissaient ensuite.

Ils avaient le don de pénétrer l'esprit de toutes les créatures animées et inanimées. On venait les interroger sur leur art de voyance. Ils aidèrent longtemps les hommes, leur confiant formules et secrets magiques, et la façon d'utiliser les ressources du sous-sol.

Les *dhoets* de Prague sont d'habiles alchimistes et vivent sous les caves des vieux quartiers. En Inde, les *arbhas* sont des gnomes très habiles que les dieux supérieurs se réservent pour les tâches et travaux les plus délicats. Leur *yakschas* gardent les trésors dissimulés dans les montagnes. Les *bergmännlein* de l'Untersberg sont assez sauvages : ce sont des mineurs infatigables dont la rencontre peut être de bon augure.

Ils connaissent tous les secrets de la montagne et sont en possession de grandes richesses ; ils transforment des chaînes, du charbon en or... mais aussi de l'or en cailloux !

On raconte qu'un bûcheron de Schellenberg endormi dans une grotte, remarqua un liquide qui coulait d'une stalactite : c'était de l'or fondu. Il alla chercher un vase et le remplit : celui-ci ne se vida jamais.

Un voiturier tyrolien qui conduisait son vin à Hallein fut accosté par un de ces petits nains et guidé au fond d'un souterrain où se trouvait un grand nombre d'entre eux. Son vin fut richement payé.

Au pays basque, les *laminaks* sont semblables aux hommes mais plus petits, velus et mal faits.Toujours affairés, inquiets de bien faire, ils sortent la nuit de leurs demeures souterraines, de la montagne Gastelu, de vieilles tours comme celle d'Isturitz ou de roches qui affleurent dans le lit des rivières sous les anciens ponts. Ils ne s'appellent que d'un seul nom « Guillen ». Ils peuvent bâtir des ponts en une nuit comme celui de Licq dans la Soule, des châteaux comme ceux de Laustania et de Donamartia en pays de Cize. Ils ne demandent rien de bien coûteux pour salaire, un peu de mêture frite au fond de la poêle.

Un bon servant dans une maison, c'est un trésor ! Il surveille le troupeau, les chalets inhabités, fait le ménage, bat le beurre, récure le chaudron, balaie la soupente, épouvante les voleurs et même parfois prévient des périls. C'est ainsi que le 22 mars 1838, dans la soirée, le gardien solitaire de l'auberge de Grimsel entendit un son étrange que les paysans des Alpes imaginent être l'annonce de quelque malheur. Ce son ressemblait à une voix humaine ; il sortit alors avec son chien, s'attendant à trouver un voyageur en détresse. Peu après se produisit une avalanche. En échange de tant d'excellents services, il faut seulement réserver la part du servant : une petite écuelle de soupe ou de lait que l'on place sur le seuil ou le toit et il faut respecter leur incognito (le vieux d'Eggen qui trouvait son feu mystérieusement allumé un matin cria « ho ! », le petit bonhomme sursauta et disparut pour ne plus revenir. De même le meunier de Blatten qui voulut offrir de jolis habits pour son servant ; celui-ci, une fois habillé, se déclara être vraiment « comme un homme » et ne revint plus !)

Comment se débarrasser d'un gnome indésirable ?

Les servants savoyards, valaisans ou oberlandais seraient nés d'un coquatrix, c'est-à-dire d'un œuf couvé par un coq. Ils sont pour la plupart du temps invisibles, fort susceptibles, et une fois vexés, capables de renverser le lait, faire tourner les fromages, chasser le bétail et commettre beaucoup d'autres méfaits semblables. Ils passent pour farceurs et s'amusent parfois à tirer les couvertures des dormeurs, à frapper des coups, à attacher deux génisses au même licol, à emmêler ou à tresser les queues des vaches et des chevaux. Un bon moyen de mettre un terme à ces niches, c'est de mettre un couteau dans la paroi de l'étable (le petit peuple a horreur du fer) ou suspendre une pierre trouée ou bien encore placer un bol de riz ou de mil près de l'âtre car le servant se trouve alors contraint par sa nature à les compter. Complètement écœuré de la corvée, il décampe pour ne plus revenir.

Les esprits familiers ne sont pas dangereux, même s'ils sèment la perturbation en jouant les fantômes. Tels ceux qui entrent dans les églises, allument les lampes, déclenchent le carillon. Ainsi, le dôme de Salzbourg est-il parfois illuminé sans raison ni motif religieux.

Bienveillants, malfaisants ?

> « Petite mère, les gnomes ne t'aiment guère,
> petit père, les gnomes ne t'aiment pas.
> Petite pidozka, les gnomes ne t'aiment plus. »
> *(Vieille chanson ukrainienne)*

À l'origine, les gnomes étaient plutôt bienveillants et prêts à aider les hommes. Certains changèrent d'attitude, peut-être mécontents des mauvais procédés ou de l'ingratitude de ceux à qui ils avaient rendu service.

Une autre explication : il y aurait eu mutation par suite du croisement avec les mauvais esprits. Des familles de gnomes auraient modifié leur apparence et pris l'aspect physique de leur nouveau caractère : six paires d'yeux supplémentaires au voyeur, quatre bouches au boulimique, huit pattes au plus voleur. (Les Kaukas de Lituanie aiment la chair fraîche).

Les vilains tours peuvent tourner au tragique. Des gnomes font briller des antres au fond desquelles semblent reluire des trésors, juste de quoi appâter le passant. Si celui-ci, attiré par les reflets d'or, se penche dans le vide, les murailles se rejoignent brusquement et il risque fort de rester coincé.

La spécialité des goëtes est de forger des chaussures de fer ensorcelées et entraîner leurs victimes dans une épuisante sarabande mortelle. On raconte en Autriche qu'un petit homme vert retenait dans le lac de Koenigsee des âmes de morts dans des pots. Elles furent délivrées par un pêcheur qui le lendemain trouva son filet rempli d'or à la place des poissons. « Longtemps, longtemps après que les goëtes ont disparu, leurs chansons courent encore dans les rues », n'en déplaise à Charles Trenet.

Nous avons d'autres malfaisants. Les trudes oppressent la poitrine des hommes pour les empêcher de dormir, les norkes, les nains des tempêtes, trônent sur les montagnes et déchaînent les orages. Les Eismanndel de la Suisse alémanique sont des êtres minuscules, très puissants, infestant les crevasses des glaciers : ils ont les cheveux blancs, de longues barbes, le visage ridé, les yeux bleus et un nez recourbé. Ils portent un costume gris-vert, de la couleur des feuillages et une sorte de bonnet. Des gnomes ont le même signalement au Tyrol et dans les Carpates.

Le nain des glaciers

Quand les gnomes des moraines et des glaciers mettent le nez dehors, c'est plutôt pour assumer des rôles diaboliques : lancer des pierres, lâcher des avalanches. Le nain du lac de Stampach trouvant que son lit était trop court et que ses bottes trop étroites, un bruit sourd tonna dans la direction des hauts sommets ; on eût dit que le glacier de Stampach broyait sous son poids les rocs qui lui servaient de lit. Au petit jour, on sentit nettement une odeur de terre fraîchement remuée et des rocs réduits en poudre. «Le Stampach fait des siennes», dirent les montagnards anxieux. Le lendemain matin, le soleil éclairait le triste tableau : les riches prairies qui s'étendaient des bords de la Lonze à ceux de Stampach avaient disparu sous une couche de limon et de cailloux. Bien sûr, pour les glaciologues, ce ne sont que phénomènes naturels. Mais la plus belle ruse des gnomes maléfiques est de leur faire croire qu'ils n'existent pas.

Il ne faut pas négliger non plus les petits hommes et femmes de mousse. Un jour, Hahnengickerl guérit une reine ; elle ne devait pas oublier son nom, sinon elle devait l'épouser au bout d'un an. Elle l'oublia. Un enfant qui entendit le petit homme chanter en mentionnant son nom dans la forêt, alerta la souveraine qui, retrouvant la mémoire, fut sauvée.

En tout état de cause, il est préférable de ne pas s'aliéner les gnomes. Sachez qu'ils sont certainement susceptibles et vindicatifs. Ils détestent que l'on se moque d'eux et ne pardonnent pas à ceux qui les trompent. Les menteurs et les ingrats sont leurs cibles toutes désignées. Ils sont plutôt du côté des gens de parole qui savent récompenser un service rendu, et sont de bons serviteurs s'ils trouvent de bons maîtres. N'en ayons pas peur — ils aiment être dominés — mais n'ayons rien à nous reprocher à leur égard.

LES LUTINS

« Tant qu'herbe poussera, lutin vivra ! »

Ils viennent du monde marin si l'on en croit l'origine de leur nom : *luiton* en ancien français, altération de *netun,* du latin *neptunus* (figurant dans une liste de démons du VIIe siècle).

Le lutin type mesure d'un demi-pouce à trente centimètres. Visible et invisible, il est propret mais son nez est sale et ses oreilles pointues. Il est mince et harmonieux, ses yeux sont pétillants et ronds, ses doigts longs et habiles, ses cheveux abondants. Il commence à vieillir vers 300 ans. Sa barbe pousse et s'allonge en même temps que son crâne se dégarnit et se fripe ; il prend du poids avec l'âge. Il porte des haillons coquets de couleur verte et brune, un très grand bonnet pointu rouge ou vert, des poulaines rapiécées.

Les lutins aiment courir tout nus dans la forêt. Si en échange de leurs services on leur offre des habits neufs, vexés, ils ne reviennent plus jamais. En été, ils portent des justaucorps teints au suc des feuillages. Ils sont très gourmands.

Ils demeurent dans des lutinières aussi actives et grouillantes que d'immenses termitières, mais où le jeu et les cabrioles remplacent le travail. Elles sont bâties en dur avec une espèce de torchis à base de glaise, de mousse et d'herbes parfumées, situées sous les collines, les talus, les pierres levées, dans les bois entre les racines de chênes ou d'ifs géants. Ils en sortent rarement. Cependant, on les trouve ici et là, dans les caves et les greniers, sous les lits, au fond des armoires ou de la boîte à ouvrage.

Ils vivent surtout en France. Une colonie s'est établie dans le Sud-Ouest de l'Angleterre, où ils se sont assimilés aux pixies. Ils s'appellent kwuelgeert et plageert en Flandre. Ils ne dédaignent pas l'Allemagne et l'Italie.

Certains lutins prennent la forme d'animaux tel le mami dans le Forez, qui court sous l'aspect d'un lièvre pour tromper les chasseurs, parfois ils s'incarnent dans des bœufs qui vont à l'ouvrage de travers. En Bretagne, pour préserver de ce maléfice, on liait les jougs en croix.

Pour conduire les morts, il se fait cheval, animal psychopompe. Tel Mourioche près de Carnac.

Ils prennent assez rarement la forme d'animaux sauvages. Parfois, en Normandie, ils prennent l'apparence de loups cherchant à entrer dans les cimetières. Dans le Centre, le « lupeux » qui attirait les voyageurs dans les fondrières avait une tête de loup et une voix humaine. En Haute-Bretagne, un lutin s'appelait le « faux-singe », un autre l'»ourse blanche» et dans le Morbihan, c'était sous la peau d'un ours que se présentait la « piphardière ».

Les lutines ou lupronnes prennent l'apparence de belettes. Les lutins ne travaillent pas et s'amusent beaucoup ; ils glissent au fil des ruisseaux sur les radeaux des nénuphars mais ne plongent jamais dans l'eau, comme le prouve leur visage toujours un peu sale.

On peut citer le bona en Auvergne qui prend l'aspect d'un cabrettaire, les chorriquets, bonâmes, penettes, gullets, boudigs. Les lutins sont d'ingénieux teinturiers.

Espiègles, farceurs, un peu voleurs, ce sont aussi de courageux travailleurs et de redoutables guerriers.

Le lutin du château de Callac lutinait une vieille femme en l'absence de son maître; il la réveillait, brouillait son fil, flambait sa filasse, salait excessivement sa soupe, dérangeait sa coiffe...

Le lutin chahuteur

Anatole Le Braz, auteur de la « Légende de la mort », décrit le lutin de son enfance en Bretagne : chaque maison avait le sien, un bon génie de la famille mais « si tôt qu'on lui manquait d'égards, sa bonté se changeait en malice, et il pouvait renverser les marmites sur le foyer, embrouiller la laine autour des quenouilles, rendre infumable le tabac des pipes, emmêler les crins des chevaux ou dessécher le pis des vaches ou faire peler le dos des brebis, aussi s'efforçait-on de ne point le mécontenter. Une vieille servante n'enlevait jamais le trépied du feu sans l'avoir aspergé d'eau pour que le lutin ne s'y brûlât pas si tout à l'heure il s'asseyait dessus ! »

Les lutins vont souvent dans les étables des chevaux et parfois dans celles des bêtes à cornes. On les retrouve sous les noms de « Maître Jean, Jeannot, Petit Jean » dans de nombreuses provinces ; ils sont parfois bienveillants mais peuvent être animés de mauvaises intentions, par exemple attacher les chevaux deux à deux par leur queue ou les bœufs (drac du Cantal). Dans la Suisse romande, pour garantir le cheval de la visite du « foulta », on suspend à la crèche une pierre trouée naturellement. En Bretagne, on le préserve du « boudig » en plaçant le soir dans le râtelier le bâton de charrue.

En Allemagne, Hodekin le Scoununck se vit confier la garde de la femme de son seigneur, lourde responsabilité...

S'ils vadrouillent beaucoup derrière les filles et les fées, ils restent fidèles toute leur vie à leur lutine ; ils ne sont pas immortels. Grâce à une sorte de chapeau, le tarnhelm, ils peuvent disparaître ou se transformer en humains, en bêtes ou même en objets inanimés.

Ils ne sont pas craintifs. On prétend cependant que si les poils de l'âne ne s'embrouillent jamais, c'est que les lutins répugnent à y toucher à cause du rôle de cet animal au moment de la Nativité. L'odeur du crin brûlé par un cierge béni les éloignent des écuries.

Dans le Nord-Finistère, on avait soin de ne pas cacher entièrement la braise pour que le lutin appelé *bouffon noz* (farceur de nuit) pût y venir y prendre un peu de chaleur.

Au pied du lit

Certaines visites d'esprits de petites tailles sont redoutées, il faut avoir des défenses ; le « faudeur » de la Haute-Bretagne cesse d'oppresser celui qui le menace d'un couteau ; dans les Vosges, on se garantit du « sotré », dans la Beauce du « lutin-fouleur », en ouvrant un couteau ou en se mettant les bras en croix. En Wallonie, pour s'en garder, il faut déposer ses souliers, les talons dirigés vers le lit ou la pointe de l'un, le talon de l'autre en opposition : la croyance générale est que la « mark » ne peut monter sur le lit qu'après avoir chaussé les souliers et qu'on l'en empêche en ne les plaçant pas d'une façon normale.

Rendez-vous : en Irlande, « Puck Fair » (Foire du lutin), à Killorglin.

LES KORRIGANS

Si *korrig* veut dire petit nain, le terme vannetais *korrigan* est peut-être à relier à une autre origine : ne s'agit-il pas d'un *karregan,* petit rocher ? Dans d'autres régions, on les appelle *kornandon*, ce qui les rapprocherait du dieu cornu des mégalithes de Carnac.

Ils mesurent une à deux coudées. Petits, ridés, malingres, noirs et poilus, très forts, ils ont les cheveux longs, parfois tressés. Pieds de bouc, sabots de fer, mains en griffes de chat, petite queue les caractérisent. Au Xᵉ siècle, ils sont décrits avec un costume local de paysan...

Ils mangent peu. Ils dansent la nuit autour des menhirs, les humains qu'ils entraînent avec eux dans la ronde en survivent rarement. « Ils gardaient des trésors entassés sous de grosses pierres qui s'ouvraient lorsqu'on les frappait avec une certaine clef rouillée. » Autrefois, lorsqu'on avait perdu quelque chose, il suffisait de se rendre à leur résidence au commencement de la nuit et de dire « *Poulpican*, j'ai perdu tel ou tel objet », le lendemain, on le trouvait à la porte.

LA PRATIQUE

Sachez les distinguer !
Parmi les korrigans, on distingue :
• les **korils** qui se tiennent dans les landes et les rochers menant d'interminables rondes (Lande de Plaudren) ;
• les **kornikaneds**, lutins des bois qui s'appellent entre eux la nuit en soufflant dans la petite corne suspendue à la ceinture (Brocéliande) ;
• les **poulpicans** ou **poulpiquets** qui hantent les marécages, le bord des étangs, les vallées et font entendre une clochette sous les couverts pour tromper les petits pâtres à la recherche des chèvres perdues (Coat Bihan) ;
• les **korandous** qui habitent les dolmens, les falaises (de Bilfort à Paimpol) ;
• les **teus**, nains noirs qu'on rencontre dans les champs couverts de moisson. Les autres korrigans les accusèrent d'être les amis des chrétiens et ils partirent dans le pays de Léon.

Un tumulus à Saint Nolfen abrite des **kouléguéans** ; les édifices de Carnac délimitent les frontières de la cité mère. On trouve des **folliards** au pays Gallo, des **korreds** en Cornwall, des **spriggans** dans les Moors, des **sorgues** sur les côtes britanniques ;

• les **spontailhs**, « êtres d'épouvante », désignent des apparitions nocturnes qui tourmentent les humains. Ils sont attachés à un lieu, souvent une fontaine ou le pont d'une rivière. Ils prennent des apparences différentes, tuent rarement et se contentent le plus souvent d'effrayer ou de jouer des tours. La campagne de Carnac en était pleine autrefois.

Manifestations
Au crépuscule, le paysan breton ne devait pas s'attarder dans les champs car le **bugulnoz** menait son troupeau d'ombres, il disait « Va, le jour est à toi, la nuit est à nous » suivi de bandes korriganes.

La fourche magique

Il y avait en Plaudren une lande appelée « Terre de châne » dans laquelle se trouvait un grand village de korils. Les nains venaient y danser toutes les nuits et celui qui osait alors traverser la lande était sûr d'être entraîné dans leur ronde et forcé de tourner avec eux jusqu'au chant du coq ; aussi ne se hasardait-on pas d'y aller.

Cependant, un soir, alors qu'il était encore assez tôt, un paysan bossu, Bénéad Guilcher, et sa femme prirent un raccourci pour rentrer chez eux. Ils furent très vite cernés mais les petits nains s'éloignèrent en voyant la petite fourche à nettoyer la charrue que tenait Bénéad.

« Laissons-le, laissons-la
Fourche de charrue il a
Laissons-la, laissons-le
La fourchette est avec eux. »

Le paysan comprit qu'il tenait à la main une défense magique et rentra chez lui. Tout le pays en fut averti. Un jour, il retourna à la butte aux chênes par curiosité, mais avec sa fourche. Il fut invité à participer à une danse, ce qu'il fit après avoir reçu le serment sur « la Croix du Sauveur » que la ronde s'arrêterait quand il le voudrait.

Les korils se mirent à chanter leur refrain habituel :
« Lundi, mardi, mercredi. » (bis)
Le paysan ajouta :
« Jeudi, vendredi, samedi. »
Fous de joie, les korils lui dirent : « Que veux-tu, que désires-tu, richesse ou beauté ? » Il leur demanda de faire disparaître sa bosse. Il ne voulut point révéler ce qui s'était passé de peur de passer pour un compère des korrigans, il raconta que sa bosse avait disparu alors qu'il dormait dans la lande. D'autres essayèrent, mais sans succès.

Bénéad fut forcé de révéler son secret à un créancier bègue Perr Balibouzik, qui lui laissa quelques jours pour payer les cinq écus dus. Ce créancier se rendit à la lande et poursuivit le refrain commencé et ajouta « dimanche aussi ». Les korils lui dirent « et après, et après » mais ne parvinrent pas à se faire comprendre. Ils demandèrent au créancier de faire un souhait, qui répondit : « je choisis ce que Guilcher a laissé ». Ils lui remirent la bosse.

Furieux, il décida de saisir Bénéad. Celui-ci s'en retourna à la lande, chanta avec les korils et ajouta « et voilà la semaine finie. » Ceux-ci furent délivrés de l'obligation de chanter toutes les nuits et répondirent « Guilcherik, notre cher sauveur a rempli l'arrêt du Seigneur. »

Bénéad fut remercié et partit avec des petits sacs. Ceux-ci ne contenaient que du sable, des feuilles mortes, du crin et une paire de ciseaux. Ayant peur d'un mauvais sort, la femme de Bénéad prit de l'eau bénite qu'elle aspergea avec du buis et tout se transforma en perles, pièces d'or et diamants.

Bénéad paya ses dettes, fit des dons aux pauvres, s'acheta une maison à Josselin, et ses enfants devinrent gentils-hommes.

Près de Dinan vivaient les géants, naufrageurs d'épaves qui se repaissaient de la chair des matelots noyés. Un jour, ils cherchèrent querelle aux korrigans qui vivaient dans des grottes voisines ; ceux-ci enfumèrent leurs ennemis par de grands feux de goémon, à l'intérieur de leurs antres, puis à l'aide d'énormes blocs extraits de la falaise, ils en murèrent leurs issues. Dans les rochers du Chaudeaux du Taureau, à l'est de Carantec, résident des korrigans qui fabriquent de l'or par des méthodes alchimiques. Leurs richesses sont immenses et ils ne les comptent point. Quiconque se présente, reçoit une poignée de pièces, mais les visiteurs trop avides repartiront les mains vides, après avoir subi des mauvais traitements. Au Mané Juégan (près de Guern), un cromlech est hanté la nuit par les korrigans qui viennent y préparer leur repas : à cela dit-on servent les cupules de pierre. Il est arrivé qu'un promeneur égaré aperçoive le petit peuple à la lumière de la lune. Certains paysans affirment même qu'on peut voir parfois ses trésors.

Le trésor de la reine

Au Pouligen, près de la baie du Scal, s'ouvre la grotte des korrigans. Ils logent dans l'épaisseur même de la roche et y cachent leurs richesses. On raconte qu'au siècle dernier, un paludier de Batz, nommé Pierre-Marie Cavalin, devait sa bonne fortune à son bon cœur. Un soir en effet, il n'avait pas hésité à donner l'hospitalité à une pauvre vieille sans abri. C'était la reine des korrigans ! Pour le remercier, elle lui confia le secret qui ouvre les portes cachées de la grotte. Il put ainsi une nuit pénétrer à l'intérieur du rocher et voir les étranges petits habitants des lieux s'y ébattre joyeusement. On le laissa libre de remplir tous les sacs d'or qu'il voulût. Mais il commit l'imprudence, malgré les conseils de la reine, de se laisser surprendre par le lever du soleil. Il perdit alors, d'un seul coup, tout ce qu'il avait réuni. La reine eut pitié de lui et pour le consoler lui offrit un plat qu'il conserva jusqu'à la fin de sa vie. Ce plat avait le merveilleux pouvoir de se remplir trois fois par jour de toute la nourriture désirée. Cavalin vécut ainsi à l'abri du besoin. Il avait déposé une partie de ses richesses, avant d'être arrêté par l'aurore, sous le menhir qui se dresse à Batz, près de la plage Saint-Michel. Il ne put pas ensuite retirer le trésor, et celui-ci serait toujours là.

À Piriac-sur-mer, à la pointe des Castelli, ils sont les gardiens d'une cité engloutie et de ses trésors. Le roi Salomon y serait enseveli avec ses immenses richesses... À Plougrescant, au Port Blanc, on croit que les korrigans viennent danser sur les grèves : ils se cachent non loin de là, dans le creux de la pierre nommée le rocher de la sentinelle. Parfois aussi, une baleine apparaît au large : c'est la Morgane, la fée de la mer aux noms multiples.

LES FARFADETS

Son nom provençal est la forme renforcée de *fadet*, dérivé de *fado* : fée.Le farfadet se met au service de celui qui sait le commander et se manifeste parfois par la production de feux follets.

Barbygère fait remonter les deux familles farfadaises à la date de la grande alliance franco-écossaise au XVIIIe siècle. À la suite du désastre de Culloden, la plupart aurait regagné les pays de Loire. Ils se préoccupèrent alors d'amasser des trésors volés. Des croyances, toujours vivaces, témoignent de l'existence de ces trésors, par exemple près de la fontaine de Pyrome, dans les Deux-Sèvres, dans les souterrains de nombreux châteaux poitevins, à l'extrémité de l'anse de Lugéronde, à Noirmoutiers, sous les dolmens de Saint-Gravé, à Cancoet.

Ils mesuraient une quarantaine de centimètres. La taille des descendants n'a fait que décroître jusqu'à celle du hanneton. Ils ressemblaient, au XIXe siècle, à de petits démons boucanés et ridés, à poils blancs.

En Provence

Le lutin aide les paysans dans leurs travaux. S'il est de bonne humeur, il étrillera les bêtes, tressera leur crinière, leur mettra de la paille, nettoiera les mangeoires. Il a souvent une bête préférée. Mais si vous dérangez quelque chose contre sa volonté, il fera beaucoup de bêtises : li fouletoun détachent les chevaux, les lient par la queue, les mènent à l'abreuvoir pendant la nuit, les étrillent et font mille autres niches aux paysans. Ils sont rapides, espiègles et vifs comme le vent.

Pour s'en débarrasser un paysan déposa dans une étable des graines de pois gris à trier. Le farfadet du logis se mit à la tâche, puis détala, lassé ! (histoire de la vieille Renaude).

Proverbes

L'expression «uno foulet de malur» signifie un vent de malheur, et courir à perdre haleine se dit « courre, courre comme lou foulet ». Un proverbe assure que ce qui vient du diable s'en va par le follet, ou en d'autres termes, que les richesses mal acquises ne durent guère : « ço que vên dou diable s'en vai per lou foulet ».

Autres régions

Le follet du Berry est «gros comme un coq avec une petite crête rouge, ses yeux étaient de feu, il avait des griffes au lieu d'ongles ; quant à sa queue, elle ressemblait tant à celle d'un coq tant à celle d'un rat et il s'en servait comme d'un fouet pour faire courir sa monture».

L'Ecossais Maggy Moulach a gardé l'allure du farfadet d'autrefois : mince et robuste, brun de peau, l'œil brillant, le cheveu roux et rebelle, les oreilles en pointe, le menton provocant, la bouche à la fois goguenarde et volontaire. Ses beaux habits de jadis sont tombés en lambeaux.

Le petit Davy de Beaupréau (Maine-et-Loire) se montre aux dames coiffé d'un feutre gris, les Frérots ont un capuchon brun. Reconnaissable également en Poitou le Ricordon qui « blutait la farine » et le Ripopet-Barabas.

Ils se réunissent tous les mardis gras en Vendée autour d'une large cuvette taillée dans la Roche plate de Chambretaud-en-Vendée.

Braves, taquins, bruyants et tapageurs à l'origine, ils sont devenus silencieux, sournois et mesquins sauf avec les enfants. Ils entrent la nuit dans les maisons, boivent de la bière, font tourner le lait, enduisent de beurre ou de savon noir les marches d'escaliers. Ils écoutent et répètent les secrets qu'ils entendent dissimulés sous les lits.

Dans l'Allier, ils secouent les chaînes, font hurler les chiens, bloquent les cheminées pour que la fumée refoule dans la maison. Une pierre sculptée dans une pierre volcanique les fait fuir.

En Suisse, à Vevey, l'un d'entre eux fut muré. Il s'agissait du Tschanteret.

LES TROLLS

Esprit malveillant du terroir scandinave, habitant les montagnes ou les forêts, vivant même sous terre, le troll incarne les forces mauvaises, mystérieuses de la nature. Il a forme humaine.

Dans les pays scandinaves, les géants mythiques qui habitaient en Jotunheim et guerroyaient avec le dieu Thor furent abaissés au rang de rustiques trolls. Dans la cosmogonie qui est au début de l'Edda Majeure, on lit que lorsque viendra le crépuscule des dieux, les géants escaladeront et casseront Bifrost, l'arc en ciel, et qu'ils détruiront le monde secondés par un loup et un serpent.

Les bateaux de Noël

Dans la tradition vivante, les trolls sont des mauvais petits génies qui vivent dans les grottes des montagnes ou dans des huttes légères. Ils naviguent de préférence au moment de Noël sur des bateaux en fer ou en pierre ; leurs armes sont des pierres, des arbres, parfois des barres de fer. Ils doivent éviter le crépuscule car les rayons du soleil les transformeraient en pierres. Ils n'aiment pas les cloches d'église ni les clarines, mais ils peuvent aider à la mise en place d'une flèche d'église, comme Trondheim...

Certains ont laissé des traces, notamment à Jutulhogget dans la vallée Osterdal, dans l'est de la Norvège (par exemple le trou d'une flèche lancée par un troll à Torghatten.)

Il est toujours possible en Norvège, dit-on, d'assister à la transformation d'une colline boisée en un énorme troll des forêts !

Selon un folkloriste de Norvège du XIXe siècle, les trolls de Norvège ont le pouvoir de se rendre invisibles. Ils assistent aux banquets et nous en dérobent d'une main inaperçue les mets posés sur la table. Il arrive qu'ils soient tendres et généreux. Si le pauvre les invoque, ils volent à son secours et lui prodiguent leurs richesses qu'ils gardent enfouies sous terre. Mais si on les irrite, il faut se hâter de fuir car rien n'apaise leur esprit vindicatif.

Le poème dramatique Peer Gynt (1867) d'Ibsen, assura leur célébrité. Il imagine que les trolls sont avant tout nationalistes ; ils croient ou s'efforcent de croire que le breuvage atroce qu'ils fabriquent est délicieux et que leurs grottes sont des palais. Pour que Peer Gynt ne s'aperçoive pas de leur entourage sordide, ils proposent de lui arracher les yeux.

« ... Lorsque le soleil se couche et que la nuit tombe, les trolls sont rois, les nymphes des bois célèbrent des mariages, les trolls se rendent visite et pauvre de toi si tu oses mettre le nez dehors. Lorsque la lune se lève, tout peut arriver. La forêt se transforme soudain en un énorme horrible troll de la forêt qui se précipite droit sur vous ! Parfois le troll n'a qu'un œil, mais si brillant et scintillant ! On y trouve le reflet de son horreur et de sa méchanceté, mais aussi de son or et de son clinquant... Les trolls sont grands et forts comme cinquante hommes réunis mais leur intelligence ne va pas de pair avec leur force. Ils peuvent être bêtes, maladroits et faciles à rouler, de petits garçons courageux peuvent avoir raison d'eux. Les trolls peuvent atteindre un grand âge, si vieux que de la mousse et même des arbustes poussent sur eux. Quand ils s'appellent les uns les autres, il peut se passer cent ans avant que la réponse ne leur revienne. Ils deviennent parfois si vieux qu'ils ne se souviennent plus de leur vrai âge. Certains trolls ont la tête sous le bras, d'autres en ont plusieurs, trois, six ou même neuf... Vous ne pouvez imaginer le vacarme, les disputes et le bruit, lorsque toutes les têtes veulent parler en même temps ! Il arrive alors que le troll oublie de se cacher du soleil...»

Les trolls sont spécialement actifs pendant l'hiver lorsque le soleil a disparu à l'horizon. Le soir de Noël, il ne faut pas sortir seul ! En été, vous pouvez être relativement tranquille, c'est tout juste s'ils osent montrer le bout de leur grand nez.

Lorsque le jour se lève, aussi grands et forts soient-ils, et quelle que soit la force de leur magie face à la lumière, la puissance de l'obscurité est sans pouvoir. Ou bien ils explosent, ou bien ils se transforment en pierres...

Les trolls ne sont jamais pressés lorsqu'ils vont à une fête au château des trolls. Ils traversent monts et vaux et tournent souvent en rond car ils n'arrivent jamais à se décider pour choisir la bonne route ; ils peuvent mettre cent ans avant d'arriver ! Une des choses que les trolls détestent le plus est le son des cloches de l'église. Ils jettent des pierres sur les clochers mais ils visent si mal qu'ils ne touchent jamais leur cible. Dans les cheveux des trolls, poussent toutes sortes de mousses et arbustes, et les oiseaux y font des nids. Les trolls sont donc très contents quand de belles princesses qu'ils ont fait prisonnières les épouillent.

Les trolls sont incroyablement riches. Ils vivent entourés d'or et d'argent et autres objets précieux. Ils ont de grands troupeaux mieux engraissés et plus magnifiques que tous ceux que vous avez pu voir. Mais ils sont toujours en guerre avec les êtres humains : « pouh ! Je sens le sang de chrétien ! ».

Ils se battent souvent entre eux. Quand vous entendez le tonnerre, et que les éclairs déchirent le ciel, ce sont les grands trolls de montagne qui se disputent pour savoir lequel d'entre eux doit régner sur la Montagne des Géants. Les rennes saisis de panique fuient dans tous les sens et la terre en tremble. Le monde vu par un troll révèle que tout ce qui est mal semble juste et que tout ce qui est juste semble mauvais.

LA PRATIQUE

Comment les conjurer :

• Si vous devez passer un ruisseau, il faut toujours cracher et dire : « troll qui est au fond, regarde le signe de croix, ne t'approche pas car je suis créature de Dieu ! ».

• Pour être protégé des trolls, il faut faire le signe de croix ou prononcer le nom de Jésus ; on peut aussi faire sonner les cloches de l'église trois jeudis de suite...

• On peut aussi les narguer suffisamment pour qu'ils se fâchent à tel point qu'ils en éclatent de rage.

LES ELFES

« C'est la nuit que les elfes sortent
avec leur robe humide au bord
et sous les nénuphars emportent
leur valseur de fatigue mort. »
Théophile Gautier (*Vieux de la vieille*)

Leur nom est dérivé de l'ancien suédois *oelf* qui est la version féminine de *alf*.Autrefois, le mot *elfe* signifiait dans toutes les langues germaniques, tout esprit ou démon associé à la vie de la nature et que l'on supposait résider soit dans les eaux, soit dans les bois, soit dans les montagnes.

Ils étaient serviables ou malicieux. Ils passaient pour être plus beaux que les nains et plus petits que les hommes. Organisés en société à la façon des hommes, ils avaient des rois auxquels ils étaient fidèlement soumis. Ils aimaient le jeu, la danse, passaient leurs nuits en rondes, interrompues par le chant du coq, car ils craignaient la lumière du soleil et évitaient les regards des humains.

Selon l'Edda, une fois construit Asgard, le monde des dieux, les Ases y édifièrent les merveilleuses demeures pour chacun d'entre eux. L'une d'elles se nomme Alfheimr, c'est-à-dire le monde des elfes. Les Ases firent don du monde des elfes à Freyr, un dieu des Vanes venu à Asgard en otage après la guerre ayant opposé les deux grands groupes de divinités du nord. Freyr avait le pouvoir sur la pluie et l'ensoleillement.

Les elfes étaient inscrits dans la sphère de la fertilité et de la fécondité. Peut-être ont-ils été des divinités à part entière. Les elfes résidant au voisinage des dieux sont appelés «elfes de lumière», et disposaient de pouvoirs magiques.

Un culte les entoure : Jol, le Noël païen, est désigné par un synonyme *àlfablot*, « sacrifice aux elfes », fête complexe où l'on célèbre le solstice d'hiver, associant la commémoration des morts à des rites de fertilité.

Les elfes ne supportent ni la souillure, ni l'ordure. On dit que les défunts ont pouvoir sur la fécondité de la terre. Les bons morts deviennent terre fertile. Sont élevés au rang d'elfes les morts dont la vie fut exemplaire (à rapprocher des saints canonisés sans passer par Rome).

Les rondes nocturnes

Les elfes sont considérés dans la tradition populaire suédoise comme des êtres surnaturels, souvent imaginés comme des figures féminines de petite taille habillées en blanc ou en rouge qui dansent dans les prés, la nuit, et qu'on peut discerner dans la brume du soir.

On disait que les traces circulaires restant dans l'herbe étaient les traces de leur danse, mais il s'agissait en fait des marques laissées par des champignons.

Si un homme passait pendant ces danses, il ne pouvait plus détacher son regard du visage des jeunes elfes féminines, ensorcelé par leur beauté. S'il dansait avec elles, il était perdu.

Mais, elles ne doivent pas être confondues avec les alfs *des anciens scandinaves, ni avec l'*alp *allemand qui veut dire cauchemar ou sorcière.*

L'apparition du mythe des elfes dansants en Scandinavie remonte au Moyen Âge et provient des chants bretons, où des êtres attirent le promeneur nocturne dans leur sphère. Motif fréquent dans la tradition celtique.

Les elfes furent peut-être à l'origine des génies beaux et bons, à l'opposé des nains.

Les elfes jouissent d'un culte et les hommes croient en leur existence et en leurs pouvoirs. Ils occupaient une place importante dans les croyances païennes. Ils furent diabolisés par les clercs au Moyen Âge, qui les trouvaient gênants pour le Christianisme, comme étant des êtres maléfiques.

Snorri Sturluson distingue deux autres groupes d'elfes : les noirs « plus noirs que poix » et les sombres ! Il existerait donc les elfes clairs et lumineux qui sont bons, les noirs qui sont mauvais, les sombres moins mauvais (à rapprocher du Paradis, Enfer, Purgatoire). Dans les pays germaniques, les anges lucifériens furent jetés en enfer et devinrent les démons noirs, les anges neutres furent jetés sur terre ; ils y firent souche et c'est d'eux que descendent les fées, les nains et les esprits... Les elfes noirs semblent se confondre avec les nains.

Ils sont pervers et tout petits. Ils volent le bétail et les enfants. Ils s'amusent aussi à des espiègleries. En Angleterre, on donna le nom de *elf-lock* (boucle d'elfe) à des cheveux emmêlés, car on y voyait l'œuvre des elfes. Un exorcisme anglo-saxon leur attribue le pouvoir maléfique de lancer de loin de minuscules flèches de fer qui pénètrent dans la peau sans laisser de trace et qui causent des douleurs névralgiques. En vieil anglais, le cauchemar se dit «maléfice de l'elfe» ; « frappé par l'elfe» signifie ensorcelé.

En allemand, cauchemar se dit *alp*. Les étymologistes font dériver ce mot de elf étant donné qu'au Moyen Âge on croyait que les elfes oppressaient la poitrine des dormeurs et leur inspiraient des rêves atroces. Le cauchemar est appelé « pression de l'elfe» ou « rêve elfique». Aujourd'hui, en Allemagne, elfe devient le nom de famille des créatures redoutées.

Outre-Rhin, le lumbago se nomme « trait de l'elfe». Au Danemark, on emploie l'expression « frappé par le trait d'un elfe». On leur attribue des maladies : urticaire, colique, couperose, le tournis des moutons. Ils vous contaminent par le souffle (*alvblast*).

Pourtant, en Islande, on nomme parfois les elfes « amis chers».

La morphologie des elfes a changé : au Danemark, ils ressemblent à des vieillards et aux îles Féroë, ce sont des personnages de grande taille aux cheveux noirs, vêtus de gris.

Il existe des elfes qui peuplent les sources et les fleuves : les Nixes (Wasserman).

Lieu de rencontre possible :
Les habitants des bords de la Baltique racontent qu'un roi des elfes règne sur les îles de Stern, Mel et Rôgen. Il a un char attelé de quatre étalons noirs et s'en va d'une île à l'autre en traversant les airs ; alors on distingue très bien le hennissement de ses chevaux et la mer est toute noire.

Ce roi a une grande armée sous ses ordres ; ses soldats ne sont autres que les grands chênes qui parsèment les îles.

Le jour, ils sont condamnés à vivre sous une écorce d'arbre, mais la nuit, ils reprennent leur casque et leur épée et se promènent fièrement au clair de lune.

Dans les temps de guerre, le roi les assemble autour de lui. On les voit errer au-dessus de la côte et alors malheur à qui tenterait d'envahir le pays.

Comment les conjurer ?

Les elfes disposent d'une terrible arme, l'elfbolt, qu'ils lancent contre ceux dont ils veulent la mort ; cette arme percerait avec une précision redoutable le cœur de la victime. Le mot de Jésus prononcé serait le seul remède contre la perfidie de certains d'entre eux qui s'enfuiraient alors à toutes jambes ou à tire-d'aile...

« Si un cheval ou une autre bête a reçu la flèche d'un elfe, prends de la graine d'oseille et de la cire écossaise et qu'un homme chante douze messes là-dessus. Mets de l'eau bénite sur le cheval et quelle que soit la blessure, aie toujours ces plantes sur toi ! »

LE CHANT DES SIRÈNES

Parmi les génies marins, les Bretons redoutent la sirène dont la seule vue pouvait provoquer une tempête.

Un homme de Douardenez ayant tenté de saisir une sirène sur les rochers du Raz, elle se précipita dans la mer et un effroyable coup de vent jeta vingt bateaux à la côte.

Dans le sud du Finistère, le chant de la sirène « Marguerite, mauvais temps », faisait enfler la mer.

Sur la côte de Tréguier existaient les Dud-vor, hommes de mer et les Cornandonets, petits démons noirs qui excitaient les flots. Avant les ouragans, les matelots apercevaient sur les rochers un nain blanc qui dansait.

LA PRATIQUE

Code de conduite avec les génies

Nous avons indiqué quelques secrets coutumiers de conjuration pour maîtriser l'action des gnomes, lutins, elfes... si l'on est en situation critique.

Il existe une prévention générale de leurs mauvais tours. Quelques règles de bonne conduite détournent leur agressivité potentielle.

• Ne pas les provoquer. La pire insulte est de nier bruyamment leur existence. Eviter de se moquer ouvertement de leurs représentations. Ne retenir que les formes les plus gracieuses.

• Respecter les plus petites espèces vivantes.

• Admirer la nature pour son génie de la miniaturisation, plutôt que de repousser avec horreur certaines espèces moins heureuses ou difformes.

• Ne jamais faire de fausses promesses à des êtres « physiquement différents. »

• Ne pas avoir de réflexe de peur en parcourant seul à pied la campagne, la nuit. Se faire accompagner si l'on est très impressionnable.

LES REVENANTS

Pourquoi les revenants font-ils toujours peur ? Parce que le sens commun nous souffle que les âmes mortes qui se manifestent en claudiquant sur le plancher des greniers, en claquant les volets, en faisant grincer les escaliers ou en déplaçant les meubles, viennent mendier l'apaisement de leurs souffrances.

Ayant quitté le monde des vivants dans des conditions tragiques et révoltantes, ils cherchent réparation, justice, consolation, absolution s'ils ont du sang sur les mains. Le fantôme revient sur les lieux du crime, de l'amour trahi, au berceau de la famille vendu à des étrangers, sur une terre violée.

Il existe aussi des êtres fantastiques dont l'âme collective d'un peuple attend le retour cyclique, ainsi le Golem, en Europe centrale.

De tous les revenants, les plus spectaculaires sont les vampires qui sortent de leurs sépultures à minuit et n'y reviennent qu'au chant du coq.

Il est des cimetières célèbres pour ces phénomènes et de nombreuses maisons hantées. Celles-ci, qui ne sont pas obligatoirement des châteaux écossais, mais des demeures bourgeoises de divers pays, affichent souvent la pancarte « à louer ».

Les âmes errantes, les âmes inquiètes. Qui sont-elles ? Pourquoi les défunts courent la nuit ? Ne trouvent-ils pas le repos ?

L'expérience des peuples qui n'ont pas occulté la mort dans leur société, qui la regardent en face et honorent leurs ancêtres, est éclairante.

Les « revenants » rôdent lorsque les vivants ont oublié de les accompagner dans leur dernier voyage, d'accomplir les rites de passage, lorsqu'une faute a été commise dans la liturgie

Le comte et le chat noir

Un certain comte de Combourg, à la jambe de bois, raconte Chateaubriand dans ses Mémoires d'Outre-Tombe, mort depuis trois siècles, apparaissait à certaines époques. Sa jambe de bois se promenait aussi quelquefois seule avec un chat noir.

Quand on regarde se refléter dans les eaux sombres de l'étang les tours massives du château de Combourg, on comprend les frayeurs du petit René de Chateaubriand, lorsque enfermé à l'intérieur de cette forteresse, il croyait entendre le martèlement d'un pilon dans les combles et les escaliers.

La jambe de bois ne semble plus se balader comme le balai de la sorcière. Le corps desséché du chat a été retrouvé dans les maçonneries du XIV siècle, comme s'il avait été emmuré. Sa « momie » est exposée aux visiteurs dans une salle du château.*

funéraire : prières expédiées, incantations tronquées, sépulture provisoire ou de fortune, cérémonies incomplètes ou faussées, culpabilisation collective du clan et de la famille. Un crime impuni et inavoué : le mort expie. Au contraire, un innocent condamné par erreur judiciaire, attend sa réhabilitation.

Les croyances des celtes en la possibilité que l'être humain, après trépas, puisse prendre les apparences les plus variées et en l'existence d'une frontière très ouverte entre le monde des vivants et celui des morts, ont contribué à matérialiser les revenants.

En Ecosse, Irlande, île de Man, Pays de Galles, Cornouailles britanniques, et jusqu'en Bretagne circulent toute une variété d'êtres fantomatiques.

L'ANKOU

Le trépas est considéré en Bretagne comme la rencontre avec un personnage surnaturel, connu dans tout le pays sous le nom d'ankou. On le représente sous l'aspect d'un squelette tenant une faux et les récits qui parlent de lui le voilent souvent d'un suaire. Il circule la nuit dans les chemins creux sur un chariot dont les essieux grincent : ce funèbre convoi est le terrifiant *karrig an ankou*, le char de l'ankou que personne n'a jamais vu sans perdre la vie sur le champ. Il est représenté notamment à Ploudiry, Brasparts, Saint-Théogonnec.

Dans certaines régions du littoral, une embarcation, le *baz noz,* bateau de nuit, le remplace. Le capitaine en est le premier mort de l'année, le plus jeune ou le plus âgé. Il joue le rôle d'un intersigne accordé à celui qui en a la vision : c'est une annonce de mort prochaine.

L'Ankou emporte dans l'au-delà ceux dont l'heure ultime est arrivée. Il existe des moyens d'entrer en relation avec l'Ankou et de connaître de lui le jour et l'heure de sa mort. Ces moyens, intersignes annonciateurs de trépas, sont parfois évidents (une mère voit en rêve le naufrage où périt son fils). Certains sont des présages, comme le vol d'un corbeau ou la façon dont la fumée s'échappe d'une cheminée.

La familiarité avec l'Ankou s'est manifestée par la construction des ossuaires. Ces ossuaires sont de véritables temples des défunts où les paroissiens venaient méditer et prier devant le crâne de leurs ancêtres.

De l'Ankou dépendent les « Aanons », âmes trépassées, âmes errantes pour qui les bretons prient avec ferveur. C'est dans un univers glacial de pluie, d'eaux, de brouillard que sont plongés les aanons. Les marais, les gorges encaissées, les rochers tortueux sont les lieux les plus fréquentés par les âmes des disparus.

LA PRATIQUE

Dans la région de Brennilis a lieu la rencontre avec certains aanons féminins, « les lavandières de la nuit », est presque toujours fatale ; elles viennent dans les lavoirs de ce monde faire la lessive des suaires. Elles courent vers les humains, les assaillent et leur demandent de les aider. Il faut bien se garder de rincer leur lessive ou veiller à tordre leurs draps à l'envers, en tournant dans le même sens que les funestes messagères, sinon, le sang du maladroit s'en écoulerait et il tomberait mort, saigné à blanc et les mains brisées par la poigne de fer des lavandières... Sans cette précaution, on ne quitterait pas vivant le lavoir de la mort.

Par les chemins du marais, passent souvent aussi l'homme noir et son chien, qui présagent la tempête et le déchaînement des forces surnaturelles sur les portes de l'enfer. On entend alors les âmes dans le vent et la nature entière exprimer leurs plaintes. Il faut dire un Pater ou se signer pour hâter leur délivrance.

Ceux qui les ont amenées ici, ce sont les hommes blancs, les pourvoyeurs du monde d'en-bas. Ces conducteurs d'âmes peuvent se voir partout où un homme agonise. Mais on les rencontre le plus souvent sur les chemins écartés. Ils tiennent d'une main un sac, jeté sur leurs épaules : c'est là qu'ils mettent les âmes impures que leur ange gardien n'a pu emporter avec lui ; enfin, ils convergent vers le marais pour y vider leur fardeau : des malheureux, des siècles durant, erreront entre les roseaux et les arbres sur l'eau glauque de l'Ellez.

Aux environs de la Meilleraye de Bretagne, vous risquez de tomber entre les griffes de la bête de Béré qui hante les abords du dolmen des Perrons ou pierre des Gaulois dès le crépuscule. Personne n'a survécu à son apparition, c'est pourquoi on l'appelle encore «Pierre criminelle».

De nombreux lieux sont réputés hantés par des fantômes : à Huelgoat (aux chaudeaux du gouffre), à Langon sur la lande du moulin, à Plourin, à Pont-Aven au chaudeaux de Rusthephan, à Saint-Joachim dans les marécages, au Val-sans-Retour, dans la forêt de Paimpont, dite de Brocéliande, quand la fée y enchaînait ses amants.

S'ils n'apparaissent pas dans une forme visible, les manifestations des revenants sont sonores : plaintes dans le vent, gémissements, bruits de pas, grincements de portes et battements de volets, craquements de marches d'escalier, chutes d'objets, lumières. Il est des revenants très actifs, répétant le même geste.

En Ille-et-Vilaine, au petit village de Coglès, une tombe est adossée au mur du clocher de la vieille église. On dit que repose là le prêtre qui, longtemps après sa mort, persistait à célébrer à minuit, dans l'obscurité de l'église, une messe mortuaire jamais achevée. Il ne fut délivré de sa peine que par le courage d'un sacristain qui eut la force d'assister à l'office du religieux fantôme et d'en dire les réponses.

Des chapelles romanes, dans le Finistère, près de Menez Hom, s'illuminent certaines nuits mystérieusement. L'assistance viendrait du pays gaélique. On sait que des moines irlandais ont traversé la Manche pour christianiser la Bretagne. Leurs âmes mortes reviendraient prier pour ceux qui désertent aujourd'hui les sanctuaires.

LA PRATIQUE

Comment déliver un revenant ?
En Bretagne encore, les revenants peuvent être des pénitents qui expient outre-tombe un délit commis de leur vivant.

Ainsi, celui qui a déplacé une borne est condamné à la porter dans ses bras, sur son épaule ou sur sa tête jusqu'à ce qu'il l'ait remise en place.

Le cri qu'il pousse : « où la mettrai-je », indique qu'il ne peut plus retrouver l'endroit d'où il l'avait frauduleusement enlevée. Il passe et repasse auprès sans le reconnaître.

Sa pénitence s'est terminée lorsqu'un chrétien lui a répondu : « mets-la où tu l'as prise ».

Au XIe et au XIIIe siècles, d'importants établissements furent implantés par les Templiers. D'aucuns se seraient dévoyés. Ils ont laissé le souvenir sinistre de moines rouges coupables de crimes et de divers attentats dans certaines régions, on croit qu'ils reviennent la nuit et qu'ils portent malheur à qui les rencontre.

L'errance posthume s'accompagne parfois de la métamorphose de l'être humain sous une forme animale, comme un chien noir qui hurle à la mort ou un cheval blanc qui hennit derrière les haies.

Au pays gallo, on contait à la veillée que des nains morts

de vieilllesse pouvaient réapparaître sous les traits d'un enfant de neuf mois, comme pour recommencer une vie de croissance normale.

À Bessans, village de Haute-Maurienne, où se perpétue la tradition de sculptures sur bois de diables grimaçants et fourchus, un emplacement est réservé dans le cimetière attenant à l'église, à des tombes d'enfants morts en bas âge. Elles sont ornées d'edelweiss. On a longtemps répété aux parents inconsolables que leurs petits « prématurément rappelés à Dieu avaient rejoint le choeur des anges ».

Les enfants des limbes

Les deuils d'innocents génèrent des angoisses peu angéliques. Comme cette croyance persistante, notamment dans le centre de la France. Les enfants qui n'ont pas été baptisés, sortent chaque nuit des limbes et reviennent sur terre en attendant pour entrer en paradis qu'un passant veuille bien leur servir de parrain et les baptiser.

On raconte qu'un vigneron du Puy-de-Dôme parti de bonne heure pour aller à sa vigne, se vit un peu avant le lever du soleil entouré d'une multitude d'enfants tout habillés de blanc encore plus petits que des nouveaux-nés qui se pressaient autour de lui en criant : « Ce n'est pas ton parrain, c'est le mien ! »

Le vigneron comprit ce qu'ils voulaient. Il prit de l'eau dans un ruisseau qui coulait près de là et les aspergea en disant : « Je suis votre parrain à tous, mes enfants ».

Après ces paroles, ils disparurent tous en criant : « Grand Merci, Parrain ».

LES FANTOMES MARINS

Au Sud-Ouest de Loaven, dans la baie d'enfer de Plougrescant, les nuits de tempête dans les rafales de vent, on perçoit les hurlements des âmes maudites ; elles s'agrippent aux embarcations et les font chavirer.

À la Pointe-du-Raz, les traditions locales ont toujours considéré ce lieu comme un point de passage entre notre monde et un mystérieux continent. Dans cette baie des trépassés (*bae* en *aanon*), où les courants marins ramènent souvent les corps des noyés, les Bretons situent volontiers le départ pour l'au-delà.

On raconte que tous les 2 novembre, les noyés viennent ici pour se réunir à la recherche de ceux qu'ils aimaient sur terre. On voit ce jour-là leurs âmes s'élever sur le sommet de chaque vague et courir à la lame comme une écume blanchâtre et fugitive. Vous pourrez entendre à cette époque le murmure de leurs voix, signez-vous alors et récitez un *De profundis*. Depuis l'époque celte, ces jours du début de novembre sont consacrés aux trépassés.

Dans tout le cap Sizun, on peut rencontrer des êtres fantomatiques parcourant les solitudes de la terre et de la mer : ce sont tantôt des feux sur l'Océan, tantôt des crieurs *krieren*, qui s'avancent en file par sept, à la surface tourmentée des vagues, tantôt des aanons plus pacifiques qui vont simplement en longues processions prier aux chapelles des vivants.

On préparait dans certains endroits, il y a une cinquantaine d'années, le repas des âmes pour ces aanons.

Le petit bonhomme rouge des Tuileries

Dès le début de la construction du palais des Tuileries, en 1564, par Philibert Delorme, la présence d'un petit homme vêtu de rouge est signalée, se promenant soir et matin à travers salons, salles et couloirs.

Il explore, surveille et dévisage du haut de sa petite taille ceux qu'il croise sur son passage. Dès qu'on l'approche, dès qu'on le hèle, dans un rire il disparaît. Certains ont voulu y voir Jean l'écorcheur, boucher célèbre qui se déplaçait librement dans le château royal.

Catherine de Médicis crut qu'il « savait des choses » pour les avoir entendues en allant et venant dans les coulisses du pouvoir. Elle décida de le rendre muet. Ceci ne fut pas chose facile. À moitié mort, il se serait relevé et aurait crié : « Je reviendrai, je reviendrai ! ».

La rumeur légendaire raconte que quelques jours après la disparition de Jean l'écorcheur, le mage Cosimo Ruggieri que consultait fréquemment la reine eut une vision terrifiante : il vit de nombreux corps ensanglantés, annonce de la Saint-Barthélemy. Au milieu des cadavres ensanglantés flottait comme une vapeur légère.

La reine, prise d'une grande peur, aurait quitté la salle en hâte pour courir se réfugier dans sa chambre. La porte refermée, elle éprouva un étrange malaise, la vapeur rouge l'avait suivie. Elle était là en face d'elle, prit forme humaine et se transforma en un spectre de petite taille. Catherine hurla : « L'homme rouge, l'homme rouge ! ». celui-ci redevint vapeur et s'effaça.

Le petit homme rouge revint souvent au cours des temps hanter les Tuileries et reviendrait encore sous la forme d'un petit fantôme clopinant. Il se montra à ses hôtes les plus illustres, marqués par le destin.

Il apparut aux moments les plus tragiques de l'histoire, annonçant des catastrophes imminentes. Napoléon l'aurait aperçu faire trois fois le tour du champ de bataille. Il aurait assisté au décès de Louis XVIII.

LES CHATEAUX HANTES

• Château de Combourg (voir plus haut) : le comte unijambiste.

• Château de Montfort (Ille-et-Vilaine) : une jeune fille transformée en oiseau. Au XVe siècle, le seigneur du lieu fit enlever une belle fille et l'enferma dans ses tours. La prisonnière pria saint Nicolas. Transformée en cane, elle s'envola par la fenêtre. Chaque année, le jour anniversaire du miracle, le volatile entrait dans l'église, voletait autour de la statue de son saint tutélaire et regagnait l'étang voisin en laissant sur l'autel en offrande l'un de ses petits. L'oiseau ne se manifeste plus depuis la fin du XVIIe siècle.

• Château de Fretay (Ille-et-Vilaine) : le forgeron diabolique.
Le seigneur, versé dans la sorcellerie, entretenait une forge où un fer était chauffé au rouge en permanence. Il utilisait cet instrument de supplice pour percer la langue des charretiers qui juraient en gravissant la côte conduisant au château. Sur la fin de ses jours, le seigneur avait condamné son fils à mourir au fond d'une oubliette pour le punir d'un grave forfait. Mais au moment où il allait le précipiter dans le vide, le jeune homme se plaqua contre la muraille et le vieillard, emporté par son élan, disparut à tout jamais. Les ruines cachent aujourd'hui l'entrée des oubliettes. Mais on raconte que l'âme du chatelain remonte régulièrement à la surface.

• Château de Gannes : les ruines du château ont été englouties dans un étang, lors d'une nuit de Noël, dans les eaux noires de l'étang de Chevré, alors que le maître de maison proférait des blasphèmes.

• Château (voisin) du Plessis-Piellet : le seigneur qui a vendu son âme à Méphisto, revient parfois sur un cheval de l'enfer.
Au moment de la messe de minuit, paraîssant provenir du lac, des rires sardoniques, des cris stridents et une musique folle se font entendre des invités.

• Château de Puymartin, dans le Périgord : où apparaît le spectre de la « Dame blanche ». Le comte Henri de Mouthon dit être convaincu que la forme vêtue de blanc qu'il a lui-même vue, est celle de la châtelaine qui vivait en ces lieux au XVIe siècle.

LES MAISONS HANTEES

Sous ce vocable populaire se mêlent toutes sortes de phénomènes paranormaux. Ils sont dans la plupart des cas des
manifestations d'un esprit frappeur et destructeur, la répéti-
tion de désordres inexpliqués, rarement les apparitions de leur
auteur. Les résidents qui déclarent ces faits aux voisins et à la
police, les imputent à une présence inconnue.

L'on a observé que plus les dégâts sont spectaculaires,
moins l'agent mystérieux est visible à l'œil nu. Les parapsycho-
logues qui racontent et étudient ces phénomènes désignent
ces maisons comme des lieux où se manifeste un
« poltergeist » (Adresses : Institut pour les zones frontières de
la psychologie et de l'hygiène mentale, à Friburg, en Forêt
Noire, IMI, Institut de Métapsychique International, à Paris
1, place Wagram 75017).

Deux écoles entretiennent la controverse : l'une défend la
thèse spirite, l'autre psychokinésique. Les phénomènes
seraient dus à l'effet PK (de psychokinésie). Celui-ci serait
indissociable de la victime principale. Le PK est fondé sur le
principe d'une interactivité inconsciente entre l'agent de la
hantise et les manifestations extérieures à lui et dont il se
plaint.

Le phénomène n'en resterait pas moins, pour les tenants
de cette thèse, paranormal, mais les spirites campent sur leur
conviction d'une transcommunication. Pour eux, la source du
poltergeist est de l'au-delà.

Dans bien des cas, plus que hantées, ces maisons sont
maudites comme si un mauvais sort persécutait les habitants
successifs, en termes plus techniques, comme si une contami-
nation, une irradiation, des émanations nocives rendaient ces
lieux mortifères.

LA PRATIQUE

Maisons maudites célèbres :
• Palais Dario, Grand Canal à Venise (suicides en série),
racheté par Woody Allen, qui en sera peut-être l'exorciste.

• Villa de Landru, à Gambais.

• Ancienne commanderie des Templiers, restaurée à Montfort-sur-Argens (Var) ; une de ses tours est pleine de cadavres d'oiseaux.

• Maison des Anglais, à Marcilhac, près de Lamothe-Fénelon ; le séjour dans cette demeure, qui date de l'occupation anglaise en Guyenne lors de la guerre de Cent ans, porte malheur.

Il est des maisons à morts violentes (pendus : tour de Montlhéry, Essonne) et à morts lentes (anémies et cancers : un taux anormal de tumeurs malignes a été relevé dans plusieurs maisons d'une même rue du Havre).

Il est important de noter que les visiteurs des maisons hantées ou maudites qui se portent témoins y ont pénétré avec un impact émotionnel particulier. Ils ont été marqués déjà par des faits antérieurs. Un adulte à qui, au cours de son enfance, sa marraine — nous avons connu ce cas — a raconté qu'elle avait failli être écrasée par une armoire bretonne se déplaçant toute seule dans une pièce où on ne voulait faire tourner que le guéridon, sera plus réceptif à des histoires de maisons « sanctueuses », selon l'expression d'un spirite.

LA PRATIQUE

L'esclave noire et le soldat de la guerre de Sécession
« Le fantôme vous a-t-il réveillé ? » C'est la question que la maîtresse de logis pose à ses nouveaux hôtes quand ils descendent à la salle à manger. France Kermeen, 42 ans, est propriétaire des Myrtles, une maison de plantations de Louisiane, de style victorien.

À proximité de la frontière avec l'Etat du Mississipi, au milieu d'un parc bordé d'une haie de myrtes roses et d'une chênaie de 91 arbres centenaires, agrémenté d'un joli étang éclairé la nuit, d'un petit pont de bois et d'une gloriette enveloppée de rideaux de tulle qui frissonnent au vent, les Myrtles sont hantées par un fantôme du siècle dernier. Celui d'une belle esclave noire qui a empoisonné la femme du maître et ses enfants.

Elle revient périodiquement et frappe au petit jour à la porte d'une des suites occupées par des hôtes payants. Si on lui ouvre, elle demande à « faire la chambre ».

La propriété cache un autre revenant, une gouvernante surnommée « la belle Française », qui se mêle parfois aux groupes de visiteurs et disparaît derrière les buissons de myrtes. Un soldat de la guerre de Sécession rejoint aussi de temps en temps le bal des âmes errantes.

L'hôtesse organise des « week-ends mystère ». Les simples invités revêtent crinolines et jaquettes. Après le dîner, entre le fumoir et le salon, l'un des convives disparaît. Il joue le mort. Les autres le recherchent dans les pièces vides et le jardin, sollicitant les revenants de se mêler à la partie.

Adresse : Les Myrtles. Paroisse West Feliciana, Etat de Louisiane, USA.

La mémoire des murs
Les maisons à mauvais sort ont fait l'objet d'études comparatives. Dans chacune, à l'origine, une affaire dramatique. Dernière hypothèse « moderniste » : les lieux enregistreraient et projeteraient des ondes négatives des hôtes antérieurs. Le poltergeist ne serait pas un *revenant*, mais un *restant*. Il y aurait un phénomène de kinésie persistante.

Une image frappante pour résumer : la « mémoire des murs » émettrait des énergies. Une nouvelle appellation parascientifique de ce que l'on nommait autrefois l'esprit des lieux.

Inutile de sonder l'intérieur des murs. Ce qui se manifeste n'est pas à l'échelle du visible.

LE RETOURNEMENT DES MORTS

Dans les cités médiévales françaises, les morts reposent dans les enclos paroissiaux.

Le linceul du revenant.

À Vitré (Ille-et-Vilaine), la vieille tour de l'église Saint-Martin est entourée de tombes. On conte encore une histoire de suaire. À minuit, un cortège funéraire parcourait le petit cimetière. Il était suivi par un homme nu au masque douloureux.

Les habitants n'osaient plus venir prier pour leurs chers disparus dans l'enclos.

La fille du fossoyeur demanda à son confesseur ce qu'elle pouvait faire pour cette âme en peine.
— Cet homme souffre, et les gens ont peur.
— Il a peut-être été jeté nu dans une fosse commune. Il est mort sans sépulture chrétienne.

Le prêtre conseilla à sa charitable paroissienne de déposer sur le passage du cortège nocturne un linceul.
— N'en dites mot à personne !

L'offrande fut étalée entre les tombes, sur le trajet de l'homme nu.
Les apparitions cessèrent.

Malheureusement, la fille du fossoyeur rompit son vœu de silence. Elle confia son secret à une lavandière du village. Le lendemain, son père retrouva le suaire qu'elle avait donné au mort, dans l'allée même où elle l'avait déposé.

Un an plus tard, il creusa la tombe de sa fille, et elle fut inhumée dans le linceul du revenant.

Voiler les défunts, leur réserver un drap pour leur ultime voyage : inutile de faire la leçon aux Africains. Ils donnent l'exemple, ils savent ce qu'il en coûte de négliger la sépulture du mort.

Cette histoire de Bretagne nous rapproche a contrario du grand rite de retournement des morts tel qu'on peut l'observer de nos jours à Madagascar.

Parvenus à l'âge adulte, chefs de famille, les Malgaches des hauts plateaux, les Merina, ne dormiraient pas la nuit s'ils ne s'échinaient pas dans les champs pour acquérir leur futur linceul.

En Irlande catholique, on se saignait pour la robe de communion de la petite, comme en Auvergne pour le voile de la mariée. Au cœur de la Grande Île de l'océan Indien, on épargne pour son suaire. Nul n'oserait porter en terre son parent défunt sans l'envelopper dans son drap perpétuel.

Trois ans après l'inhumation, le temps que le « mort humide » soit devenu le « mort sec », on déterre le squelette, on danse avec le mort et on le transporte à la maison où on l'honore avant de le replacer dans sa tombe, habillé d'un drap neuf, le « lamba mena » son second linceul. Le retournement « famadikana » garantit le repos du mort et l'apaisement des survivants.

Un rite particulier est réservé à l'enfant mort transféré au tombeau de ses ancêtres. La veille, un verre de rhum est versé sur la tombe provisoire et on récite cette prière : « M'entends-tu ? Tu n'as plus le droit de vagabonder. Sois ici demain, nous viendrons te chercher. » Entre deux « retournements », les Merina n'omettent pas d'arroser la tombe de l'ancêtre. Nourrir le défunt est un devoir sacré.

À l'île Maurice, les créoles, le Jour des Morts (lendemain de la Toussaint), préparent le plat préféré du défunt accompagné d'un p'tit rhum.

VAUDOU ET MACUMBA

Le coq est un animal tutélaire dans toutes les religions occidentales. Il est à la croisée du christianisme et de l'animisme dans les Caraïbes. Dans le monde méditérranéen, le sang sacrificiel est versé de l'agneau. Puis symbolisé par le vin de la vigne. Dans le monde antillais, le coq est animal de sacrifice purificateur et salvateur.

Le Vaudou haïtien, comme la Macumba, sa version brésilienne, réunit tous ces thèmes dans la même cérémonie, en y ajoutant la transe africaine qui permet d'abandonner tout son corps qui danse, à la possession divine. Marie et les saints du calendrier des missionnaires sont conviés à cette fête, afin qu'elle ne soit pas que païenne.

Même si les préparatifs et le rituel peuvent sembler au non-initié relever de la magie noire, le culte du vaudou n'est pas coupé des religions de l'humanité. Il leur est apparenté par le rôle des offrandes (de nourriture, en particulier) et la fonction thérapique (exorcisme collectif) qui dépasse le niveau de l'envoûtement maléfique. Les grandes prêtresses sont au service des adeptes. Ce ne sont pas des sorcières confisquant le culte à leur profit.

LES VAMPIRES

Au début du XVIIIe siècle, on commence à user du terme de vampire, d'origine slave, pour parler des revenants sortant de leur tombe pour sucer le sang des mortels et la regagnant à l'aube pour ne pas être dissous par la lumière du jour.

Buffon, le naturaliste, a donné ce nom à des chauves-souris suceuses de sang, animal maudit en raison de ses ailes membraneuses la faisant passer pour une créature du diable. Le premier interprète de Dracula, le mort-vivant des Carpates, portait une cape noire qui, déployée, évoquait la chauve-souris en vol. On a aussi désigné sous le nom de vampires, des malades nécrophiles.

Le cas pathologique qui se rapproche le plus du buveur de sang est celui de la comtesse Erzabat Bathory. Dans son château des Carpates, vers la fin du XVIe siècle, elle tenait captives des jeunes filles. Celles-ci dépérissaient, subissant des prélèvements de leur sang dont se délectait leur geôlière. Elle croyait que ce liquide préservait sa jeunesse et sa beauté. Il ne faut pas confondre le criminel sadique, tel Gilles de Rais ou le Voïvode de Valachie, surnommé à tort Dracula, avec le vampire, qui fait couler le sang mais ne le boit pas. Des étrangleurs et éventreurs ont été désignés comme « le Vampire de leur ville ». Vampire de Düsseldorf, vampire de Londres, vampire de Nuremberg.

Ces pervers sexuels ne méritent pas l'appellation. Les vampires sont d'un autre monde ou plutôt à la frontière. Ils ne sont pas un phénomène récent. Leur activité nocturne a été évoquée dès les temps anciens, en Mésopotamie. Ils seraient «venus» avec les Indos-Européens. Ils ont voyagé jusque dans l'océan Indien. À Madagascar, on les appelle « mpa kafo », voleurs de cœur et de sang.

La croyance aux vampires plonge ses racines dans notre inconscient au même titre que cette idée que les morts ne sont pas morts et vivent parmi les vivants.

Au XXe siècle, comme l'on croit moins à une existence après la mort, on assimile plus volontiers le vampire à une créature du Diable qui veut « pomper » la substance vitale d'un être humain sans défense et posséder cette personne. Pour

Michel Tournier, auteur du *Roi des Aulnes*, le photographe est une sorte de vampire.

Le cinéma entretient l'équivoque. Le comte Dracula est à la fois un vampire qui appartient au monde des fantômes, à la frontière de l'au-delà et un monstre de foire qui vampirise le spectateur. Celui-ci voudrait bien y croire et offre à l'acteur non pas son sang, mais sa soif d'épouvante. Le vampire serait-il une projection d'un fantasme de maître dominateur ? Ce qui entraîne cette question : du côté de la victime ou du prédateur ?

Le « buveur » de sang des autres serait dans la mort ce qu'il a été réellement ou virtuellement dans la vie. Une pulsion inassouvie d'une âme inquiète.

L'ogre est la version rose (innocente et perverse) de la peur d'être dévoré. Le vampire est l'ogre insidieux de la mort lente. Il rassemble autour de lui toutes les phobies qu'inspire le monde animal obscur et glauque des rampants et des grouillants : reptiles, araignées, rongeurs, rapaces nocturnes.

Une autre interprétation de l'existence des vampires : elle emprunte le langage psychiatrique. Le nécrophile — violeur de cadavres — aurait une prédisposition à être vampire outre-tombe, se trouvant placé dans la position inverse : il y a le retournement de la pulsion de Thanatos vers Eros. La succion étant jouissance plus que domination. Mais peut-être est-elle le goût même macabre du pouvoir sur l'autre.

Les temps où les vampires font parler d'eux sont des époques troublées, où les vivants n'ont plus que des rapports faussés avec leurs morts.

Le phénomène est lié aussi à une coupure entre le chef et le peuple. Le chef restant caché derrière les murs de son château et disposant d'un pouvoir absolu.

Il est aussi des morts vivants qui continuent à exercer leur empire. Au nom de Lénine, bien après son décès, on a pu continuer à rendre des peuples exsangues.

Le vampirisme social existe. On peut le rencontrer dans les pays de dictature. Dans le cas de Lénine, le culte a cependant subi une métamorphose (voir le Panthéon héroïque).

LE PANTHEON HEROÏQUE

LES IDOLES

« Laissez les morts ensevelir les morts ».

On pourrait croire que les nouvelles générations, depuis les sixties, ont appliqué à la lettre cette parole d'évangile et déserté les cimetières, laissant les personnes âgées fleurir les tombes.

Pour ses idoles, la jeunesse fait exception à la règle : elle bat les records de fréquentation des lieux de repos éternel, pour correspondre avec les chères vedettes disparues. Le culte outre-tombe est d'autant plus zélé que la star s'en est allée prématurément comme les héros romantiques. La lumière de ces étoiles défuntes, doit continuer à parvenir aux fans et groupies. Les admirateurs, en collectionnant les reliques, les badges, les affiches, les photos, en réécoutant leur voix, en revisionnant leurs images d'archives, en famille ou dans leurs chambres d'étudiants, les aident à vivre parmi nous les années qu'un destin injuste leur a interdit d'accomplir. Aux yeux de leurs fidèles, ils ont au moins le privilège de ne pas vieillir mal et de ne pas se flétrir davantage.

La vidéo est le nouveau Léthé qui conserve jeunes les morts célèbres. Edith Piaf pour les milords, Jim Morrisson pour les ados, sont au rendez-vous des pèlerins du Père-Lachaise.

À Ramatuelle, vingt ans après la mort de Gérard Philippe, des jeunes femmes fleurissaient sa tombe.

À Sète, fuguant de son caveau ordinaire, Georges Brassens vous accompagne de sa voix dans un espace qui porte son nom et vous offre un parcours balisé de sa vie.

Aux Etats-Unis, les filles s'évanouissent encore devant l'image du King et pour des millions d'Américains, la mort au volant c'est celle de James Dean.

BRASSENS VOUS PARLE...

Sur les premières pentes du Mont Saint-Claire, le cimetière marin de Sète a inspiré à un grand poète français qui eut droit à des obsèques nationales, l'une des plus belles méditations écrites sur la mort au XXe siècle. La vie palpite entre les tombes. Les visiteurs se pressent aux portes, gravissent les escaliers et reviennent bredouilles. Questionner le gardien.

— Où est la tombe ?
— Laquelle ?
— Celle de Georges Brassens.
— Vous n'avez pas vu la pancarte à l'entrée ?
La tombe de Georges Brassens est de l'autre côté de la route, dans l'autre cimetière.

Brassens, auteur de nombreuses chansons à la cocasserie macabre sur les croquemorts et sur son propre enterrement, repose plus bas, dans le cimetière des pauvres, comme le disait encore les vieux pêcheurs sétois.

Une tombe qu'il a voulu ordinaire et qui est si modeste que l'on peut passer devant sans la voir, tout en la cherchant. Si vous voulez lui faire plaisir et exaucer sa dernière volonté, allez-y gaiement et chantez sa *Supplique pour être enterré sur la plage de Sète* :
« La camarde qui ne m'a jamais pardonné
de lui avoir planté des fleurs
dans les trous de son nez. »

Après ce préambule, se rendre à l'Espace Brassens. Il vous fera faire la visite de son caveau sonore dont les fresques murales sont des panneaux de photographies et, pas à pas, écouteurs aux oreilles (alloués à l'entrée : c'est inclus dans le prix du billet), vous parcourerez le chemin de sa vie, chaleureux comme le feu de l'Auvergnat, malicieux comme sa camarde à la trogne fleurie, émouvant comme Jeanne, fidèle comme l'amitié de tous ses copains. Sa vie, qui fut la servante au grand cœur de son talent. Suivez sa mort joyeuse. Il vous dit « Je ». C'est sa voix enregistrée qui vous guide. Si vous revenez sur vos pas et repassez de l'époque de maturité à l'enfance, la bande revient en arrière, synchronisée avec chaque panneau du parcours. Brassens en voix d'outre-tombe vous semblera plus vivant que jamais.

LA PRATIQUE

Post-scriptum de la part de Brassens.

Si vous voulez aussi que Paul Valéry vous parle de la mort à sa manière : « le don de vivre a passé dans les fleurs », n'oubliez pas qu'il n'a pas de plaque tombale à son nom, mais celle où est gravée le nom de sa famille maternelle dont les ancêtres étaient génois : chercher Grassi.

Sur la stèle, des armoiries : livre d'or surmonté d'une étoile sur champ d'argent.

LES HEROS ROMANTIQUES :
LE CULTE

Ils ont disparu prématurément à l'aube de leur carrière ou ont été fauchés en pleine gloire.

Des années après leur mort, ils continuent de faire l'objet d'un véritable culte : adulés par les nouvelles générations aussi bien que par leurs contemporains, ce sont les nouveaux héros romantiques.

Des figures sur lesquelles le temps n'a pas de prise, qui n'en finissent pas de ressusciter.

JAMES DEAN (1931-1955)

Trois films : *À l'Est d'Eden* d'Elia Kazan (1952), *La Fureur de vivre* de Nicholas Ray (1955) et *Géant* de Georges Stevens (1956), ont suffi à asseoir sa réputation. Symbole d'une jeunesse en révolte, à la ville comme à l'écran, en trois ans, James Dean multiplie les provocations. Son obsession : rejoindre sa mère, morte à vingt-neuf ans. Mort en se rendant sur le circuit de Salinas, au volant d'une Porsche Spyder, James Dean laisse des chiffres fétiches à ses fans. 130, le dossard qui lui a été attribué pour la course qu'il n'a pu effectuer ; 41-466, le croisement des routes sur lesquelles il a trouvé la mort.

Le 8 octobre 1955, à Fairmont, dans l'Indiana, où il est inhumé, le pasteur donne le ton : « La carrière de James Dean ne fait que commencer. C'est Dieu, lui-même, qui dirige la production. » Drôle d'oraison funèbre qui trouve pourtant sa justification dans les années qui suivent.

Il faut dire que, vivant, James Dean a peaufiné sa légende. Dans son pavillon d'Hollywood, une corde avec un nœud coulant pend au plafond. Avec cet avertissement macabre, inscrit sur une pancarte : « Nous retournerons tous à la terre ». Pas un tournage qu'il n'assombrisse de quelques plaisanteries douteuses : simuler une pendaison sur le plateau de *Géant* ou poser dans un corbillard pour *Life*, à la sortie de *La Fureur de vivre*. En jouant ainsi avec la mort, il est devenu un symbole. On lui prête des pouvoirs de « passeur ». Figée pour l'éternité, sa jeunesse fait rêver. Quatre ans après l'accident mortel de Salinas, dix mille lettres d'amour continuent de s'entasser chaque jour devant son domicile. On lui dédie des films et des chansons, on construit des monuments à son effigie, on s'arrache ses souvenirs. « S'il a touché un de vos murs », écrit un fan à un de ses amis, « envoyez-moi le papier peint. S'il a tourné la poignée de votre porte, vendez-la moi. » Autant de grigris et de reliques pour ressusciter l'idole, si injustement fauchée à vingt-quatre ans, et dont certains « Deanphiles » se servent pour tenter de communiquer avec le disparu.

En 1990, trente-cinq ans après sa disparition, Jérôme Savary célèbre *La légende de Jimmy*. Tous les fans de Dean sont là. De quinze à cinquante-cinq ans...

GERARD PHILIPE (1922-1959)

Un météore au théâtre. En 1951, il intègre le Théâtre national populaire sous la houlette de Jean Vilar. Acteur romantique par excellence, il triomphe successivement dans *Le Cid, Le Prince de Hombourg, Lorenzaccio* avant de devenir une star au cinéma. Il tourne près de quarante films dont *La Beauté du Diable, Fanfan la Tulipe, Monsieur Ripois*, en quittant progressivement son image de jeune premier, au profit de rôles de plus en plus ambigus. Connu pour ses engagements pacifistes, il meurt, le 25 novembre 1959, d'un cancer. Il a trente-sept ans.

À Ramatuelle, où il est enterré, le cimetière croule de fleurs. On refoule les badauds. Massés devant les grilles, ils rendent un hommage silencieux à l'acteur mais, plus encore, à l'homme qui a si bien su symboliser l'espoir de l'après-guerre. Lui qui célébrait sans cesse l'éphémère, entre de plain-pied dans l'éternité.

Dans les cours de théâtre, on se dispute le rôle du prince de Hombourg, les emplois romantiques. Et dans les cours de récréations, on s'échange photographies et enregistrements radiophoniques.

Il hante les nuits des jeunes filles ; amour inaccessible, aussi évanescent dans la mort qu'il l'était dans la vie.

En France, il est le premier à avoir son fan club : en fait, une boîte aux lettres où l'on s'échange souvenirs, photos, courriers et... adresses de sosies.

À leurs débuts, Francis Huster puis Jean-Hugues Anglade font les frais de cet engouement : pour la génération des quinze-vingt ans, ils seront successivement la réincarnation de l'acteur adulé !

Les années passent, mais la légende a la peau dure. En 1989, les mêmes badauds, refoulés trente ans plus tôt à Ramatuelle, continuent de fleurir la tombe de l'acteur. Et de le pleurer. Leurs enfants sont à leurs côtés.

JIM MORRISON (1943-1971)

Débuts en fanfare en 1965 avec *Les Doors*, littéralement «Les Portes» : bien plus qu'un chanteur de rock, Jim Morrison revendique un statut de passeur, capable d'entraîner le public dans une autre dimension.

Cinq ans plus tard, excédé par la célébrité, il déclenche un scandale en s'exhibant nu sur scène. Morrison s'exile alors à Paris où il meurt le 3 juillet 1971, à l'âge de vingt-huit ans. Ses plus gros succès : *Riders on the Storm, Light my Fire* et *The End*, repris par Francis Coppola dans *Apocalypse Now*.

Suicide, crise cardiaque, overdose ? Vingt-quatre ans après sa disparition, on continue de s'interroger sur les circonstances de sa mort, au 17 de la rue Beautreillis, à Paris.

Comme James Dean, le chanteur des *Doors* a des accointances avec l'au-delà. Pas un concert qu'il ne débute sans affirmer ses pouvoirs : «*Abandonnez-vous. Venez à moi. Nous passons de l'autre côté. Je suis celui qui vous libèrera des faux dieux. Je peux arrêter la terre.*» Sur scène, on le baptise indifféremment « Eros » ou « Thanatos », « la vie », « la mort», « la peur ».

Morrison mort, ses fidèles continuent de croire en lui. Au point de venir faire régulièrement des messes noires sur sa tombe, au Père Lachaise. À quelques allées de la tombe de Piaf, systématiquement fleurie et couverte de lettres d'admirateurs fidèles, on prononce des formules cabalistiques comme on accomplirait un pèlerinage.

Mêmes les manifestations d'étudiants servent de prétexte aux provinciaux pour accomplir le fameux rituel, au risque de troubler la paix du cimetière.

Pour éviter ces dérapages nocturnes, la ville de Paris a dû investir des millions : de quoi surélever les murs d'enceinte et installer un système de vidéo-surveillance, directement relié à un poste de contrôle des parcs, situé au bois de Vincennes.

CLAUDE FRANÇOIS (1939-1978)

Enfance dorée en Egypte et premiers succès en 1961 avec *Belles, belles, belles* et une carrière en constante ascension jusqu'en 1978. Claude François apparaît sur scène avec ses célèbres « Claudettes » et affiche sa volonté de faire son métier à l'américaine. Cadences infernales, séances de yoga avant et après chaque spectacle, il vit à cent à l'heure !

Le 11 mars 1978, coup de théâtre : il meurt, électrocuté dans sa baignoire.

Un an après le King, le voilà, à son tour, devenu l'objet d'une véritable folie post-mortem. Créés dès 1965, aux quatre coins de la France, à l'époque de *Marche tout droit* et *Si j'avais un marteau*, ses fans clubs prennent les choses en mains et commencent par envahir le moulin qu'il habitait à Pannemois, dans l'Essonne.

Objectif : la chasse à la relique. Lambeaux de rideaux, poignées de porte, tout est bon pour célébrer « Clo-Clo » ou pour ... le monnayer.

Quand la grille du moulin est condamnée par les nouveaux propriétaires, les fans ne se découragent pas et se rendent chez leur idole à la nage.

Pour commémorer l'anniversaire de sa mort, on organise, chaque année, un pèlerinage de deux jours sur sa tombe. Plaques de marbre, billets doux, cartes de visite, statues de bronze, dix-sept ans après sa disparition, « Clo-Clo » continue de vivre : en septième position au box office des meilleures ventes de disques et plus que jamais présent dans le cœur de ses adorateurs.

« *Il me manquera toujours* «, dit Daniel Dionnet. « *Je suis croyante*, dit Josiane Guilbaud. *Venir me recueillir sur sa tombe m'aide à supporter sa disparition.* »

Ses « Claudettes », rebaptisées les « Claudinettes », continuent de faire école. Les plus connues : celles de Paris, Chartres et Egreville en Seine-et-Marne.

ELVIS PRESLEY (1935-1977)

En 1954, il enregistre *That's All Right Mama* dans un minuscule studio de Memphis : le rock and roll est né. En moins de trois ans, Elvis Aaron Presley, le môme deshérité du Tennessee, devient «Le King». Les succès s'empilent : *Baby, I Don't Care, Don't Leave Me Now, I Wanna Be Free, Treat Me Nice, Love Me Tender.* Presley n'impose pas seulement une musique mais un style. Coiffure, vêtements et mode de vie ; dès 1957, les teenagers adoptent le «look» Presley et les sosies du chanteur fleurissent sur les scènes du monde entier. Le 16 août 1977, le Baptist Memorial Hospital de Memphis enregistre un certain John Doe, retrouvé inanimé chez lui. Elvis Presley, qui se cache derrière ce pseudonyme, y succombe d'une crise cardiaque. Il a quarante-deux ans. Dix-huit ans plus tard, pourtant ses fans refusent toujours de croire à sa disparition. À Memphis, Tennessee, où le King a sa dernière demeure, les fidèles continuent d'affluer du monde entier pour faire revivre leur idole. Séances de tables tournantes (Elvis pratiquait le spiritisme quelques années avant sa mort), rencontres avec Lisa-Maria, sa fille, concerts-hommages. Pas une année sans qu'un ou une rocker n'affirme sa réapparition. Les sosies du chanteur sont signalés : on en dénombre plus de mille dans le monde.

Graceland, la propriété du King en pierre rose, juchée sur une colline résidentielle de Memphis, est un véritable lieu de pèlerinage. La maison est plus visitée aux Etats-Unis que la Maison Blanche. Dans la salle aux disques d'or, sont exposés comme reliques les costumes de scène et l'habit de mariage. La *Jungle Room*, tapissée de fourrure, est conservée dans l'état où elle était lors du dernier enregistrement réalisé par le King. Ses guitares invitent au contact vibratoire.

LA PRATIQUE

Où invoquer Elvis ?
Dans le parc, le jardin de méditation abrite la tombe d'Elvis, celles de sa mère, Gladys, et de son père. Les fans caressent les automobiles de la star avant d'aller invoquer le disparu sous le portique néoclassique. Elvis se concentrait entre ces colonnes. C'est, dit-on, le point de présence maximum.

LES PETITS PÈRES DU PEUPLE

Rares sont les hommes politiques idolâtrés et statufiés du temps de leur règne, et dont l'étoile ne ternit pas après leur mort. Il n'est guère que les artistes maudits pour avoir une gloire posthume.

Mais certains présidents fétiches, même si leurs victoires historiques ont été contestées post-mortem et leurs défauts mis en évidence par les jeunes ont fait l'objet de cultes spontanés, tel John Fiztgerald Kennedy, inhumé à Arlington après avoir eu droit à des obsèques nationales.

Les dépouilles embaumées des dictateurs, exposées dans des mausolées, ont vu défiler des millions de visiteurs. Mais ce culte-là était imposé par les héritiers. Les statues de commandeur de Lénine sur la Place Rouge et de Mao Zédong à Tiananmen, ont ainsi survécu des décennies pour des masses populaires en mal de Père.

Plus en service commandé, toute la classe politique française a fait sa dévotion à De Gaulle en prenant le chemin de Colombey-les-Deux-Eglises, pour l'anniversaire de l'Appel du 18 juin.

Depuis qu'ils ont cessé d'êtres « officiels », les cultes rendus aux petits pères du peuple ont perdu en idolâtrie pour regagner une certaine ferveur populaire. Descendus de leur piédestal, les héros nationaux ont pris la dimension de sages ou de maîtres, que l'on consulte secrètement ou dont on rêve de s'approprier les vertus. Le charisme tardif introduit en politique un zeste d'animisme social.

MAO ZEDONG

Au centre de la place Tiananmen, une stèle en granit de 38 mètres de haut, le «monument aux héros du peuple», porte sur sa façade cette inscription en lettres d'or : « Les héros sont immortels ». Elle représente une calligraphie de la main de Mao Zedong, qui la traça en mai 1959. Le credo s'applique au Grand Timonier de la révolution chinoise.

À proximité de l'obélisque, cet immortel repose dans un mausolée inauguré en septembre 1977. C'est la première fois qu'en Chine on embaume la dépouille d'un dirigeant du pays, la tradition voulant que les corps des maîtres fussent incinérés. Toutes les dispositions ont été prises pour que l'homme de *la Longue Marche* par delà la mort demeure présent parmi les vivants.

Le bâtiment dont le plan carré et la toiture monumentale évoquent les palais impériaux, est l'œuvre d'un concours national. Ouvriers, paysans, soldats, des intellectuels comme des manuels ont apporté une pierre à l'édifice soit par leur travail sur place soit par le versement d'une obole.

À l'entrée, une rangée de pins du Yunnan, province où il séjourna de longues années, projette un ombrage sur le sommeil du Maître chargé de continuer à veiller sur l'unité d'un monde sans cesse menacé.

Les gérontes qui tentent de gérer la lourde succession n'en finissent pas de vieillir. Mais il reste le gardien titulaire de la République. Une foule de pèlerins venue de toutes les provinces de Chine ne cesse de solliciter une « audience auprès du Timonier ». L'étranger peut-être admis un matin en sa présence en demandant l'autorisation nécessaire les mardis, jeudis et samedis. Le visiteur en attendant d'y accéder se prépare en se remémorant les phases de l'époque révolutionnaire représentée par des groupes sculptés.

Quand il est autorisé à pénétrer dans le hall, il découvre une grande statue en marbre blanc de Mao, assise dans une position de Bouddha devant laquelle sont organisées périodiquement des cérémonies. Dans la salle centrale repose dans un cercueil de cristal de cryolithe, le corps de l'Immortel recouvert d'un drapeau rouge. Le pèlerin, en avançant dans la file canalisée, médite en relisant les textes du *petit Livre rouge* gravês sur les murs. Mao est vêtu de gris, entouré de fleurs. Sur une paroi, se détachent ces mots : « Gloire éternelle au Grand Timonier, le président Mao ». Il est interdit de s'arrêter devant le cercueil. La foule progresse. La mort n'interrompt pas la Longue Marche.

Le sosie de Mao.

Pour les incrédules ou les amnésiques, un sosie du Maître prolonge dans la rue chinoise la légende vivante et reçoit les marques de respect dues à Mao Zedong, à charge pour lui de les lui transmettre.

Réincarnation ? Non, interprétation. Mais une interprétation d'acteurs qui vire à l'imitation selon Mao. Pour un Chinois sur deux, Mao est idole, superstar pour les autres, à tout le moins.

Le portrait de l'original est accroché partout, taxis, échoppes, étals de marché, maisons de huttongs. Mais un homme lui prête son corps. Gu Yue, ancien employé des studios cinématographiques de l'armée, est un double du président défunt.

Une réapparition. À quelques retouches près, deux bouts d'allumettes calés derrière les oreilles pour les décoller un tantinet, une verrue pastiche collée au menton, le cheveu bien plaqué en arrière.

L'astrologie vient en renfort placer le sosie physique sous le signe céleste de Mao. Il est né un 9 septembre, date de la mort du héros. À 10 ans, il a été recueilli comme enfant de troupe par l'armée révolutionnaire. Il s'est exercé à marcher et à saluer au ralenti.

Le cinéma nouvelle vague lui fait tourner un feuilleton-fleuve sur la vie du Timonier. Dans la rue, il ne cesse de signer des autographes en imitant la signature du Maître. Il invite à chanter l'hymne maoïste.

L'Orient est rouge pour que chaque petit Chinois entame bien sa journée laborieuse. Le besoin de croire que Mao tel qu'en lui-même enfin l'éternité le change, a rejoint la quiétude de Confucius et qu'il veille sur le bon ordre de l'Empire du Milieu.

LENINE

Au centre de la place Rouge, près de la muraille du Kremlin, devant des portes de bronze, toutes les heures, selon un riruel invariable qui dure exactement 2 minutes 45, les deux sentinelles qui montent la garde sont relevées. Au-dessus de l'entrée, sur un bloc de pierre noire se détachent en lettres de granit rouge le nom de Lénine.

La queue des visiteurs ne s'étire plus de la place Rouge jusqu'au jardin Alexandre, comme dans les années du règne du parti Communiste soviétique, mais il y a encore un délai d'attente pour avoir accès au mausolée.

Le monument massif actuel est revêtu de labrador gris et noir et surmonté d'une colonnade de granit, qui porte une dalle de porphyre rouge. Le toit a servi de tribune pour les dirigeants soviétiques, lors des parades militaires célébrant la révolution d'Octobre et la fête du Travail. Cette construction a remplacé un premier monument érigé en bois en 1930, six ans après la mort de Lénine, le 21 janvier 1924.

En 1953, Staline, embaumé, y prit place à la gauche de Lénine. Fin 1961, à l'issue du XXIIe congrès du P.C., le corps fut retiré et inhumé au pied des murs du Kremlin avec les autres chefs communistes.

Trois fois par semaine, de 10 h à 16 h, on peut descendre dans la chambre mortuaire réfrigérée, par un escalier de porphyre. De forme cubique, ce qui évoque le nombre d'or, symbole d'éternité, elle est tapissée de labrador noir coupé de pilastres en quartzite rouge.

Les visiteurs défilent devant le cercueil de verre où repose Lénine embaumé. Le cortège est prié de ne pas s'arrêter et le silence est de rigueur. La cage vitrée est éclairée d'une lumière crue. Le visage et les mains sont seuls visibles. La momie n'est sortie qu'une fois ; elle fut transférée pendant la Seconde Guerre mondiale à Konibychev, sur la Volga.

Dans la crypte est exposé avec le drapeau de l'Internationale communiste, l'étendard de la Commune de Paris, offert au P.C. de Russie en 1924, au lendemain de la mort de Lénine. Pour voir le visage du héros, il faut déposer à la consigne obligatoire appareils photos, sacs et mallettes, et se rendre dans la crypte tête nue, en tenue décente. Le pèlerinage au cœur du Panthéon révolutionnaire moscovite rassemble aujourd'hui aussi bien les nostalgiques de la dictature du prolétariat des lendemains qui chantent que de la vieille Russie et du rêve panslave.

Tel qu'en lui-même enfin l'éternité le change, Lénine est le tsar du petit peuple, il rejoint dans la mort Pierre le Grand et Ivan le Terrible.

Tyrannie oubliée, on idéalise à nouveau le despote éclairé. On absout les péchés du héros national pour n'en retenir que sa contribution à la puissance mythique de la Sainte Russie. Le culte posthume remodèle le message.

J.F. KENNEDY

Sur un terrain boisé et vallonné de 240 hectares, les tombes des héros de la nation américaine semblent se répartir un parcours de golf de rêve. De loin en loin, des touches blanches sur le gazon à perte de vue. Le cimetière d'Arlington s'étend face aux ministères de Washington sur l'autre rive du Potomac.

Au point le plus élevé de ce parc, se dresse comme une maquette de théâtre de Dionysos à Athènes, un monument de marbre où reposent les restes des soldats tués pendant les Première et Seconde Guerres mondiales. Devant, la garde monte et descend jour et nuit.

Sur un lit de pierres brûle une flamme perpétuelle : ici repose John Fitzgerald Kennedy, le président des Etats-Unis mort assassiné à Dallas en 1963.

Un mur blanc porte gravée cette phrase qu'il prononça dans sa campagne pour accéder à la Maison Blanche et qui fait encore rêver les Américains : « Ne demande pas ce que l'Amérique peut faire pour toi. Demande-toi plutôt ce que tu peux faire pour l'Amérique. »

La tombe si nue attire encore de nombreux « pèlerins », en dépit de la chute actuelle de la cote de popularité de la famille Kennedy, de l'éclipse de son auréole politique et de la révélation de certains aspects négatifs de son action ; ces visiteurs ont besoin d'entretenir le mythe du héros éternellement jeune qui un jour inventa la nouvelle frontière et s'associa au rêve de Martin Luther King sur une Amérique juste et fraternelle.

À Arlington, le visiteur se dépouille de la peur que lui inspire la dérive explosive de la société américaine actuelle.

DE GAULLE

La Croix de Lorraine, de 44 m de haut, domine la campagne, résignée aux horizons lointains et faisant reculer la ligne bleue des Vosges. Paysage historique décrit par son hôte illustre enterré près de l'église de Colombey-les-Deux-Eglises.

La maison de la Boisserie « ma demeure, mon amie », de l'aveu de Charles de Gaulle, est ouverte au public, tout au moins, les pièces du rez-de-chaussée. On visite la bibliothèque où le général mourut brusquement d'une rupture d'anévrisme le 9 novembre 1970, tel un chêne qu'on abat, et le bureau d'angle où il rédigea ses *Mémoires de Guerre.*

Chirac et Mitterrand à Colombey.

Au lendemain de sa prise de fonctions à l'Elysée, le premier acte présidentiel de Jacques Chirac fut de se rendre de bon matin, sans prévenir, au cimetière de Colombey pour s'incliner devant la tombe du général.

Démarche qui tient à la fois de l'allégeance et de la consultation posthume.

Ceux qui se réclament du gaullisme ne sont pas les seuls à faire ce pèlerinage matinal, hors des commémorations officielles.

Mêmes ses adversaires politiques viennent capter ses vertus, ses énergies.

Ainsi vint François Mitterand, interrogeant le Commandeur pour retremper la lame de ses déterminations et prendre leçon sur la meilleure façon pour un homme d'Etat d'entrer dans l'histoire de France.

Circonstance très particulière qui influe sur le culte posthume de l'homme de l'Appel du 18 juin : les obsèques nationales du général ont été, par sa dernière volonté, dissociées de l'inhumation dans la stricte intimité.

Elles se sont déroulées en deux lieux différents : tandis qu'à Colombey, on enterrait en famille le simple citoyen chrétien et priait pour son salut, en la cathédrale Notre-Dame-de-Paris, se célébrait une dramaturgie funéraire exceptionnelle : tous les chefs d'Etat du monde, rois, princes, présidents, étaient assemblés devant un catafalque vide.

Un requiem totalement désincarné, une veillée mondiale qui a fait entrer en vie mythique le grand homme et promis l'esprit du général à une présence persistante, non seulement dans la classe politique, mais dans les milieux populaires en manque de timonier, de sauveur, d'homme providentiel.

Sa mémoire est liée pour beaucoup au culte particulier de la France célébrée comme une personne.

Il en est devenu le saint patron laïc. Il est à la République ce que Jeanne d'Arc fut au Royaume.

LES CONSEILLERS POLITIQUES D'OUTRE-TOMBE

Mao, Lénine ont leurs mausolées comme des petits panthéons individuels. Kennedy et de Gaulle, à l'opposé, ont la tombe la plus discrète qui soit. Les deux premiers sont encore les plus présents dans l'inconscient collectif. Les deux derniers, en revanche, restent les plus consultés.

On sait que les hommes politiques ont besoin de recourir à des médiums. Mais ce n'est sans doute pas dans la trans-communication qu'ils correspondent le mieux avec ces aînés de référence. C'est en les citant à toute occasion et en les interrogeant comme ange conseiller.

« Qu'auriez-vous fait en telle circonstance ? »

Un ange que l'on vouvoie lors de consultations occultes.

TRANSCOMMUNICATIONS

L'EXPERIENCE DES UNS ECLAIRE LES AUTRES

Les revenants ne sont pas désirés. Ils perturbent ceux qui se trouvent sur leur passage, qui habitent leurs lieux de hantise. Les morts qui se manifestent le plus facilement ne sont pas ceux que l'on sollicite. Une chose est de croire en la présence des morts parmi nous, autre chose d'entrer en communication avec un proche disparu.

Un sondage récent révèle que 37 % des Français sont enclins à croire qu'ils peuvent communiquer avec les esprits des morts.

Dans un champ aussi insaisissable, il serait vain de prétendre aiguiller et conseiller les personnes qui gardent l'espoir secret de correspondre avec l'être dont ils n'acceptent pas la désintégration ni la sortie de l'orbite terrestre, **sans transmettre l'expérience des uns et des autres**.

Avant tout, il est indispensable de se reconnaître dans l'une des nombreuses situations de départ.

A CHACUN SELON SON DEUIL

LA PRATIQUE ▓▓▓▓▓▓▓▓▓▓▓▓▓▓▓▓▓▓▓▓▓▓▓▓▓▓

1. L'état de choc crée une réceptivité particulière, surtout dans ces cas d'arrachement où la douleur est vécue comme une amputation d'une part de soi-même, une perte d'équilibre :
• disparition précoce d'un enfant,
• accident imprévisible d'un adulte coupé dans son élan de vie,
• séparation par la mort d'un couple très uni,
• mort de son jumeau,
• perte d'un père dans des conditions difficiles à accepter,
• disparitions mystérieuses (navigateurs, explorateurs) sans trace des corps,
• destruction de l'intégrité physique par le feu, le souffle d'une explosion (exemple de volcanologues victimes d'une nuée ardente, et aussi d'enfants brûlés dans un incendie, de victimes d'attentat à la bombe...)

2. L'être cher se manifeste de lui-même :
• les signes de reconnaissance sont captés,
• ils ne le sont pas encore. Il y aura de nouvelles tentatives espacées dans le temps.

3. Celui qui porte le deuil prend l'initiative de la transcommunication :
• seul,
• en ayant recours à un médium

4. Le deuil est récent :
• le dialogue s'opère rarement dans l'état de choc, soit parce que la réaction est fusionnelle (la mort n'est qu'un mauvais rêve, on refuse la séparation), soit au contraire, parce que dans la douleur extrême, on croit la mort une rupture définitive. La transcommunication n'est possible que si l'on accepte la séparation corporelle. Un temps de silence est plus favorable.

Le deuil est ancien :
• un proche se manifeste après un long silence,
• un ancêtre établit le contact.

La charge émotionnelle, le degré d'intimité, voire de symbiose, sont déterminants quant au mode de contact et de décryptage. Les couples vivant comme des êtres complémentaires, à fortiori vivant la possession, ont plus de réceptivité pour se rejoindre au-delà de la séparation fatidique.

Lorsque la mort est inacceptable, la douleur de séparation intolérable, la probabilité d'établir une transrelation suivie avec le défunt est plus forte. L'échange se développera et se répétera grâce à l'écriture informatique sans intermédiaire, sans témoin.

L'enregistrement de la voix est particulièrement recherché quand on est tenu de faire son deuil d'un «porté disparu» (sans laisser de trace).

La transvidéo sera indiquée à ceux qui veulent reconstituer l'image d'un être cher, victime d'une désintégration physique.

Les séances de spiritisme s'adaptent bien à une recherche de groupe (plusieurs membres de la famille) en cas de perte de contact initial.

Le médium sera sollicité de préférence pour un deuil ancien ou pour une écoute d'appels et messages éventuels venus de l'au-delà (pour capter la voix d'un ancêtre. Celui-ci prenant parfois un relais en réveillant un agent plus proche, par exemple un de vos ascendants à deux ou trois générations).

QUAND LE MORT APPELLE...

Le choix de l'approche, l'entrée en contact, la réception, le mode d'échange écrit (en lettres), oral (en clair), sonore (en langage codé) ou visuel (ombres et lumières) est en général un choix « commun ».

Ce n'est pas le survivant qui opte seul par convenance personnelle et préférence forcément arbitraire.

Si vous êtes appelé d'au-delà, la méthode vous est proposée sinon imposée.

... QUAND LE SURVIVANT APPELLE...

À l'opposé, c'est vous qui cherchez le contact. Vous saisirez peut-être par « feeling » la bonne longueur d'onde. Sinon, vous essaierez d'autres modes d'approches.

Quoi qu'il en soit, il vous sera utile de connaître la gamme des techniques.

Message d'une fille décédée dans un accident de la route à son père :

« Dis-leur que nous sommes vivants. »

LES TECHNIQUES ET LES METHODES

L'ECRITURE AUTOMATIQUE

Dès l'apparition de l'écriture, l'écolier est astreint aux règles graphiques de la lisibilité. Très vite, après acquisition de ces bases, l'enfant exprime la « lettre » de sa sensibilité, traduit la forme graphologique de sa personnalité.

À l'âge adulte, il est difficile de contrefaire son écriture. Chaque individu est trahi par sa graphie, sa façon de tracer les corps de certaines lettres, en hauteur, en épaisseur, en alignement, de les lier et les espacer. L'écriture personnelle est acte de volonté, ascèse de la main obéissant aux ordres du cerveau.

André Breton et les surréalistes ont exalté l'écriture automatique : le poète brisant les chaînes du langage normal, rhétorique et libérant les forces inconscientes.

Dans la transcommunication, l'écriture automatique ne consiste pas à laisser le personnage de fiction vous dicter la suite du récit, prendre en main les opérations ou la muse vous révéler le chant d'Orphée.

Chez la romancière ou le poète, la pensée inspiratrice résulte d'un dédoublement de la personnalité de l'écrivain. Dans le sens spirite, le mode « automatique » vient de la position du scripteur qui laisse conduire sa main. Les impulsions sont données par l'écrit du messager de l'au-delà.

LA PRATIQUE

Comment transcrire la parole des morts ?

Position assise : le transmetteur ne doit pas serrer les genoux sous la tablette rabattante d'un petit secrétaire. Un guéridon, une petite table ronde lui laissera les jambes libres. Il doit relâcher ses membres et poser sur une feuille de papier en gardant juste le contact avec le papier, le poignet levé, la pointe d'une plume à encre grasse en légère suspension. L'attitude de l'écriture volontaire : poignet posé sur le plateau, doigts tenant ferme le stylo, est tout à fait contraire à la réussite de l'opération.

La personne qui prête sa main n'est que le scribe greffier de l'au-delà. Garant d'authenticité, l'expertise graphologique : si transcommunication il y eut, le type d'écriture est autre que celui de l'*écrivant*. On peut en comparant des lettres (la forme est la plupart du temps épistolaire) du vivant de la personne défunte avec ce qui a été capté et tracé après sa mort : la ressemblance est nette même si l'écriture est plus brouillée, plus maladroite, comme si le messager utilisait sa main gauche.

Les preuves écrites ont été publiées par des transmetteurs de ces messages émanant de parents proches, du no man's land du monde posthume dont on ignore la structure. Nuée périphérique, anneau satellisé, échelle des anges, purgatoire des catholiques, enveloppe du périsprit pour l'école spirite.

Il n'est pas nécessaire d'imaginer le « décor » pour communiquer. Jean Cocteau appelait ce lieu de l'invisible le voyage dans l'espace-temps.

Témoignages.

On ne parlera pas de records mais de « performances » troublantes : une mère a publié sept livres sous la dictée de son fils, un physicien décédé encore jeune. Certains textes véhiculent une culture scientifique incontestable. Belline, un voyant célèbre, a publié ses communications (difficiles) avec son fils en écriture automatique (E.A.). Une somme : « lettres de Pierre à P. Monnier » (7 volumes).

Il existe aussi une correspondance « automatique » avec des témoins du Christ posthumes : Maria Valtorta a reçu en italien par E.A. quinze mille pages de cahiers, parus en français, sous le titre : « L'Evangile tel qu'il m'a été révélé» (10 volumes).

Une histoire de naufrage.

Un des naufragés du Titanic, William Sted, a dicté le récit de son aventure à sa fille. Quinze jours après sa disparition, il entra en contact avec elle. De 1921 à 1922, il décrit les âmes de l'au-delà sur un Radeau de la Méduse, un naufrage plus effrayant que celui du Titanic et un long voyage vers un pays lumineux.

Une histoire de trésor (toujours en suspens).

Marguerite Labat, qui réside à Mauritius (île Maurice) témoigne d'une transcommunication en chaîne : sa mère et son frère morts tous deux l'ont mise en relations avec des corsaires du début du XVIIIᵉ siècle. Une odyssée révélée 276 années plus tard.

Ces correspondants de l'au-delà, décédés récemment, ont confié à Marguerite qu'ils avaient rencontré des âmes de marque, Louis de la Sansonnier et François de la Martignac, corsaires du Roi de France. Le frère de Marguerite apprit d'eux qu'ils avaient caché un trésor dans le sud de l'île Maurice.

Au cours de nombreuses communications, le marquis de la Sansonnier écrit un français « grand siècle ». Quant aux messages de la mère et du frère de Marguerite, la confrontation avec les lettres de leur vivant ne laisse pas de doute sur la ressemblance des deux écritures ante-mortem et post-mortem.

Le marquis de la Sansonnier affirme avoir pour mission de guider, d'aider et d'éclairer cette habitante de l'île Maurice afin que, par la suite, elle réussisse, par cette odyssée, à éclairer à son tour le monde des vivants. Il insiste en outre sur le fait que ce trésor lui sera donné afin qu'elle en emploie une large part pour « soulager les misères et venir en aide aux malheureux ».

Jusqu'à ce jour, les communications continuent, les fouilles ont lieu régulièrement et tout laisse supposer (selon Marguerite) que, grâce à ces messages reçus de l'au-delà, le trésor de la Sainte-Marie sera bientôt découvert...

L'ENREGISTREMENT DE LA VOIX

« Chers amis, vous entendez des voix : à vous d'en faire ce que vous jugez nécessaire ».

Au Luxembourg, le Cercle des Etudes sur la Transcommunication a capté ce message audiophonique de Constantin Raudive, décédé en 1974, expérimentateur pionnier dans le domaine des voix posthumes. Des milliers de voix ont été enregistrées. Entre 1964 et 1974, le Dr. Raudive, un psychologue letton, en a captées plus de 70 000, assisté d'un physicien suisse. La première fois, il a enregistré la voix de sa mère morte qui l'appelait : « Kosti... Kosti... ». Un précédent historique : le 12 juin 1959, Friedrich Jürgenson, producteur de cinéma suédois, avait branché un magnétophone près de sa maison pour enregistrer des chants d'oiseaux. En écoutant la bande, il perçoit une voix humaine lui parlant en norvégien du cri des rapaces nocturnes. Une émission de radio ? Non, un ornithologue défunt. Peu après, poursuivant ses enregistrements, il entend sa propre mère dont il était orphelin.

---

13 000 voix

À Montpellier, en 1979, Monique Simmonet a identifié, imprimée sur la bande de son magnétophone, la voix de son père. Depuis cet enregistrement, elle n'a cessé de capter des voix de l'au-delà. En 14 ans, 13 000 défunts lui ont fait entendre leur voix. Monique le fait à la demande de personnes qui ne se consolent pas d'un décès.

LA PRATIQUE

Comment enregistrer la voix des morts ?

Le mode opératoire est simple : laisser tourner un magnétophone ordinaire. La liaison directe sans intermédiaire est aléatoire. En cas d'échec, on s'adressera à un médium qui a une longue expérience de la captation phonique.

LA VIDEO DE L'AUTRE MONDE

Klaus Schreiber, le pionnier des images vidéo posthumes, a enregistré sur magnétoscope Louis II de Bavière, Curt Jürgens et Romy Schneider.

LA PRATIQUE

Comment filmer les morts ?

La technique exige une formation de technicien pour manipuler le magnétoscope (matériel : camescope et télévision).
• Diriger la caméra sur l'écran d'un récepteur TV.
• Relier le magnétoscope au téléviseur.
• Régler le téléviseur sur un canal libre ou sur une chaîne, la nuit après la fin des émissions quand la « neige» apparaît.

D'après les expérimentateurs, l'image qui se forme à partir d'un faisceau lumineux, est visible par fraction de secondes. Il faut savoir rechercher sur la bande vidéo ces courtes apparitions enregistrées en maniant très précisément et très patiemment l'arrêt sur image.

LES SEANCES DE SPIRITISME

La table est un objet mobile comme un autre. Elle est pratique pour une séance de groupe. Mais pour deux partenaires, un plat, une assiette, des verres peuvent suffire.

Le phénomène de la table tournante implique la présence d'une ou de plusieurs personnes actives à la puissance fluidique supérieure à la moyenne et entrant en synergie avec les autres pratiquants.

Elle suppose l'absence de réfractaires qui, par la forme même involontaire de leur influence négative, feront échouer l'expérience. Mieux vaut ne pas être plus de quatre ou cinq et utiliser une table légère. Plus on est nombreux, plus est fort le risque d'avoir un « boycotteur ».

Quand par la concentration commune le mouvement est impulsé, le contact des mains n'est plus nécessaire pour que la table se déplace. Elle ne se contente plus de tourner, elle se soulève et se pose sur un pied ou l'autre. Les objets posés sur son plateau y restent « collés ». La table frappeuse, par le nombre de coups convenus à l'avance avec l'esprit invoqué, répond par « oui » ou par « non » aux questions que posent les participants.

C'est un langage par coups frappés que les spirites appellent typtologie. La table peut ne plus se déplacer et en appliquant l'oreille contre le plateau on peut entendre résonner des frappements internes dans le bois.

Plus élaboré : on peut aussi correspondre par les lettres de l'alphabet selon une table de correspondance entre les lettres et le nombre de coups. Mais quel jeu de patience, demandent et le comptage et le décodage, pour construire les mots !

Les spirites distinguent les « esprits légers » qui s'amusent des questions frivoles, des « esprits sérieux » qui trouvent la communication par coups trop lente et abrègent leurs réponses.

LA PRATIQUE

Autre technique spirite : la corbeille à bec, une corbeille équipée d'une tige de bois inclinée comme un mât de beaupré. À l'extrémité de la tige, de 10 cm, on perce un trou et on y introduit un crayon assez long pour que sa pointe repose sur le papier. Si l'opérateur touche la corbeille, le système entre en mouvement et le crayon, si tout fonctionne, trace les mots en passant à la ligne comme un curseur. On peut utiliser aussi une planchette comme porte-crayon. Pour l'opération, il faut être deux.

LE RASSEMBLEMENT DES ESPRITS

Si vous voulez rencontrer le monde spirite (plus de deux millions d'adeptes en France), rendez-vous au Père-Lachaise le 1er avril, le jour de l'année le plus important pour les spirites français : les fidèles vont en ce jour anniversaire de sa mort fleurir la tombe d'Allan Kardec, maître vénéré (de son nom de baptême Léon Rival, 1804-1869).

Le monument qui lui est dressé en ce cimetière des célébrités, est le plus fleuri entre tous.

Les spirites se réfèrent à son catéchisme spirite : Le Livre des Esprits, publié en 1857 et comportant 1019 réponses, recueillies par l'auteur, à l'aide de médiums.

Il est le fondateur de la Société parisienne d'études spirites (1868).

LES MEDIUMS : QUI CONSULTER ?

Les expériences de transcommunication les plus exaltantes et peut-être probantes, s'accomplissent en solo, ou plutôt à deux. Elles exigent patience infinie, état de concentration et de grâce, super-sensibilité exercée. Être son propre médium n'est pas la chose du monde la mieux partagée, comme le bon sens.

La difficulté est accrue par le risque d'interférences. Il y a un « fading » spirite et spiritualiste entre les prières — appels des mystiques en oraison — et les messages extra-corporels et terrestres.

Une saturation analogue à l'encombrement du trafic aérien des célestes : les intercessions des saints en liste d'attente lorsque les anges sont surchargés d'appels et de contacts vibratoires, souvent en désynchronie avec les conjonctions zodiacales. Dieu, les dieux et les saints patrons ont les problèmes d'aiguilleurs du ciel.

LA PRATIQUE

Que faire en situation d'échec ?

Le recours à un médium est classique. Encore faut-il connaître les spécialités de ces médiateurs spirites fort peu « catholiques. »

• Les médiums naturels : ils le sont à leur insu et n'exercent leur pouvoir que fortuitement, à l'occasion d'une rencontre. Dans le cas du trésor des corsaires de l'île Maurice, le médium naturel qui a assisté Marguerite Labat, était une attachée de l'ambassade de la République helvétique à Port-Louis, capitale de Mauritius.

• Les médiums à faculté consciente. Faculté, pour les uns, de prendre en écriture automatique le message occulte, pour les autres le langage par raps (coups frappés), pour d'autres encore, le message phonique.

ONIRISME

LES REVES PREMONITOIRES ET LES VISIONS POSTHUMES

Nous ne retiendrons pas ici l'interprétation freudienne des rêves. En psychanalyse, les rêves sont d'autant plus signifiants qu'ils sont incompréhensibles, hermétiques. Ils nécessitent un décryptage.

Paradoxe fondamental, les rêves qui dépassent l'inconscient individuel et sont des immersions dans le monde de l'au-delà, se déroulent «en clair» : qu'il s'agissent de rêves prémonitoires, qui permettent de vivre à l'avance des scènes de mort ou de songes prolongeant des scènes inédites entre vous et un défunt. Ces réapparitions dans le sommeil impliquent que le deuil ne soit pas récent. Certes, gardons-nous de généraliser, nous nous introduisons dans le domaine de l'exceptionnel. Toujours est-il que les sociétés traditionnelles, en Afrique comme en Océanie, ont transmis cette croyance : les morts envoient des rêves.

Deux rêves prémonitoires

• *Celle qui vivait à l'avance les incendies. Dans une station savoyarde, un bel hôtel avec piscine au bord d'une piste de ski. La famille qui le gérait avait débuté modestement. Le premier bâtiment était une grande baraque en bois récupérée d'un chantier de barrage de l'EDF. La fille aînée de la maison avait rêvé que l'hôtel brûlait. Quinze jours plus tard, des flammes détruisaient l'établissement qu'il fallût reconstruire. Par la suite, la fille vit un chalet en feu... Elle le décrivit en songe à sa mère. Il y avait à la fenêtre une paysanne agitant ses mains. Celle-ci lui dit : « Mais c'est la maison de ton arrière-grand-mère qui est morte dans un incendie ». L'aïeule se manifesta un an plus tard dans le sommeil paradoxal de la jeune fille, sur les lieux d'un incendie, cette fois, chez les voisins de ses parents. L'incendie se déclara dans la semaine qui suivit. Les occupants prévenus, étaient sur leurs gardes. La vieille paysanne victime du feu alerta plusieurs fois son arrière-petite-fille qu'un sinistre aurait lieu à tel endroit. Elle tiendra ce rôle préventif jusqu'à ce que sa descendante parte à la ville pour entrer à l'université.*

• *Un accident de la route : c'est arrivé demain. Un V.R.P. était mort sur la route une nuit de brouillard. Son véhicule avait été écrasé entre deux poids lourds. Un an plus tard, sa filleule fait un rêve. Elle circule sur une autoroute vide. Son parrain lève les bras pour l'arrêter. Au-delà, une vision de cimetière de voitures. Deux jours plus tard, la fille devait prendre une autoroute pour rejoindre sa famille. Une panne de voiture l'en empêche. Le soir, elle écoute la radio. Sur le parcours qu'elle devait emprunter, un carambolage de 40 véhicules s'était produit à l'heure où elle aurait atteint ce tronçon si son auto avait été en état de marcher.*

Les rêves prémonitoires laissent supposer que les personnes qui les font ont une sensibilité de médium naturel.

Ils ont pour spécificité de pouvoir être racontés très précisément au réveil du dormeur. Mais la trame s'estompe en quelques heures comme une encre se dilue dans l'eau. Ils restent présents et diffusent une chaleur, une couleur, mais la mémoire immédiate en échappe au témoin unique, pourtant convaincu qu'il a enregistré le moindre détail.

On peut s'interroger sur les rêves où l'on voit défiler sa vie à une folle accélération de rembobinage. Ce peut être prémonitoire, l'imminence d'un danger mortel, d'un signe de confrontation prochaine avec la mort. Il ne s'agit pas pour autant de sa fin prochaine, mais d'une approche de l'au-delà, d'un expérience de passage.

Plus fréquents sont les rêves de vision posthume. Le dormeur assiste à des prolongations très structurées, très logiques de la vie d'un proche disparu. Dans ces songes, il n'a pas une part active et ne peut intervenir. Mais le défunt, lui, se comporte en affirmant les dominantes de sa personnalité.

Une vision posthume

Le fils n'a pas assisté à l'enterrement de son père.

Il perd sa mère vingt ans après, sans avoir pu être témoin de ses derniers instants. Elle a succombé à 92 ans au terme d'une journée éprouvante d'examens cliniques, que son fils estime avoir été inopportuns pour ne pas dires inutiles.

Il ne l'a revue que dans la chapelle ardente en rigidité cadavérique. Il ne rêve pas d'elle. Mais son père ressurgit.

Il le voit évoluer comme un vivant dans un espace-temps où lui, observateur, n'est ni enfant ni adulte.

RE-NAISSANCE

De nos jours, la mort est aussi sans domicile fixe. Elle est la mort clinique dans l'univers blanc et aseptisé de l'hôpital.

Les veillées funéraires n'ont guère plus lieu dans la chambre du défunt, les familles étant éclatées et dispersées géographiquement.

Les enfants ne voient plus, sauf exception, les visages du grand-père ou de la grand-mère allongés sur leur lit de mort, dans leur costume du dimanche.

Cette évacuation de la mort rend plus difficile de redonner vie au parent disparu en cultivant la mémoire privée et publique. Avant de suggérer comment éviter une telle déperdition, comment ne pas abandonner ses morts, il est utile de connaître les repères historiques du culte des ancêtres.

Les Romains respectaient et prenaient soin des âmes de leurs ancêtres : les ombres de leurs morts erraient aux abords de leurs habitations et visitaient les familles si leur image n'était pas placée dans un coin retiré de la maison, appelé le lieu des pénates, les génies domestiques qui, attachés à une famille, veillaient sur les descendants.

LE CULTE DES ANCETRES

Les Chinois, en phase avec Confucius, ont su conserver le culte des ancêtres. La tradition était de ménager son emplacement dans le logement, dans les maisons mandarinales, comme dans les habitations paysannes.

La révolution maoïste et les expériences de communes populaires ont ramené l'espace familial à son minimum vital. Les Chinois ont alors porté sur eux les pénates, mêmes s'ils étaient réduits à une photo. Ils n'oubliaient pas de la regarder à la dérobée, à la lueur pâle d'une lanterne, ou dans la rue, sous un lampadaire de l'éclairage public. À Hong Kong, où le métrage est compté, chaque foyer a son petit autel domestique.

Les hindouistes, très nombreux à l'île Maurice, ont dans l'enclos de leur maison en style créole, une petite niche privée abritant la statuette d'une divinité (Shiva, Khali, Visnu ou d'autres), à la différence des chrétiens qui placent sur la voie publique la Vierge et les saints dans des petits oratoires, dons de la communauté. Mais à l'intérieur des maisons, il y a place pour le crucifix.

De tous ces exemples traditionnels, que retenir de nos jours à notre propre usage pour nos morts familiers ?

SAVOIR-VIVRE
AVEC SES CHERS DISPARUS

Il manque à nos contemporains un guide de bonne conduite avec les morts, de savoir-vivre avec ses chers disparus. En voici les lignes essentielles et les conseils de mise en pratique.

Dans le roman de Daphné du Maurier, *Rebecca*, dont Alfred Hitchcock a tiré un grand film, un châtelain veuf épouse une jeune femme en secondes noces. Celle-ci decouvre que le souvenir de la première maîtresse de maison est en fait un culte secret entretenu par son mari. La chambre a été conservée telle qu'elle était le jour de la mort de la première châtelaine, sans qu'un objet soit déplacé d'un centimètre.

Ce thème de « la chambre de la morte » a inspiré d'autres romanciers, d'autres cinéastes. Dans des pavillons modestes mais bien réels, il est des veufs et des pères inconsolables, qui transforment une pièce en une chapelle ardente permanente où loge le fantôme de l'aimée. Le culte va jusqu'à mettre le couvert de la défunte.

Entre cette dévotion excessive et l'exclusion du mort, proposons une attitude respectueuse et discrète.

LA PRATIQUE ▐

Réservez un emplacement, si petit soit-il, à deux photos (l'une enfant, l'autre adulte), un objet significatif, un diplôme, un médaille, une pipe, un bijou, un travail fait à la main du défunt.
Les chrétiens les placeront près d'un crucifix ou l'image du saint patron. Un simple ex-voto est une solution adaptée —parce que neutre — pour les non-croyants.

ENTRETENIR
LA MEMOIRE DU MORT

L'évocation est encore plus importante pour aider les morts à rester en mémoire. Racontez aux enfants les temps forts de leur vie, leurs actions marquantes, leurs aspects positifs. Une réunion de famille en leur nom, une visite à leur lieu de naissance valent tout autant qu'une prière solitaire au cimetière, le jour de la Toussaint.

Mais les « lieux de repos éterne l» sont aussi des rendez-vous pour réunir furtivement vivants et défunts. Chez les chrétiens orthodoxes, Pâques est fêtée en famille dans les cimetières. On pique-nique entre les tombes. Le cimetière russe de Sainte-Geneviève-des-Bois vaut d'être visité ce jour-là. Le rassemblement des Russes de Paris donne l'exemple d'une cohabitation harmonieuse entre le monde visible et invisible, dans le dépassement du deuil.

Si le proche a eu une vie publique, a joué un rôle social actif, militez pour l'érection d'une stèle, commémorez les événements professionnels, associatifs bénéfiques auxquels il a participé, organisez un banquet en sa mémoire.

Associez son nom à diverses manifestations locales, à l'intérieur de l'entreprise où il a travaillé dans son village. Ne manquez aucune occasion de lui rendre un hommage public. Aimait-il la nature ? Cultivez une plante qu'il a prisée. Plantez un arbre s'il avait une essence de prédilection. Avait-il un animal sauvage favori en qui il aurait rêvé de se réincarner ? S'il est d'une espèce menacée, participez en son nom à une opération de sauvegarde. Laisse-t-il aux bons soins de la famille un compagnon fidèle, chien, chat, oiseau, poisson d'aquarium ? S'il n'a pas exprimé par testament une clause exigeant que les héritiers les prennent en charge, ce qui est fréquent aux Etats-Unis, adoptez ces bêtes, qui ont fait partie intégrante de la vie du regretté. Les appeler du nom qu'il leur a donné, c'est encore entendre son message. Confiez-le à un enfant qui l'a bien connu, il saura quelle attitude juste adopter.

Une dernière volonté

Le commandant Croisille, le dernier pacha du paquebot France, a eu comme passager un chien couché par testament. Sa maîtresse, une richissime Américaine, avait exigé — condition sine qua non de la jouissance de sa fortune — que ses héritiers achètent un billet pour le chenil du France (3 étoiles pour chiens de luxe), installé à bord du transatlantique. Cette traversée New York-Paris, elle voulait la faire sans se séparer de son caniche. Que ce caprice de milliardaire ne dissuade pas les héritiers de considérer un animal familier comme un signe vivant du passage de son maître sur terre.

Si vous faites lire une messe, soyez présent lorsque l'office est célébré. Du reste, les prêtres auront à cœur de vous en prier. Ils se refuseront de dire pour le mort une messe basse à laquelle vous seriez dispensé d'assister. C'est à vous de prier avec lui et pour lui. Certes, vous versez une somme de 500 F au denier du culte, mais ce n'est pas une raison de la commander et de croire que votre présence est facultative.

Certaines familles font passer dans la rubrique nécrologique de leur journal quotidien un avis de la commémoration de la mort du regretté... L'annonce est une marque «angélique» de notre considération pour nos morts, un message qui porte, à une époque où la communication a des ailes.

LA PRATIQUE ▐▬▬▬▬▬▬▬▬▬▬▬▬

Les enfants des limbes : résurrection

Notre-Dame-de-Vie, ermitage à Mougins (Alpes-Maritimes), est un sanctuaire de répit. On y amenait naguère les enfants mort-nés, parfois de très loin...

On célébrait une messe au cours de laquelle les petits êtres étaient censés ressusciter un temps bref. L'officiant mettait à profit ces quelques instants de réanimation pour les baptiser.

REINCARNATION

LES CYCLES
DES MÉTAMORPHOSES

Dans les civilisations et les religions de l'humanité, la réincarnation est un thème puissant. On ne l'élude pas facilement. L'homme est confronté aux mystères de la mort. S'il n'accepte pas l'idée du néant, s'il éprouve la peur du vide, il conçoit des cycles de vie antérieure et de vies nouvelles à travers certaines métamorphoses.

Mais, à partir de cette donnée de base, les interprétations divergent, ce qui entraîne des croyances et rites très différents. La conception hindouiste de la réincarnation est très éloignée des attitudes occidentales, imprégnées d'anthropocentrisme et d'humanisme. Chaque individu est appelé, selon une loi de rétribution des actes, à se réincarner dans des êtres de diverses espèces, aussi bien des animaux que des hommes. Une existence s'inscrit dans un cycle de transmigrations : la métempsychose.

L'Occident, sous l'influence de la culture chrétienne, qui s'est enracinée en se fondant sur la croyance en l'incarnation de Dieu en l'homme, ne peut admettre que la renaissance puisse s'accomplir dans un sens ou dans l'autre de l'évolution du vivant. Si réincarnation il y a, ce ne peut qu'être qu'au stade humain.

Le bouddhisme, sur ce point crucial, est lui-aussi un humanisme. Ses grands lamas, les saints hommes, les chefs des sectes religieuses sont appelés à se réincarner en un enfant. Celui-ci, une fois identifié à certains signes comme porteur de la conscience et du savoir du sage disparu, est désigné comme le successeur et prend ses fonctions alors qu'il n'est qu'un enfant.

L'idée de la relève par le petit de l'homme est présente jusque dans les civilisations boréales. Pour les Inuit, lorsqu'un enfant naît, l'esprit d'un ascendant est appelé à parler à travers lui.

Les téléspectateurs français ont été associés à un jeu hebdomadaire qui concluait chaque émission d'*Apostrophes* et consistait à poser à l'invité principal le questionnaire de Proust. L'avant-dernière question « En quel animal aimeriez-vous être réincarné ? » n'avait pour objet, bien évidemment, que de faire connaître la préférence et non la croyance de l'invité, et se référait à un bestiaire symbolique. Ce qui n'exclut jamais de réveiller ce qui nous reste de cerveau reptilien ou de faire vibrer la corde animiste de notre inconscient collectif.

LES VIES ANTERIEURES

En marge des religions, nous héritons, selon des états de la conscience plus ou moins claires, de « vies antérieures » et exprimons des souhaits, plus ou moins précis, d'avoir plusieurs vies ou de connaître d'autres vies.

Exemple de « vie antérieure » : Guy Béart est convaincu d'avoir été au XIXe siècle Victor Paris, un compositeur de chansons comiques très populaire, doublé d'un inventeur digne du concours Lépine. Chaque fois que Victor commettait une chanson triste, il essuyait un bide. Le public ne lui permettait que de faire rire la France entière. Quant à ses inventions, avant qu'il ne les brevetât, elles lui étaient volées par des affairistes. Qui fut ce Victor Paris ? Faute de le retrouver dans les annales, Guy Béart l'appelle familièrement « mon arrière-grand-père ».

Sa passion pour le XIXe siècle, dont les espérances folles se révélèrent plus tard les illusions du progrès, nourrit l'ombre de cet aïeul avec qui il entretient depuis cinq ans un commerce singulier plein de tendre complicité.

La chanteuse Sheila a décrit ses vies antérieures. Autre célébrité à avoir témoigné publiquement de sa propre expérience de réincarnation : le couturier Paco Rabanne.

CAS DE POSSESSION

La frontière n'est pas facile à discerner entre les cas de réincarnation conscients et les cas de possession inconscients. Quand on note chez quelqu'un qui vient de perdre son père ou sa mère des expressions, des gestes, des mots qui n'appartiennent qu'au défunt et qui semblent n'utiliser que le support corporel de son parent vivant. Ce dernier est enveloppé par la personnalité d'un ancêtre. On croit reconnaître des inflexions de la voix, des tics, des idiotismes du vocabulaire. La personne est habitée. Cela peut être hallucinant. Est-ce un phénomène de mimétisme ou une expérience médiumnique ? Pour s'en rendre compte, il faut parler à la personne comme si elle était cet autre proche qu'elle imite. Mais l'expérience est dangereuse, comme de réveiller un somnambule.

Pour l'école spirite, la réincarnation est une étape «normale» d'une progression vers le passage obligé au monde des Esprits. Les adeptes croient à une finalité toujours ascensionnelle et qualifient de conception régressive la métempsychose des hindouistes.

En novembre 1992, dans le royaume himalayen très fermé du Bhoutan, mourait un maître vénéré du bouddhisme tantrique, Dilgo Khyentsé. Pour la famille royale qui l'avait adopté comme son maître spirituel, il avait eu plusieurs vies illustres. Il était la réincarnation successive de Thrisong Détsen, le plus grand roi du Tibet, du sage indien Vimalamitra, de Janyang Khyentsé Wangpo, de Longchen Rabjampa et de Jigmé Lingpa, poètes visionnaires.

Le corps du maître défunt, une fois déshydraté, a été revêtu de joyaux et de soieries, parures du « corps de jouissance » du Bouddha. Il fut porté par ses disciples, assis sur un trône de lotus, de soleil et de lune, couronné du diadème des cinq sagesses, et tenant entre ses doigts la clochette de la « connaissance libre ».

50 000 fidèles se sont bousculés dans l'espoir de toucher le convoi funéraire et de capter un peu de l'énergie spirituelle du maître. Dans une pagode, le corps s'est consumé pendant six heures ; dans la communion des flammes, le corps de manifestation « humaine » a été réabsorbé par la pureté lumi-

neuse du corps absolu de tous les Bouddhas. Seuls quelques Européens convertis au bouddhisme tibétain ont été invités à regarder de loin la crémation, sans être autorisés à voir les phases les plus secrètes.

Le tulkou

En 1989, Kalou Rimpotché, un autre grand maître du tantrisme est mort à 85 ans, après avoir fondé un monastère tibétain, Kagyu Ling, près de Dijon. En 1993, au monastère de Sonada, près de Darjeeling (Inde du Nord), à 2 000 m d'altitude, il revit réincarné en un jeune enfant de 3 ans, Puntsok Ratak : il a emprunté cette nouvelle forme par le « tulkou », le corps d'émanation qui permet la renaissance volontaire d'un initié devenu un maître accompli et qui poursuit sa mission d'aider les hommes soumis au « samsara », ceux qui travaillent dans le monde extérieur.

Kalou Rimpotché est considéré comme l'un des plus grands enseignants. Il a beaucoup voyagé en Occident et de nombreux temples et centres d'études tibétaines sont placés sous son autorité spirituelle.

LA VENTRILOQUIE
INCONSCIENTE

Le phénomène de tulkou n'a rien à voir avec la ressemblance de certains traits physiques d'un enfant avec un proche ascendant. Souvent, du reste, ces comparaisons sont fallacieuses, les adultes projetant sur l'enfant l'impression laissée par une « vedette » de la famille, un dominateur, et leur vision physique est très subjective et révélatrice de leurs propres rapports avec le « modèle » mort en question.

Le mimétisme relationnel entre un vivant et un mort de la même famille emprunte non pas à la morphologie mais à la personnalité profonde. Il peut aller vers une ventriloquie inconsciente mais qui n'est pas pour autant involontaire.

Nous avons observé des veuves qui faisaient ainsi revivre leur mari dans des discussions animées, adoptant ses positions, avançant ses arguments dans des domaines de connaissances qui, de son vivant, échappaient presque complètement à sa compagne. Il s'agissait de femmes ayant vécu dans l'ombre d'un homme jouant les leaders en privé comme en public.

Un nouvelle interprétation occidentalisée de la loi du karma régissant le cycle des réincarnations : l'enfant lama ne serait pas possédé par le spectre de tel ou tel maître mais seulement l'héritier de sa mémoire, de ses acquis intellectuels, de son capital mental. L'hypothèse s'appliquerait à toutes les impressions et sensations de vies antérieures qui se manifestent à l'ouest comme à l'est.

De plus en plus de chrétiens non pratiquants sont attirés par le bouddhisme tibétain. Les monastères et centres culturels ont essaimé dans le monde. Les petits temples sont ouverts à tous. Les églises catholiques sont consacrées à des saints. Les sanctuaires tibétains, eux, sont placés sous l'autorité spirituelle d'un lama. Celui-ci peut être la réincarnation vivante d'un maître vénéré.

Nous donnons la liste des centres tibétains implantés en France et placés sous l'autorité spirituelle d'un « tulkou », maître réincarné en un enfant reconnu à certains signes.

LISTE DES CENTRES TIBÉTAINS

Alsace
Druk Dechen Ling-Karma Gyurmé Ling
3, route de Rosheim
67530 Boersch
— *Maître réincarné : Gyalwa Karmapa*

Aquitaine
Urgyen Samyé Chöling
Langeral
St-Léon-sur-Vézère
24290 Montignac
— *Maître réincarné : Dudjom Rimpotché*

Languedoc-Roussillon
Kagyu Rinchen Tchen Ling
2468 route de Mende
34100 Montpellier
— *Maître réincarné : Kalou Rimpotché*

Bourgogne
Le Jardin Intérieur
C/o Catherine Wenger
18bis, rue Lafayette
21000 Dijon
— *Maître réincarné : Kalou Rimpotché*

Franche-Comté
Kagyu Dakshang Tchen Ling
C/o Gérard Camelin
Rue du Réservoir
39000 Le Fied
— *Maître réincarné : Kalou Rimpotché*

Ile-de-France
• Dachang Lodren Thayé Ling
C/o Philippe Revault
33, bld de Montaigut
94000 Créteil
— *Maître réincarné : Kalou Rimpotché*

• Dorjë Nyingpo
Boite 42
25, rue Mouraud
75020 Paris
— *Maître réincarné : Dudjom Rimpotché*
• Kagyu Dzong
40, route circulaire du lac Daumesnil
75012 Paris
— *Maître réincarné : Kalou Rimpotché*

Midi-Pyrénées
• Monastère Nalanda
La Bastide Saint-Georges
81500 Lavaur
— *Maître réincarné : Lama Thubten Yéshé*
• Vajra Yugini
Château d'En Clauzade
81500 Marzens
— *Maître réincarné : Lama Thubten Yéshé*

Provence-Alpes-Côtes-d'Azur
• Dronkgon Djangtchoub Ling
Quartier Maura
Route de Sainte-Agnès
06500 Menton
— *Maître réincarné : Thouksé Rimpotché*
• Jardin du Dharma très bon
Clos Malouasse
13080 Luynes
— *Maître réincarné : Kalou Rimpotché*

Rhône-Alpes
Tachi Tchen Ling
5, rue des Maronniers
69002 Lyon
— *Maître réincarné : Kalou Rimpotché*

DU BON USAGE
DE CE GUIDE DE L'AU-DELÀ

Communiquer, c'est vaincre la mort comme saint Michel. Que la citation suivante soit propitiatoire à tous ceux, innombrables, qui ne veulent pas fuir la mort mais la regarder en face et voir au-delà :

« Les morts sont parmi nous, inspirateurs de notre mémoire, précurseurs et acteurs de l'héritage qu'ils nous ont légué et dont nous sommes responsables. Les vivants cessent de l'être quand ils ne pensent qu'à la mort mais celle-ci se vengerait s'ils voulaient l'affronter hors de la sérénité, qui constitue la trame de toute vie. »

Une citation qui est appelée à fédérer les pèlerins des pardons de Bretagne, les fidèles des églises chrétiennes, les adeptes des temples bouddhistes, les pacifiques croyants des mosquées mahométanes et les visiteurs des panthéons de l'humanité.

Le nom de son signataire vous convaincra : Pierre Bérégovoy, dans une préface à une étude historique consacrée au cimetière Jean Gautherin, de Nevers. Dans cet aître, une croix dressée ne porte pas le Christ mais l'archange Gabriel, maître en communication.

1995

ANNEXE

CALENDRIER DES SAINTS

Janvier

1er janvier
- Sainte Marie, Mère de Dieu *(voir fiche)*.
- Saint Janvier *(voir fiche)*.
- Saint Odilon, abbé de Cluny de 998 à 1048.
On lui doit l'idée de la fête des morts (2 novembre) et celle de la Trêve de Dieu qui interdisait tout acte de guerre ou de brigandage du mercredi soir au lundi matin.

2 janvier
- Saint Basile le Grand (329-379), grand théologien, docteur de l'Eglise.
Grégoire de Nazianze (329-390), docteur de l'Eglise.

3 janvier
- Sainte Geneviève (420-500), patronne de Paris, de la gendarmerie.

4 janvier
- Saint Robert (?-745) fut archevêque de Reims.

5 janvier
- Edouard (né en 1004), dernier roi anglo-saxon.
- Siméon Stylite (390-459), ermite stylite.

6 janvier
- Saint Mélaine (?-540), évêque de Rennes.
Fête de l'Epiphanie et des Rois Mages : Melchior, Gaspard, Balthazar.

7 janvier
- Raymond de Peñafort (1175-1275), Espagnol, fonda l'ordre des Mercédaires ayant pour but de racheter les chrétiens prisonniers des Maures.
- Sainte Virginie, bergère. On ignore le siècle où elle vécut.
- Saint Cédric ou Cedde (VIIe siècle). Il évangélisa les Saxons de l'Angleterre orientale. Il mourut de la peste en 664 à l'abbaye de Lastingham (Yorkshire) qu'il avait fondée.

8 janvier
- Saint Lucien (?-v. 290), saint patron de Beauvais.
- Saint Séverin de Norique (?-482). Il prêcha l'Evangile aux riverains du Danube de Vienne à Passau.
- Sainte Gudule. Elle voua sa vie aux misérables. Ses reliques se trouvent en l'église Saint-Michel de Bruxelles.

9 janvier
- Saint Adrien de Canterbury (?-710), dirigea l'abbaye des Saints-Pierre et Paul de Canterbury.
- Sainte Alix ou Alice (1576-1622). Avec saint Pierre Fourier, elle fonda les chanoinesses de Notre-Dame, vouées à l'éducation des jeunes filles.

10 janvier	• Saint Guillaume (?-1209), archevêque de Bourges en 1200.
	• Saint Gonzalès ou Gonzague (?-1259), Dominicain portugais, a vécu en ermite près d'Amaranthe.
11 janvier	• Saint Paulin (?-804), conseiller de Charlemagne.
	• Saint Vital de Gaza (?-625), a évangélisé les filles de joie d'Alexandrie.
12 janvier	• Sainte Tatiana (?-230), martyre honorée par les Grecs, les Slaves.
	• Saint Ailred (1109-1167), gouverna l'abbaye de Rievaulx (Yorkshire).
13 janvier	• Sainte Yvette (1158-1238), soigna les lépreux.
14 janvier	Nina ou Christiana (IVe siècle), évangélisa la Georgie (ou le 15 décembre).
15 janvier	• Saint Rémi (v.460-530), évêque de Reims, a baptisé Clovis et ses milliers de soldats.
16 janvier	• Saint Marcel (?-309), patron des palefreniers. Il fut pape (308-309).
	• Saint Honorat († 430), fondateur de l'abbaye de Lérins (Alpes-Maritimes). En 427, il devint évêque d'Arles.
17 janvier	• Sainte Roselyne (?-1329), prieure de la Chartreuse de Celle-Roubaud (Var).
	• Saint Antoine le Grand (251-356 Egypte), père des moines d'orient et d'Occident, patron des charcutiers, des porchers, des vanniers, invoqué contre la contagion, contre les maladies de la peau.
18 janvier	• Sainte Prisca (IIe siècle), martyre. Une église de Rome porte son nom.
19 janvier	• Saint Marius (IIe siècle), chrétien persan, mort martyrisé à Rome.
	• Saint Wulstan († 1095), évêque de Worcester.
20 janvier	• Saint Sébastien (IIe siècle), martyrisé à Rome, mort criblé de flèches, son supplice fut représenté par de grands peintres.
21 janvier	• Sainte Agnès (?-306), décapitée à Rome. Une basilique romaine porte son nom.
22 janvier	• Saint Vincent (?-v. 305), premier martyr espagnol, patron des vignerons (voir fiche).
23 janvier	• Saint Barnard (778-842), archevêque de Vienne vers 810, fonde à Romans une abbaye bénédictine.
24 janvier	• Saint François de Sales (1567-1622), évêque de Genève, a écrit de grands ouvrages de spiritualité, patron des écrivains et de la presse catholique.

25 janvier	• Saint Paul se convertit sur le chemin de Damas.
26 janvier	• Sainte Paule (347-404), fonde à Bethléem un monastère pour saint Jérôme.
27 janvier	• Sainte Angèle de Mérici (1474-1540), fonde l'ordre des Ursulines, à Brescia (Lombardie).
28 janvier	• Saint Thomas d'Aquin (1225-1274), dominicain italien, écrivit la Somme théologique.
29 janvier	• Saint Gildas (v. 500-570), né en Ecosse, il prêche en Irlande, fonde le couvent de Saint-Gildas du Rhuys (Morbihan).
30 janvier	• Sainte Martine (IIIe siècle), martyrisée à Rome.
31 janvier	• Sainte Marcelle (325-410), née et morte à Rome. Dans son palais de l'Aventin, elle aida les Romains à exprimer leur foi.
	• Saint Jean Bosco (1815-1888), franciscain piémontais. Il créa de nombreux collèges, ateliers, séminaires en Italie, Sicile, Tyrol, France, Belgique, Amérique du Sud. Il a fondé deux congrégations — celle des salésiens en 1857 sous le patronage de saint François de Sales et celles des sœurs de Marie Auxiliatrice, pour les enfants pauvres.

Février

1er février	• Sainte Ella (XIIIe siècle), anglaise, belle-sœur de Richard Cœur de Lion, fonde deux monastères.
2 février	• Présentation de Jésus au Temple. 40 jours après la naissance de Jésus, ses parents Marie et Joseph le présentent au Seigneur au temple de Jérusalem selon la Loi juive.
	• La Chandeleur, fête de Jésus-Lumière. En français, Chandeleur, en anglais Candlemass (messe des chandelles), en allemand Lichtmesse (messe de la lumière). Le prêtre bénit les chandelles avant la messe. Les fidèles les rapportent chez eux pour les rallumer en cas de danger ou au chevet des mourants notamment.
3 février	• Saint Blaise († vers 316), martyr arménien. On l'invoque pour les maux de gorge (il aurait guéri un enfant qui étouffait), la toux, la coqueluche, le goître. Patron des tisseurs de laine, des cardeurs, des tailleurs de pierre. Médecin, il devient archevêque de Sébaste (Arménie).

4 février	• Sainte Véronique, a essuyé le visage de Jésus sur le chemin du Calvaire. Ce linge a conservé la vraie image (veraicon) de Jésus.
5 février	• Sainte Agathe (IIIe siècle), martyrisée à Catane, patronne de la Sicile, est invoquée contre le feu, les incendies, patronne des femmes allaitant (voir fiche).
6 février	• Saint Gaston ou Vaas Vaast, prêtre à Toul, évêque d'Arras (VIe siècle).
7 février	Sœur Eugénie (1825-1871), a fondé la congrégation des Auxiliaires du Purgatoire.
8 février	• Sainte Jacqueline (1190-1274), grande amie de François d'Assise, elle est enterrée dans la basilique d'Assise.
9 février	• Sainte Apolline († 249), martyrisée à Alexandrie, patronne des dentistes, on l'invoque contre les maux de dents.
10 février	• Saint Arnaud (1185-1255), abbé du monastère bénédictin à Padoue.
11 février	• Notre-Dame-de-Lourdes. C'est le nom donné à la Vierge Marie le plus répandu en France.
12 février	• Saint Félix († 304), prêtre-martyr en Tunisie. • Sainte Eulalie, martyre espagnole (voir fiche).
13 février	• Sainte Béatrice (1260-1303), fonde la chartreuse d'Eymeu, dans la Drôme.
14 février	• Saint Valentin, patron des amoureux, des fiancés, invoqué contre l'épilepsie, la peste, les évanouissements *(voir fiche)*. • Saints Cyrille († 869) et Méthode († 885), apôtres des Slaves, ils ont traduit les textes liturgiques en slavoŋ et ont inventé un alphabet de 38 lettres (alphabet cyrillique). En 1980, ils ont été proclamés saints patrons de l'Europe, avec saint Benoît.
15 février	• Saint Claude (1641-1682). Claude de la Colombière, éducateur à Paray-le-Monial, a écrit sur le Culte du Sacré-Cœur.
16 février	• Sainte Julienne († 305), martyrisée en Turquie, vénérée à Cumes et à Naples.
17 février	• Saint Alexis (XIIIe siècle), fonde l'Ordre des Servites de Marie (ou Serviteurs de Marie).
18 février	• Sainte Bernadette Soubirous (1844-1879). La Vierge Marie apparaît 18 fois à Bernadette du 11 février au 16 juillet 1858, près d'un rocher à *Massabille*. La source devient *eau miraculeuse* ; le

25 mars, la Vierge lui déclare « Je suis l'Immaculée Conception ». Bernadette devient religieuse chez les sœurs de la Charité de Nevers à Lourdes.

19 février • Saint Gabin († 296), père de sainte Suzanne, martyrisée pour avoir refusé d'épouser le fils de l'empereur.

20 février • Sainte Aimée (1200-1250), nièce de sainte Claire d'Assise, religieuse clarisse.

21 février • Saint Pierre Damien († 1007), abbé de Fonte Avellano (Emilie). Il a beaucoup écrit.

22 février • Sainte Isabelle (1225-1270), sœur de saint Louis, fonde un monastère de clarisses.

23 février • Saint Lazare (IXe siècle), moine, peignait des icônes à Constantinople. Lazare serait mort dans un naufrage en allant à Rome.

24 février • Saint Modeste (mort vers 480), évêque de Trèves en Allemagne.

25 février • Saint Roméo († 1380), s'appelait Henri. En se rendant en pèlerinage sur les lieux saints, est mort en Italie. « Roméo », pèlerin de Rome, ainsi fut-il baptisé.

26 février • Saint Nestor († 251), martyr, crucifié en Turquie.

27 février • Sainte Honorine (IIIe siècle), martyrisée en Normandie, patronne des bateliers, ses reliques furent transportées à la fin du XIXe siècle à Conflans-Sainte-Honorine.

28 février • Saint Romain († 463). Avec son frère Lupicin, ils fondèrent chacun un monastère, Romain à Condat (aujourd'hui Saint-Claude) on le prie pour les frénétiques ou les noyés.

29 février • Saint Grégoire de Narek, né en Arménie vers 944, mort en Turquie (Narek vers 1012). Prêtre au monastère de Narek où il passa sa vie. Grand poète, il écrivit le Livre des Prières, ouvrage de vingt mille vers.

Mars

1er mars • Saint Aubin (469-550), né dans le Morbihan, très populaire, il fut évêque d'Angers.

2 mars • Saint Charles le Bon († 1127), assassiné à Bruges parce qu'il voulait faire respecter « la Trêve de Dieu ».

3 mars	• Saint Guénolé, saint breton, fonda le monastère de Landévennec (Finistère), vers 485.
4 mars	• Saint Casimir (1458-1484), fils de Casimir IV, roi de Pologne, patron de la Pologne et de la Lituanie.
5 mars	• Sainte Olivia († 119), martyrisée à Brescia (Italie).
6 mars	• Sainte Colette (1381-1447), réforma les monastères des clarisses (à Poligny, Jura).
7 mars	• Sainte Félicité († 303). Perpétue et sa jeune esclave Félicité, mortes à Carthage en 303, comptent parmi les premiers martyrs.
8 mars	• Saint Jean de Dieu (1495-1550), fonde l'ordre hospitalier de Saint-Jean-de-Dieu à Grenade (Espagne).
9 mars	• Sainte Françoise, née à Rome en 1384, morte en 1440. Elle fonda en 1433 les oblates de saint Benoît pour les dames romaines.
10 mars	• Saint Vivien († 320), martyrisé en Turquie.
11 mars	• Sainte Rosine, honorée dans l'église de Wenglingen - Augsbourg (Allemagne).
12 mars	• Sainte Justine († 1319), religieuse bénédictine, Arezzo (Toscane).
13 mars	• Saint Rodrigue († 857), martyrisé par les Maures (?) à Cordoue (Espagne).
14 mars	• Sainte Mathilde (890-968), reine d'Allemagne.
15 mars	• Sainte Louise de Marillac (1591-1660), avec Saint Vincent de Paul crée « les Filles de la Charité ».
16 mars	Bénédicte ou Benoîte (1214-1260), succède à sainte Claire au couvent Saint-Damien d'Assise.
17 mars	• Saint Patrick (385-461), a évangélisé l'Irlande, saint patron de l'Irlande (voir fiche).
18 mars	• Saint Cyrille (315-386), évêque de Jérusalem, docteur de l'Eglise.
19 mars	• Saint Joseph, père de Jésus (voir fiche).
20 mars	• Saint Herbert († 687), ermite dans le Cumberland (Angleterre).
21 mars	• Sainte Clémence († 1176), moniale bénédictine (Allemagne).
22 mars	• Sainte Léa († 383), Romaine.
23 mars	• Saint Victorien (Ve siècle), proconsul de Carthage, martyrisé pour avoir refusé l'arianisme.
24 mars	• Sainte Catherine de Suède (1330-1381), fille de sainte Brigitte qui fonde à Rome l'ordre de Saint-Sauveur, abbesse de Wadstena (Suède), invoquée contre l'avortement.

25 mars	Annonciation du Seigneur. On fête le « Bon Larron » mort près du Christ en croix.
26 mars	• Sainte Larrissa ou Lara (IVe siècle), brûlée dans une église de Crimée pendant un office.
27 mars	• Saint Habib († 332), fait partie du groupe des « Confesseurs d'Edesse » avec Gurias et Samonas, chrétiens martyrisés à Edesse.
28 mars	• Saint Gontran (525-592), roi de Bourgogne.
29 mars	• Sainte Gladys (VIe siècle) fut reine au Pays de Galles, devint ermite.
30 mars	• Saint Amédée (1425-1472), duc de Piémont et de Savoie.
31 mars	• Saint Benjamin (Ve siècle), diacre martyr en Perse vers 425.

Avril

1er avril	• Saint Hugues (1053-1132), évêque de Grenoble.
2 avril	• Sainte Sandrine (1385-1458) ou Alexandrina, fonda un couvent de clarisses à Foligno (Italie).
3 avril	• Saint Richard (1197-1253), évêque réformateur de Chichester (Angleterre).
4 avril	• Saint Isidore († 636), évêque de Séville, docteur de l'Eglise.
5 avril	• Sainte Irène († 304). Agapè, Chiona, Irène (Amour, Pureté et Paix en grec), trois sœurs et trois martyres grecques. • Saint Vincent Ferrier (1350-1419), dominicain espagnol grand prédicateur.
6 avril	• Saint Marcellin († 413), ami de saint Augustin.
7 avril	• Saint Jean-Baptiste de la Salle (1651-1719), patron des éducateurs, fondateur de la congrégation « des Frères des Ecoles Chrétiennes », pionnier des nouvelles méthodes d'éducation et de l'alphabétisation.
8 avril	• Sainte Julie (1751-1816). Julie Billiard a fondé une congrégation de religieuses enseignantes à Amiens et à Namur (Belgique).
9 avril	• Saint Gautier (1030-1095), invoqué pour obtenir la délivrance des prisonniers.
10 avril	• Saint Fulbert (960-1029), évêque de Chartres.
11 avril	• Saint Stanislas (1030-1079), évêque-prédicateur, très vénéré en Pologne, patron de la Pologne.

12 avril	• Saint Jules († 352). Jules Ier, pape, lutta contre l'hérésie arienne, patron des vidangeurs.
13 avril	• Sainte Ida (1040-1113), mère de Godefroy de Bouillon qui devint roi de Jérusalem en 1099.
14 avril	• Saint Maxime (IIIe siècle), martyr romain.
15 avril	• Saint Paterne († 564), évêque de Vannes (Morbihan).
16 avril	• Saint Benoît-Joseph Labre (1748-1783), appelé « Vagabond de Dieu ». Il voyagea beaucoup de Paray-le-Monial à Notre-Dame-de-Lorette, d'Assise à Rome, où il mourut.
17 avril	• Saint Anicet (IIe siècle), pape de 154 à 165.
18 avril	• Saint Parfait († 850), prêtre espagnol.
19 avril	• Sainte Emma († 1045), fonda l'abbaye de Guxl en Autriche.
20 avril	• Sainte Odette ou Oda (1135-1158), martyre belge.
21 avril	• Saint Anselme (1033-1109), docteur de l'Eglise, grand philosophe et grand théologien.
22 avril	• Saint Alexandre († 178), martyrisé à Lyon.
23 avril	• Saint Georges († v. 303), patron de l'Angleterre, des scouts, triompha d'un dragon, invoqué contre les dartres *(voir fiche)*.
24 avril	• Saint Fidèle (1577-1622), prêcha en Allemagne du Sud, en Suisse, en Autriche.
25 avril	• Saint Marc, patron de Venise, des vitriers, des notaires. Apôtre, évangéliste, invoqué contre l'impénitence finale.
26 avril	• Sainte Alida ou Alda (1249-1309), vénérée à Sienne (Italie).
27 avril	• Sainte Zita (1218-1278), patronne des servantes et des employés de maison.
28 avril	• Sainte Valérie (IIe siècle) et saint Vital, son mari, tous deux martyrs.
29 avril	• Sainte Catherine de Sienne (1347-1380), patronne de l'Italie, docteur de l'Eglise.
30 avril	• Saint Robert de Molesme (1025-1110), moine fondateur de l'abbaye de Molesme en Bourgogne, puis à Cîteaux fondateur de l'ordre des Cisterciens, plus proche de la règle de saint Benoît.

Mai

1er mai	• Saint Joseph depuis 1955.

2 mai	• Saint Boris († 1015), patron de Moscou, fêté aussi le 24 juillet.
3 mai	• Saints Philippe et Jacques (Ier siècle). Philippe : apôtre et martyr, patron des chapeliers et des pâtissiers. Jacques le Mineur, apôtre, (fut lapidé) surnommé le « Mineur » pour le distinguer de Jacques le Majeur.
4 mai	• Saint Sylvain († 311), évêque de Gaza.
5 mai	• Sainte Judith († 1260), patronne de la Prusse, ermite.
6 mai	• Sainte Prudence († 1492), religieuse-supérieure du couvent de Côme.
7 mai	• Sainte Gisèle († 1060), épouse du roi Etienne de Hongrie, qui implanta le christianisme en Hongrie, mère de saint Emeric.
8 mai	• Saint Désiré († 550), évêque de Bourges.
9 mai	• Saint Pacôme (286-348), ermite en Egypte.
10 mai	• Sainte Solange († 880), invoquée en période de sécheresse pour obtenir la pluie, patronne de Bourges et du Berry.
11 mai	• Sainte Estelle (IIIe siècle), martyre, honorée à Saintes (Charente-Maritime).
12 mai	• Saint Achille (Ie siècle). Achille et Nérée, son frère, martyrs, auraient été convertis par saint Pierre.
13 mai	• Sainte Rolande († 774), vénérée en Belgique.
14 mai	• Saint Matthias (Ie siècle), patron des charpentiers, des tailleurs, des buveurs repentants.
15 mai	• Sainte Denise († 251).
16 mai	• Saint Honoré († 600), patron des boulangers et des pâtissiers, évêque d'Amiens. Aurait reçu un pain d'une main divine pendant la célébration de la messe.
17 mai	• Saint Pascal (1546-1592), patron des congrès et des œuvres eucharistiques, simple frère dans un couvent de franciscains en Espagne.
18 mai	• Saint Eric († 1161), roi de Suède, saint et martyr, fit une croisade pour convertir les Finlandais.
19 mai	• Saint Yves de Tréguier (1235-1303), patron des hommes de loi, avocats et des orphelins (voir fiche).
20 mai	• Saint Bernardin (1380-1444), surnommé l'Etoile de la oscane, franciscain, porta la Bonne Parole dans toute l'Italie.
21 mai	• Saint Constantin (272-337), empereur, il mit fin aux persécutions contre les chrétiens, convoqua le concile de Nicée.

| 22 mai | • Saint Emile (IIIe siècle), martyr africain. |

22 mai	• Saint Emile (III° siècle), martyr africain.
	• Sainte Rita de Cascia, patronne de la Corse
	+ sainte Julie *(voir fiche)*.
23 mai	• Saint Didier († 607), évêque de Vienne (France).
24 mai	• Saint Donatien (III° siècle), martyr, vivait à Nantes.
25 mai	• Sainte Sophie (1779-1865), fondatrice en 1800 des Sœurs du Sacré-Cœur, appelées aussi Dames du Sacré-Cœur.
26 mai	• Saint Bérenger († 1093), moine de l'abbaye bénédictine de Saint-Papoul dans l'Aude.
	• Saint Philippe Néri (1515-1585), fondateur de la Congrégation de l'Oratoire romain, réformateur catholique, saint charismatique rayonnant auprès des jeunes et des pauvres dans les rues de Rome.
27 mai	• Saint Augustin de Canterburry († 605), bénédictin, évangélisa les Saxons.
28 mai	• Saint Germain († 576), fondateur du monastère de Saint-Germain-des-Près, fut évêque de Paris.
29 mai	• Saint Aymard († 1242), inquisiteur, massacré par les Albigeois.
30 mai	• Saint Ferdinand (1199-1252). Ferdinand III de Castille contribua à chasser d'Espagne les Arabes musulmans.
	• Sainte Jeanne d'Arc *(voir fiche)*.
31 mai	Visitation de la Vierge Marie. L'Eglise célèbre la rencontre d'Elisabeth, mère de Jean-Baptiste, le « Précurseur », et de sa cousine Marie, mère de Jésus, toutes deux enceintes. Autrefois célébrée le 2 juillet.

Juin

1er juin	• Saint Justin (100-166) a écrit deux Apologies et un Dialogue.
2 juin	• Sainte Blandine († 177), martyrisée à Lyon, patronne des jeunes filles.
3 juin	• Saint Kévin ou Gavin († 618), le saint irlandais le plus célèbre après saint Patrick, fondateur du monastère de Glendalough, près de Dublin. On fête aussi les martyrs de l'Ouganda, premiers martyrs de l'Afrique Noire (1886-1887).
4 juin	• Sainte Clotilde (470-545), épouse de Clovis, roi des Francs, patronne des Andelys où elle fit jaillir une fontaine miraculeuse.

5 juin	• Saint Igor (XIIe siècle), fut durant six semaines roi de Moscovie et fut assassiné dans l'église de son monastère. • Saint Boniface (675-754), archevêque de Mayence, un des patrons de l'Eglise d'Angleterre.
6 juin	• Saint Norbert (1080-1134), fondateur de l'ordre de Prémontré, évêque de Magdebourg, prêcha en Pologne et y développa le christianisme.
7 juin	• Saint Gilbert († 1152), fonda le monastère de Neuffonds, dans l'Allier.
8 juin	• Saint Médard († 560), évêque de Noyon. « S'il pleut à la Saint-Médard, il pleuvra quarante jours plus tard ». Célèbre pour ce dicton populaire, patron des brasseurs, des cultivateurs, invoqué pour les vignes et contre le mal de dents.
9 juin	• Sainte Diane (1201-1236), dominicaine à Bologne (Italie). • Saint Ephrim le Syrien (306-376), diacre et docteur de l'Eglise, ses homélies et ses hymnes sont célèbres.
10 juin	• Saint Landry († 657), évêque de Paris sous Clovis.
11 juin	• Saint Barnabé (Ier siècle), martyr à Chypre, compagnon de saint Paul.
12 juin	• Saint Guy († 1245), disciple de saint François, ermite aux Celles, près de Cortone. On l'invoque pour les chiens, contre la rage, l'épilepsie et la danse qui porte son nom.
13 juin	• Saint Antoine de Padoue (1195-1231), invoqué pour retrouver les objets perdus et pour exaucer tout vœu. *(voir fiche)*.
14 juin	• Saint Elisée (IXe siècle avant J.-C.), prophète.
15 juin	• Sainte Germaine Cousin (1579-1601).
16 juin	• Saint Jean-François Régis (1597-1640), grand prédicateur du XVIIe siècle.
17 juin	• Saint Hervé (VIe siècle), patron des poètes-chanteurs, saint breton très populaire.
18 juin	• Saint Léonce (IVe siècle), martyr, populaire dans tout le Proche-Orient.
19 juin	• Saint Romuald (952-1027), fondateur des Camaldules.
20 juin	• Saint Silvère († 537), pape en 536.
21 juin	• Saint Louis de Gonzague (1568-1591), jésuite.
22 juin	• Saint Alban († 209). Les Anglais considèrent saint Alban comme leur premier martyr.
23 juin	• Sainte Audrey († 679), sainte anglaise très populaire, invoquée pour les maux de gorge.

24 juin	• Saint Jean-Baptiste *(voir fiche)*.
25 juin	• Saint Prosper (390-455) a écrit une « Histoire Universelle », ami de saint Augustin.
26 juin	• Saint Anthèlme (1107-1178), fonda les premières chartreuses pour femmes, évêque de Belley.
27 juin	Cyrille d'Alexandre (Ve siècle), patriarche d'Alexandrie, docteur de l'Eglise, a participé au concile d'Ephèse en 431 où Marie fut proclamée « Mère de Dieu ».
28 juin	• Saint Irénée (130-202), venu de Smyrne, il devint évêque de Lyon.
29 juin	• Saint Pierre (mort à Rome vers 64) *(voir fiche)*. • Saint Paul (mort à Rome vers 67), apôtre des Gentils, c'est-à-dire des non-juifs.
30 juin	• Saint Martial (IIIe siècle), évêque de Limoges à la fin du IIIe siècle, sa tombe fut un lieu de pèlerinage très fréquenté.

Juillet

1er juillet	• Saint Thierry († 533), fonda le monastère Saint-Thierry au Mont d'Or près de Reims.
2 juillet	• Saint Martinien (Ier siècle). Martinien et Processe auraient été geôliers des saints Pierre et Paul, qui les auraient convertis. Ils sont enterrés dans Saint-Pierre-de-Rome.
3 juillet	• Saint Thomas, patron des architectes et des maçons. Apôtre que l'on dit volontiers sceptique. Thomas alla évangéliser la Côte de Malabar en Inde, où il fut martyrisé.
4 juillet	• Saint Florent (IVe siècle), fut le premier évêque de Cahors.
5 juillet	• Saint Antoine (1502-1539). Antoine-Marie Zaccaria fonda la congrégation des « barnabités ». Saint-Barnabé-de-Milan fut son premier port d'attache.
6 juillet	• Sainte Maria Goretti (1890-1901), assassinée à l'âge de quatorze ans.
7 juillet	• Saint Raoul († 1591), saint anglais.
8 juillet	• Saint Thibaud († 1247), abbé du monastère cistercien des Vaux-de-Cernay (entre Chartres et Paris).
9 juillet	• Sainte Amandine (1872-1900), franciscaine missionnaire, martyrisée par les Boxers en Chine.

10 juillet	• Saint Ulrich († 1093), bénédictin, fonda deux monastères en Suisse et en Allemagne.
11 juillet	• Saint Benoît (480-547), patron de l'Europe depuis 1964. Fondateur du grand ordre bénédictin, on l'invoque contre les maléfices, les inflammations, la fièvre, la gravelle.
12 juillet	• Saint Olivier (1629-1681), primat d'Irlande.
13 juillet	• Saint Eugène de Carthage († 1505 à Albi), évêque de Carthage.
	• Saint Henri, époux de Cunégonde, empereur d'Allemagne.
14 juillet	• Saint Camille de Lellis (1550-1614), patron des infirmiers, infirmières. Responsable de l'hôpital Saint-Jacques de Rome, il fonda les « serviteurs des infirmes » qu'on appellera les Camilliens et qui consacrent actuellement leur vie aux malades.
15 juillet	• Saint Bonaventure (1221-1274), docteur de l'Eglise, un grand théologien du Moyen Âge.
16 juillet	Notre-Dame-du-Mont-Carmel. Le Mont-Carmel, en Palestine, est une montagne sacrée. Au XVIᵉ siècle, Thérèse d'Avila et Jean de la Croix firent de la montée du Carmel le symbole de l'itinéraire vers Dieu.
17 juillet	• Saint Alexis (Ve siècle).
18 juillet	• Saint Frédéric († 838), évêque d'Utrecht.
19 juillet	• Saint Arsène (354-412), anachorète égyptien.
20 juillet	• Sainte Marguerite († 290), martyrisée à Antioche pour avoir refusé les avances d'Olibrius. Invoquée pour les maux de reins, pour l'aide aux accouchées.
21 juillet	• Saint Victor (IIIe siècle), patron des meuniers, on l'invoque contre la foudre.
22 juillet	• Sainte Marie-Madeleine (voir fiche).
23 juillet	• Sainte Brigitte (1303-1373), Suédoise, fondatrice de l'ordre du Saint-Sauveur.
24 juillet	• Sainte Christine (1150-1224). Sa vie est remplie de prodiges.
25 juillet	• Saint Jacques, apôtre, frère de saint Jean *(voir fiche)*.
26 juillet	• Sainte Anne, patronne des Bretons, mère de Marie, patronne des lingères, des dentellières, des ménagères, des menuisiers-ébénistes, on l'invoque contre la pauvreté et pour retrouver les objets perdus *(voir fiche)*.
27 juillet	• Sainte Nathalie († 852), martyrisée à Cordoue avec son mari saint Aurèle.

28 juillet	• Saint Samson (490-565), fondateur de nombreux monastères en Irlande et en Bretagne (Dol-de-Bretagne). Les reliques de ce saint sont conservées dans la cathédrale Saint-Samson (Dol-de-Bretagne).
29 juillet	• Sainte Marthe, sœur de Lazare, de Marie-Madeleine. A évangélisé la Provence et délivré Tarascon de son dragon. Procession de ses reliques dans les rues de Tarascon pour sa fête. Patronne des aubergistes, des hôteliers, des lavandières, patronne de Tarascon.
30 juillet	• Sainte Julie ou Juliette, (morte v. 303 en Turquie), martyrisée pour avoir crié sa foi chrétienne.
31 juillet	• Saint Ignace de Loyola (1491, Espagne-1556, Rome), fondateur de l'ordre des jésuites « La Compagnie de Jésus ». • Saint Germain l'Auxerrois (380, Auxerre-446, Ravenne), évêque d'Auxerre.

Août

1er août	• Saint Alphonse de Liguori (1696-1787), docteur de l'Eglise, prêtre napolitain, évangélisa les pauvres des campagnes. Fondateur de la congrégation du Très-Saint-Rédempteur. A écrit *Théologie morale*.
2 août	• Saint Eusède de Verceil († 370). • Saint Julien-Eymard (1811-1868), fondateur de l'Institut du Saint-Sacrement.
3 août	• Sainte Lydie (Ie siècle), sainte grecque convertie à la foi chrétienne par saint Paul, patronne des teinturiers.
4 août	• Saint Jean-Marie Vianney (1786-1859), le saint curé d'Ars, patron des curés de paroisse. Curé très charismatique. Dès 1830, cent mille pèlerins par an venaient se confesser au curé d'Ars. Il fut en butte aux attaques du démon pendant trente-cinq ans.
5 août	• Saint Abel († 750), moine bénédictin de Lobbes, devint archevêque de Reims puis retourna en Belgique.
6 août	La Transfiguration de Jésus célébrée dès le Ve siècle en Grèce, sous le nom de Métamorphose du Christ ou sous celui de Fête du Mont-Thabor. • Saint Octavien (XIIe siècle), évêque de Savone (Italie).
7 août	• Saint Gaétan de Thienne (1480-1547).
8 août	• Saint Dominique (1170-1221), fondateur de l'ordre des Prêcheurs (les Dominicains). Il a lutté contre les

Vaudois et les Cathares et fut un modèle de la vie apostolique au Moyen Âge.
- Saint Cyriaque (IIe siècle), martyr romain, invoqué contre les maux d'yeux et les crises de nerf.
- Les quatorze Auxiliaires. Ces saints, particulièrement secourables (*auxilium* en latin veut dire secours), invoqués contre des maux pour lesquels ils ont chacun une spécialité. Ces quatorze saints sont Acace, Barbe, Blaise, Catherine, Christophe, Cyriaque, Denis, Erasme, Eustache, Georges, Gilles, Guy, Marguerite (ou Marine), Pantaléon *(voir fiche)*.

9 août
- Saints Julien, Marcien, Photius (morts en 729), martyrs.
- Saint Amour (IIIe siècle) et Viateur, vénéré en France- Comté dans le village de Saint-Amour et dans le Beaujolais.

10 août
- Saint Laurent († 258). Son martyre est célèbre : brûlé sur un lit de fer en forme de gril. Après Pierre et Paul, c'est le troisième patron de la ville de Rome.
- Saint Dieudonné (VIe siècle).
- Sainte Philomène (IVe siècle).

11 août
- Sainte Claire (1193-1253), amie de saint François d'Assise, fondatrice de l'ordre des Clarisses.
- Sainte Gilberte († 670), abbesse de Jouarre (Seine-et-Marne).
- Sainte Suzanne (IIe siècle), martyre romaine.

12 août
- Saint Bénilde Romançon (1805-1862), enseigna en Auvergne.
- Sainte Clarisse (VIe siècle), abbesse de Saint-Mont (Vosges).

13 août
- Saint Hippolyte († 235), mena une longue carrière d'antipape.
- Sainte Radegonde (518-587), épouse du roi Clotaire.

14 août
- Sainte Anastasie (IXe siècle), passa sa vie dans l'île d'Egine (Grèce).
- Saint Evrad († 958), fondateur du monastère d'Einsiedeln en Suisse.

15 août
- Assomption de la Vierge Marie. En 813, le concile de Mayence en prescrivit la célébration, dans l'empire de Charlemagne.
- Saint Arnoul († 1087).

16 août
- Saint Roch (XIVe siècle) *(voir fiche)*.
- Saint Armel (VIe siècle), saint breton très populaire.

Gallois venu évangéliser la Bretagne, il fonda la ville de Ploërmel. Il est invoqué contre les épidémies.
• Sainte Béatrice (XVᵉ siècle). Elle fonda à Tolède un ordre de contemplatives en l'honneur de l'Immaculée Conception.

17 août
• Saint Hyacinthe (de Cracovie) (1200-1257). Frère prêcheur (dominicain), il a évangélisé la Pologne.
• Saint Libérat († 484), moine martyr (Gafsa, Tunisie).

18 août
• Sainte Hélène (255-328), mère de l'empereur Constantin. Elle fit édifier trois basiliques lors d'un séjour en Palestine : l'Anastasis, près du Calvaire, la Nativité à Bethléem, l'Eglise des Disciples et de l'Ascension, au sommet du mont des Oliviers, à Jérusalem.

19 août
• Saint Jean Eudes (1601-1680), grand missionnaire, fondateur de la congrégation de Jésus et Marie, dont le but était d'organiser des missions.

20 août
• Saint Bernard (1090-1153), moine cistercien, premier abbé de l'abbaye de Clairvaux (Champagne), il propagea le culte marial.
• Saint Philibert († 685), abbé fondateur de l'abbaye de Jumièges (près de Rouen).

21 août
• Saint Christophe († 250 ?), saint légendaire, patron des voyageurs et des automobilistes (voir fiche).
• Saint Sidoine Apollinaire († 480), évêque de Clermont-Ferrand.

22 août
• Saint Symphorien (IIᵉ siècle), martyrisé pour avoir refusé de participer à une initiation orgiaque en l'honneur de Cybèle. Patron des écoliers.
• Saint Fabrice († 690), martyr espagnol.

23 août
• Sainte Rose de Lima (1586-1617), Péruvienne d'origine espagnole, tertiaire dominicaine, elle mena une vie humble. Patronne de l'Amérique du Sud et des Philippines.

24 août
• Saint Barthélemy, disciple de Jésus.
• Saint Tikhon de Zadouk († 1784), évêque (russe) de Voronèje.
• Saint Ouen (VIIᵉ siècle).

25 août
• Saint Louis (1214-1270), Louis IX, roi de France. Il entreprit deux croisades pour libérer les Lieux Saints.

26 août
• Sainte Natacha ou Nathalie († 300), sainte vénérée en Orient, comme son mari saint Adrien.

27 août
• Sainte Monique (332-387), mère de saint Augustin.

28 août
• Saint Augustin (354-430), évêque d'Hippone, père

	de l'Eglise. *Les Confessions*, écrites dix ans après sa conversion, relatent son itinéraire vers Dieu.
29 août	• Sainte Sabine, martyre romaine du IVe siècle. À Rome, une basilique du IVe siècle porte le nom de Sainte-Sabine.
	• Saint Takla Haymanot, (Ethiopie, XIIIe siècle), fondateur du monastère de Dabra Libanos. L'archange saint Michel lui apparut plusieurs fois. Saint très populaire de l'Eglise éthiopienne.
30 août	• Saint Fiacre, moine irlandais, devenus ermite près de Meaux, patron des fleuristes, des jardiniers, des maraîchers.
31 août	• Saint Aristide (IIe siècle). Il écrivit une *Apologie*, dédiée à l'empereur Hadrien.

Septembre

1er septembre	• Saint Gilles (VIe siècle), ermite, fondateur d'une abbaye à Saint-Gilles-du-Gard, étape importante pour les pèlerins sur le chemin de Compostelle. Patron des bergers, des forgerons, des mendiants *(voir fiche)*.
	• Saint Loup ou Leu de Sens († 623), évêque de Limoges.
2 septembre	• Saint Just († 390), évêque de Lyon puis ermite en Egypte.
	• Sainte Ingrid († 1282). Elle fonda en Suède un couvent à Skänninge.
3 septembre	• Saint Grégoire le grand (540-604), docteur de l'Eglise, pape. Il définit les règles de la musique sacrée dite *grégorienne*.
	• Saint Remacle († 663), abbé de Solignac, puis évêque de Maastricht.
4 septembre	• Sainte Rosalie (1140-1170), patronne de Palerme (Sicile).
5 septembre	• Sainte Raïssa (morte v. 300), martyre égyptienne.
	• Saint Bertin (VIIe siècle) et saint Omer fondèrent ensemble le monastère de Sithiu (Saint-Omer, Pas-de-Calais).
6 septembre	• Saint Magne (VIIIe siècle) devint ermite en Ecosse.
	• Saint Bertrand des Garrigues († 1230), compagnon de saint Dominique. Il fonda plusieurs couvents (Gard et Vaucluse).

7 septembre	• Sainte Reine (IIIᵉ siècle), martyre à Alésia en Gaule (Alise Sainte-Reine actuelle). • Saint Cloud († 560), petit-fils de Clovis, il fonda une abbaye autour de laquelle se développa la ville de Saint-Cloud.
8 septembre	• Nativité de Notre-Dame. Depuis le VIe siècle, on vénère la nativité de Marie qui serait née à Jérusalem, près de la piscine de Bezatha. • Saint Corbinien († 730, Bavière).
9 septembre	• Saint Alain (1428-1475), prédicateur dominicain, fondateur des confréries du Rosaire. • Saint Omer († 670), fondateur à Sithiu (Saint-Omer) d'une abbaye.
10 septembre	• Sainte Inès (XVIIᵉ siècle). Inès Takeya fut décapitée au Japon avec trente autres martyrs. • Saint Aubert (VIIIᵉ siècle), à l'origine du pèlerinage du Mont-Saint-Michel.
11 septembre	• Saint Adelphe († 670), abbé du monastère du Saint-Mont, près de Remiremont (Vosges).
12 septembre	• Saint Apollinaire (1570-1622), missionnaire franciscain espagnol, mort au Japon. • Sainte Victoire Fornari Strata (1562-1617). Elle mena en Italie une vie contemplative. Avec ses compagnes, elle forme une communauté appelée les *annonciades célestes*. Leur habit religieux était fait d'une tunique blanche avec une ceinture et un manteau bleus.
13 septembre	• Saint Aimé (565-628), moine et ermite à Luxeuil. • Saint Jean-Chrysostome (347-407), grec, théologien, docteur de l'Eglise, patriarche de Constantinople, célèbre pour ses homélies et ses commentaires bibliques d'où son surnom Chrysostomos en grec (bouche d'or).
14 septembre	• Exaltation de la Sainte Croix pour les Orientaux, l'Exaltation de la précieuse Croix, porteuse de vie. Cette fête était déjà célébrée au IVe siècle, au temps de Constantin.
15 septembre	• Saint Roland († 1386), ermite italien.
16 septembre	• Saint Cyprien († 258, Carthage). • Sainte Edith (962-984).
17 septembre	• Saint Renaud († 1104), ermite de la Mayenne. • Saint Lambert († 705), évêque de Maastricht (Hollande). Un pèlerinage et des miracles eurent lieu autour de son tombeau à Lièges. Cent-quarante églises belges portent son nom.

18 septembre • Sainte Nadège (le siècle ?), martyre.

19 septembre • Sainte Emilie de Rodat, Aveyron (1787-1852), fondatrice de la congrégation de la Sainte Famille de Villefranche-de-Rouergue.

20 septembre • Saint Davy († 1527), diacre anglais.
• Saint Eustache, sainte Théopista, général romain devenu chrétien.

21 septembre • Saint Matthieu (Ier siècle). Il était collecteur d'impôts.Apôtre, évangéliste, il a écrit le premier Evangile.

22 septembre • Saint Serge de Radonech (1313-1392), grand saint national de Russie, fondateur du célèbre monastère de la Trinité à Radonech, qui servit de modèle à tous les monastères de la Russie du Nord.
• Saint Maurice († 290), mort martyr à Agaune. Un monastère y fut édifié qui a donné naissance à la ville de Saint-Maurice dans le Valais, Suisse.

23 septembre • Saint Constant ou Constance (Ve siècle), humble sacristain de l'église Saint-Etienne-d'Ancône (Italie).
• Sainte Thècle († 347). Thècle de Hazza, vierge et martyre turque, est confondue avec Thècle de Sélencie, martyre du Ie siècle.

24 septembre • Notre-Dame-de-la-Merci, patronne des Chrétiens Captifs. Saint Pierre Nolasque († 1256) fonda l'ordre de la Merci ou de la Rédemption ou Rachat des Captifs, selon les vœux de la Vierge Marie : rendre la liberté aux chrétiens captifs des Maures de 1085 à 1492, enEspagne.

25 septembre • Saint Firmin (IVe siècle ?), venu d'Espagne, il évangélisa l'Aquitaine, l'Auvergne, le Beauvaisis et serait le premier évêque d'Amiens.
• Saint Herman (1013-1054), mathématicien, compositeur (le Salve Regina serait son œuvre).

26 septembre • Saints Côme et Damien (IVe siècle - ?), martyrisés en Haute-Syrie, médecins dévoués.

27 septembre • Saint Vincent de Paul (1581-1660), fondateur des Lazaristes et des Filles de la Charité (ou Sœurs de Saint-Vincent-de-Paul), saint patron de toutes les œuvres charitables. Très populaire, il était appelé « Monsieur Vincent ».

28 septembre • Saint Wenceslas (907-929), « martyr » tchèque, patron de la Bohême, duc de Bohême, il propagea le christianisme dans son pays. Il fut assassiné par son frère.

	• Saint Exupère ou Soupire († 411), évêque de Toulouse.
29 septembre	• Saint Michel, saint Gabriel et saint Raphaël, les trois archanges *(voir fiche)*. Saint Gabriel « Homme de Dieu ». C'est le messager de Dieu : il annonce à Marie qu'elle va donner le jour à Jésus. Saint Raphaël « Dieu guérissant », l'archange guérisseur. Saint Michel « Qui est comme Dieu ». Chef de la milice céleste, vainqueur du dragon, patron des lieux élevés, invoqué contre le démon.
30 septembre	• Saint Jérôme (340-420), docteur de l'Eglise, ermite dans le désert de Syrie, puis secrétaire du pape Damase. I traduit la Bible en latin : la Vulgate. Il composa le premier traité patristique *Sur les hommes illustres*.

Octobre

1er octobre	• Sainte Thérèse de Lisieux (1873-1897), humble carmélite, patronne des missions *(voir fiche)*.
2 octobre	• Saint Léger (616-679), évêque d'Autun.
	• les saints Anges Gardiens. Depuis 1670, on les fête dans l'Eglise Universelle. « Ange saint qui veilles sur mon âme et sur ma vie, ne me quitte pas. Je suis pêcheur. Dirige-moi. » *(voir chapitre des Anges)*.
3 octobre	• Saint Gérard († 939), fondateur d'une abbaye en Belgique.
4 octobre	• Saint François d'Assise (1181-1226), fondateur de l'ordre des Franciscains ou Frères Mineurs. Il mène une vie évangélique « suivre nu le Christ nu ». Il écrivit le *Cantique des créatures*, premier grand poème de la littérature italienne *(voir fiche)*.
5 octobre	• Sainte Flore ou Fleur (1300-1347), religieuse à Beaulieu à l'hospice des Chevaliers de Saint-Jean-de-Jérusalem.
6 octobre	• Saint Bruno (1030-1101), fondateur de l'ordre des Chartreux.
	• Sainte Foy (IIIe siècle), martyre à Agen. Ses reliques sont à Conques (Aveyron), sur la route de Compostelle. Sainte Foy fut très vénérée en France, au Portugal, en Espagne. Par les conquistadores, son culte se répandit en Amérique — nombreuses villes s'appellent Santa Fé aux Etats-Unis, au Mexique, au Brésil, en Argentine, au Chili et en Colombie.

7 octobre	• Saint Arthaud († 1206), évêque de Belley (Ain).
	• Saint Serge († 304), martyr romain, mort en Syrie, très populaire en Orient. Son tombeau fut l'objet de grands pèlerinages.
8 octobre	• Sainte Pélagie († 302), vierge et martyre morte à Antioche.
9 octobre	• Saint Denis (IIIᵉ siècle), évêque venu en mission en Gaule, il fut décapité. C'est un saint céphalaphore : porte sa tête dans ses mains.
10 octobre	• Saint Ghislain († 683). Il fonda l'abbaye qui fut à l'origine de la ville actuelle de Saint-Ghislain dans le Hainaut (Belgique).
11 octobre	• Saint Firmin († 552), ami et disciple de saint Césaire d'Arles, évêque d'Uzès (Gard).
	• Sainte Zénaïde (Iᵉʳ siècle), honorée par les Grecs.
12 octobre	• Saint Wilfrid ou Wilfried (634-709), il a participé à la réconciliation des deux Eglises en Angleterre : l'Eglise celte autonome et l'Eglise anglo-saxonne, soumise à Rome.
13 octobre	• Saint Gérard (850-909), comte d'Aurillac, patron des Auvergnats, il aurait fait des miracles.
14 octobre	• Saint Calixte (IIIᵉ siècle), esclave romain devenu pape.
	• Saint Just († 390). Plusieurs fêtes en son honneur.
15 octobre	• Sainte Thérèse d'Avila (1515-1582), mystique espagnole, réformatrice de l'ordre des Carmélites, docteur de l'Eglise.
16 octobre	• Sainte Edwige ou Avoyé (1174-1243).
	• Sainte Marguerite-Marie Alacoque (1647-1690), visitandine à Paray-le-Monial, elle fit répandre la dévotion au Sacré-Cœur-de-Jésus.
17 octobre	• Saint Baudoin († 680), archidiacre de Laon (Aisne).
	• Saint Ignace d'Autriche (IIᵉ siècle), disciple des Apôtres.
18 octobre	• Saint Luc (Ie siècle), évangéliste, auteur du troisième *Evangile* et des *Actes des Apôtres*. Médecin d'origine grecque, il aurait peint le visage de la Vierge Marie.
19 octobre	• Saint René († 1642), missionnaire massacré par les Iroquois, premier martyr d'Amérique.
	• Saint Paul de la Croix (1694-1776), prédicateur très populaire. Il fonda la congrégation des Passionnistes qui eurent comme mission de répandre la dévotion à la passion du sauveur.

20 octobre	• Sainte Adeline ou Aline († 1125), première abbesse des Dames Blanches de Mortain (Manche).
21 octobre	• Sainte Céline (Vᵉ siècle), mère de saint Rémi, évêque de Reims.
22 octobre	• Sainte Elodie († 851), martyre espagnole.

20 octobre • Sainte Adeline ou Aline († 1125), première abbesse des Dames Blanches de Mortain (Manche).

21 octobre • Sainte Céline (Ve siècle), mère de saint Rémi, évêque de Reims.

22 octobre • Sainte Elodie († 851), martyre espagnole.
• Sainte Salomé (Ier siècle), mère des apôtres Jacques (le Majeur) et Jean l'évangéliste. Elle serait arrivée de Palestine aux Saintes-Maries-de-la-Mer dont l'église conserve ses reliques *(voir fiche)*.

23 octobre • Saint Jean de Capistran (1386-1456), franciscain, il a porté la Bonne Parole en Italie, Sicile, dans les Flandres jusqu'à Belgrade.

24 octobre • Saint Florentin (Xe siècle - ?). On vénérait ses reliques dans le diocèse de Toul.

25 octobre • Saints Crépin et Crépinien, patrons des cordonniers. Ils seraient venus de Rome à Soissons.

26 octobre • Saint Dimitri, diacre martyr yougoslave, vénéré à Thessalonique (Grèce) et à Gap (Hautes-Alpes).

27 octobre • Sainte Emeline († 1078), moniale cistercienne près de Troyes.

28 octobre • Les saints apôtres Jude et Simon (Ier siècle). Simon le Zélé ou le Cananéen. Jude est désigné par son double nom Judas ou Thaddée. La tradition les fait mourir en Perse.
• Saint Engerand († 791, Hongrie).

29 octobre • Saint Narcisse (96-212), évêque de Jérusalem à cent ans.
• Saint Marcel le centurion († 298).
• Sainte Ermelinde († 595), vierge (Belgique).

30 octobre • Saint Bienvenu († 1282), évêque d'Osime (Italie) et gouverneur des Marches d'Ancône.

31 octobre • Saint Quentin (IIIe siècle), martyr romain, vénéré à Saint-Quentin (Aisne).
• Saint Wolfgang († 994), saint autrichien.

Novembre

1er novembre • Toussaint, fête de tous les saints, passés et présents. Grégoire IV, en 835, fit célébrer la Toussaint par tous les chrétiens. Depuis le XIe siècle, la Toussaint est suivie le 2 novembre du jour des Morts.
• Saint Bénigne (Smyrne, IIe siècle), évangélisa la Gaule et se fixa à Dijon.

2 novembre	• Jour des Morts. Saint Odilon, abbé de Cluny († 1049) a consacré le 2 novembre à prier pour les « fidèles défunts ».
3 novembre	• Saint Hubert († 727), évêque de Maastricht (Hollande) et patron des forestiers et des chasseurs. Patron des Ardennes.
4 novembre	• Saint Charles Borromée (1528-1584), archevêque de Milan.
5 novembre	• Sainte Sylvie († 592), mère du pape Grégoire le Grand.
6 novembre	• Sainte Bertille († 706), abbesse de Chelles (Seine-et-Marne). • Saint Léonard de Noblat († 559), converti par saint Rémi, se fit ermite près d'Orléans. Très invoqué par les rois de France.
7 novembre	• Sainte Carine († 361), martyre à Ankara.
8 novembre	• Saint Geoffroy (1065-1115), évêque d'Amiens.
9 novembre	• Saint Théodore († 300), martyr turc. • Saint Mathurin (IVe siècle), évêque de Sens, né à Larchant (Seine-et-Marne). Des cérémonies ont lieu en son honneur le samedi et le dimanche de Pentecôte à Moncontour-de-Bretagne (Côtes-d'Armor).
10 novembre	• Saint Léon-le-Grand († 461), docteur de l'Eglise. Pape, Léon Ier, il a laissé un grand nombre de lettres et sermons.
11 novembre	• Saint Martin (316-397), évêque de Tours. Fondateur du premier monastère de Gaule, à Ligugé (Vienne), évangélisateur de la Gaule. Patron de plusieurs milliers de paroisses en France. Tours fut un grand pèlerinage au Moyen Âge. • Saint Véran (Ve siècle), moine des îles de Lérins, évêque de Vence (Alpes-Maritimes).
12 novembre	• Saint Christian († 1003), saint polonais, un des patrons de la Pologne. • Saint Emilien (san Millan en espagnol) († 574), ermite en castille.
13 novembre	• Saint Didace ou san Diégo (1400-1463), prêcheur aux îles Canaries. Représenté sur le tableau de Murillo *La Cuisine des anges*, musée du Louvre. • Saint Brice († 444), évêque de Tours.
14 novembre	• Saint Sidoine ou Saëns (VIIe siècle), bénédictin né enIrlande, fondateur du monastère de Saint-Saëns (Seine-Maritime).

15 novembre	• Saint Malo († 640), moine gallois, a évangélisé la Bretagne, fondateur d'une abbaye sur l'emplacement dela ville de Saint-Malo (Bretagne).
	• Saint Albert le Grand (1206-1280), dominicain, docteur de l'Eglise, évêque de Ratisbonne, grand maître de la scolastique (il eut comme élève saint Thomas d'Aquin).
16 novembre	• Sainte Marguerite (1045-1095), épouse du roi d'Ecosse Malcolm III. Il introduisit la liturgie romaine dans l'Eglise écossaise.
	• Sainte Gertrude la Grande († 1302, Saxe), moniale de l'abbaye d'Helfta (Saxe). Elle a écrit *Héraut de la bontédivine* et sept Exercitia.
17 novembre	• Sainte Elisabeth de Hongrie (1207-1231), épouse de Louis IV de Thuringe. Elle fut ensuite tertiaire de saint François.
18 novembre	• Sainte Aude (VIe siècle), compagne de sainte Geneviève de Paris.
19 novembre	• Saint Tanguy (IXe siècle - ?). Il aurait fondé l'abbaye Saint-Matthieu-de-Fine-Terre, au Conquet (Finistère).
20 novembre	• Saint Edmond (841-870), roi du petit royaume d'Est-Anglie (Angleterre), martyr anglais. Nombreuses églises lui sont dédiées.
21 novembre	• Saint Dimitri de Rostov, moine russe au monastère Saint-Cyrille de Kiev, puis métropolite de Rostov sur Don. Il a écrit *Fleur des Saints*.
	• Présentation de Marie au Temple. Cette fête s'est propagée en Occident au XVe siècle (Marie fut présentée au Temple par ses parents à l'âge de 3 ans).
22 novembre	• Sainte Cécile (premiers siècles). Une basilique à Romelui est dédiée. Patronne des musiciens.
23 novembre	• Saint Clément (Ier siècle), compagnon de saint Pierre;
	• Saint Colomban (540-615), moine anglais, fondateur de l'abbaye de Luxeuil (Haute-Saône), célèbre monastère de la Gaule.
24 novembre	• Sainte Flora et Sainte Maria (de Cordoue) († 851).
	• Sainte Walatta Petros, née et morte en Ethiopie (1594-1643).
25 novembre	• Sainte Catherine d'Alexandrie (IVe siècle - ?). Très célèbre martyre des premiers siècles. Martyrisée à Alexandrie (Egypte), les anges l'emportèrent au mont Sinaï. Patronne des jeunes filles *(voir fiche)*.
	• Sainte Catherine Labouré († 1806), elle entra à

24 ans chez les Filles de la Charité, rue du Bac à Paris. La Vierge lui apparut et lui demanda de frapper une médaille de l'apparition. Le culte de la médaille miraculeuse se développa très vite.

26 novembre • Sainte Delphine (1280-1360, Apt, Vaucluse), veuve de saint Elzéar, elle mena une vie de pauvreté.

• Saint Innocent d'Irkoutsk (1680-1731), il évangélisa la Sibérie méridionale, premier évêque d'Irkoutsk.

27 novembre • Saint Séverin de Paris (VIe siècle), ermite, il vécut sur l'emplacement de l'actuelle église Saint-Séverin.

28 novembre • Saint Jacques de la Marche (1394-1476), franciscain, grand orateur, il prêcha en Bosnie, Dalmatie, Hongrie, Bohême, Pologne, Italie.

29 novembre • Saint Saternin ou Sernin, martyr des premiers siècles. Grec, disciple de saint Jean-Baptiste, fondateur de nombreuses églises en Espagne et en France. Evêque de Toulouse, il mourut en martyr.

30 novembre • Saint André, apôtre frère cadet de Pierre. Il mourut à Patras (Grèce) attaché sur une croix en X, « la croix de saint André ». Saint national de la Russie et de l'Ecosse *(voir fiche)*.

Décembre

1er décembre • Saint Eloi (588-660), orfèvre, il devint le conseiller et l'ami du roi Dagobert Ier. Evêque de Noyon-Tournai, fondateur de nombreuses abbayes, il est connu par la chanson du bon roi Dagobert.

• Sainte Florence († 366), sœur des saints Léandre et Isidore.

• Saint Tugdual (Tudal), moine anglo-saxon, il évangélisa la Bretagne. Fondateur d'une abbaye à Trébahu (Finistère) et d'une autre à Tréguier (Côtes-du-Nord).

2 décembre • Sainte Viviane (IVe siècle), martyrisée à Rome.

3 décembre • Saint François Xavier (1506-1552), patron des missions et des missionnaires, il évangélisa l'Extrême-Orient.

4 décembre • Sainte Barbe († entre 235 et 313), martyre décapitée par son propre père et invoquée contre la mort subite et la foudre. Patronne de nombreuses corporations : artilleurs, pompiers, fossoyeurs, architectes, bouchers, cuisiniers.

5 décembre	• Saint Gérald ou Géraud († 1109), comte d'Aurillac, évêque de Braga au Portugal.
6 décembre	• Saint Nicolas (IIIe siècle), évêque de Myre (Anatalie, Turquie), patron de la Grèce et de la Russie. Ses reliques ont été transférées de Myre à Bari (Pouilles, Italie). Saint Nicolas de Bari devint un grand pèlerinage au Moyen Âge. Patron des enfants, des voyageurs et protecteur des jeunes filles pauvres. Saint Nicolas distribue des cadeaux le jour de sa fête (France, Pays-Bas, Belgique, Luxembourg, Allemagne, Suisse) *(Voir fiche)*.
7 décembre	• Saint Ambroise (340-397), évêque de Milan (Italie), l'un des quatre grands Pères latins avec Jérôme, Augustin et Grégoire. Il est l'auteur de grands ouvrages et d'hymnes liturgiques.
8 décembre	• Immaculée Conception. Marie fut conçue exempte du péché originel. Cette croyance fondée sur l'idée que Marie est l'Eve nouvelle a été longtemps discutée par les plus grands théologiens. Pie IX déclara que c'était un dogme de foi en 1854. Quatre ans plus tard, la Dame de Lourdes dit à Bernadette « Je suis l'Immaculée Conception ». Pour les orthodoxes, Marie est immaculée non par sa conception mais par sa purification personnelle.
9 décembre	• Saint Pierre Fourier (1565-1640), curé de Mattaincourt (Vosges), fondateur en 1628 de l'institut Notre-Dame, dont le but était d'instruire gratuitement les jeunes filles pauvres.
10 décembre	• Sainte Aulalie de Mérida († 300), jeune martyre espagnole. La Cantilène d'Eulalie est le plus ancien poème écrit en français (langue d'oïl) au IXe siècle par Prudence *(voir fiche)*. • Saint Romaric († 635), moine à Luxeuil, fondateur de deux monastères.
11 décembre	• Saint Daniel le stylite (Ve siècle). Anachorète, il passa trente-trois ans sur une colonne (stulos) au bord du Bosphore.
12 décembre	• Saint Corentin (VIe siècle), premier évêque de Quimper, il fait partie des Sept Saints bretons. • Sainte Jeanne-Françoise de Chantal (1572-1641). Elle fonda avec saint François de Sales, en 1610, l'ordre de la Visitation-Sainte-Marie. Les visitandines sont vouées au service des malades et des prisonniers (Jeanne-Françoise de Chantal est la grand-mère de Mme de Sévigné).

13 décembre ou 14 décembre	• Sainte Odile (VIIᵉ siècle), abbesse du monastère d'Hohenburg (Mont-Saint-Odile), patronne de l'Alsace. Invoquée pour les maux d'yeux *(voir fiche)*. • Sainte Lucie († 305), morte pour le Christ à Syracuse en Sicile. Très populaire et vénérée, invoquée pour les maux d'yeux.
15 décembre	• Sainte Christiane ou Nina ou Ninon (IVᵉ siècle), morte en Géorgie (Russie). Elle évangélisa la Géorgie. Cette sainte fut surnommée Christiana (par abréviation Nina) du nom de la religion qu'elle pratiquait. Elle convertit au christianisme le roi et la reine de Géorgie.
16 décembre	• Alice ou Adélaïde (931-999), elle fut mariée à Lothaire II et devint reine d'Italie. Veuve, elle se remaria à Othon Ier, roi d'Allemagne. Othon devint roi d'Italie, c'est la naissance du Saint Empire romain germanique qui dura huit siècles. Adélaïde assura la régence à la mort d'Othon. Fondatrice de nombreux monastères, elle mourut en voyage à Seltz, près de Strasbourg.
17 décembre	• Sainte Olympe (336-408), amie de Jean Chrysostome, patriarche de Constantinople. • Saint Judicaël ou Gaël († 658), roi de Bretagne. • Saint Lazare de Béthanie, père de Marthe et de Marie-Madeleine, ressuscité par Jésus. Il aurait évangélisé la Provence et aurait été évêque de Marseille.
18 décembre	• Saint Gatien (IIIᵉ siècle), il aurait été premier évêque de Tours. • Saint Urbain (1310-1370), l'un des sept papes qui résidèrent à Avignon.
20 décembre	• Saint Théophile (IIIᵉ siècle), chrétien d'Alexandrie. • Saints Abraham, Isaac, Jacob. La Genèse (Ancien Testament) leur est consacrée.
21 décembre	• Saint Pierre Canisius (1521-1597), jésuite, il a créé de nombreux collèges et séminaires à Prague, Munich, Innsbrück, Trèves, Mayence, Fribourg... Célèbre pour son *catéchisme*, paru en 1560, traduit dans toutes les langues.
22 décembre	• Sainte Françoise-Xavier, née en Italie en 1850, morte à Chicago en 1917, fondatrice en 1880 des Sœurs missionnaires du Sacré-Cœur. Elle alla fonder en Amérique des écoles, des hôpitraux, des établissements charitables.

23 décembre	• Saint Armand ou Hartmann († 1164), évêque de Brixen (Vénétie).
	• Saintes Victoire et Anatolie (premiers siècles), viergeset martyres.
24 décembre	• Sainte Paule-Elisabeth Carioli (1816-1865), fondatrice de la congrégation de la Sainte-Famille de Bergame (destinée aux orphelines).
	• Sainte Adèle († 730), fille de Dagobert II, elle prêcha l'Evangile avec saint Boniface.
25 décembre	• Noël. Fête de la naissance de Jésus. L'Eglise a choisi de célébrer la naissance de Jésus à cette date afin de supplanter le culte païen de la naissance du « Soleil invaincu », au moment du solstice d'hiver. Cet usage remonte au IVe siècle. Les Eglises d'Orient et d'Occident l'adoptèrent au Ve siècle. Le Père Noël perpétue l'usage antique des cadeaux au moment du solstice d'hiver. Le Père Noël, apparu aux Etats-Unis au XIXe siècle, est l'héritier de saint Nicolas, fêté le 6 décembre.
	On fête ceux et celles qui se prénomment Noël, Noëlle, Nelly, Emmanuel, Manuel.
	• Sainte Anastasie (Ie siècle), martyre yougoslave.
	• Sainte Eugénie (premiers siècles), martyrisée à Rome.
26 décembre	• Saint Etienne le Protomartyr (Ier siècle), premier martyr chrétien. Un des sept diacres designés par les Apôtres, il fut accusé de blasphème contre Moïse, contre Dieu, contre le Temple et la Loi (Torah). Il fut lapidé en présence de Saül, le futur saint Paul. Ses reliques sont dispersées dans toute l'Europe.
27 décembre	• Saint Jean l'évangéliste, né en Galilée, mort à Ephèse. Apôtre et évangéliste (auteur du quatrième Evangile et de l'Apocalypse). Il est à côté de Jésus dans les grands moments de sa vie. Après l'Ascension, il prêche avec Pierre. Exilé à Patmos (Grèce), il mourut à Ephèse *(voir fiche)*.
	• Sainte Fabiola, née et morte à Rome en 399. Elle dépensa son immense fortune en bonnes œuvres. Elle a fondé à Ostie un hôpital où les malades abandonnés étaient soignés bénévolement. Saint Jérôme, qu'elle rencontra, écrivit sa biographie.
28 décembre	• Les Saints Innocents. Ce sont tous les enfants de sexe masculin, âgés de moins de deux ans, que le roi Hérode ordonna d'égorger lorsqu'il apprit la naissance de Jésus. Cette fête fut établie au Ve siècle.

29 décembre	• Le saint roi David (mille ans avant l'ère chrétienne). Deuxième roi des Hébreux, il succéda à Saül dont il apaisait la tristesse en jouant de la harpe. Il fit de Jérusalem sa capitale. On lui attribua la composition de chants religieux et de psaumes.
	• Saint Thomas Becket (1118-1170), assassiné dans sa cathédrale de Canterbury. Thomas Becket, nouveau chef de l'Eglise anglicane, défendit l'Eglise romaine.
30 décembre	• Saint Sabin, martyr toscan (Italie). Ses reliques furent vénérées à Barletta (Pouilles, Italie).
31 décembre	• Saint Sylvestre (IVe siècle), il fut pape de 314 à 335. On emploie son nom pour désigner le dernier jour de l'année « Du 1er janvier à la Saint-Sylvestre ».
	• Sainte Mélanie (383, Rome-439, Jérusalem). À la fin de sa vie, elle devint abbesse d'un monastère à Jérusalem.

INDEX

INDEX DES PERSONNAGES

Niebelung (roi légendaire allemand) 156
    Niebelungen (gnome) 154
Nicolas (saint — de Myre) 11, 16, 23, 29, 34, 35, 36, 37, 38, 39,
    94-95
Noë (ange de —) 137
Odile (sainte —) 27, 28, 37, **98-99**
Olympiade (sainte —) 32
Ouen (saint —) 29
Paco Rabanne (couturier) 147, 239
Padre Pio 138
Pancrace (saint —) 112, 113
Pantaléon (saint) **105**
Patern (saint —) 105, **107**
Patrick (saint —) 14, 39, **49-50**
Paul VI (pape) 30
Paul (saint —, Saül) 38, 39, 100
Philippe (saint —) 27
Pie IX (pape) 14
Pie X (pape) 83
Pierre (saint —, Simon —) 13, 36, 37, 38, 41, 47, **67-68**, 72
    Pierre et Paul 23
    Pierre-Damien 28
    abbé — 55
Pol-de-Léon (saint —) 105, **106**
Polycarpe (saint —) 28
Puntsok Ratak (lama réincarné) **241**
Quintianus (préfet romain) 47
Radegonde (reine de France) 61
Raphaël (saint — archange) 136, **142**, 144
Raudive (Constantion —, médium) 221
Raziel (archange) 136, 137
Restitute (sainte —) 113
Rita (sainte — de Cascia) 26, 29, **57-58**
Roch (saint —) 27, 34, 37, 38, 39, 41, **77**, 113
Roland (saint —) 40
Romy Schneider 222
Ronan (saint —) 110, 111
Roseline (sainte —) 35
Ruggieri (Cosimo —, mage) 185
Salaberge (sainte) 104
Salomé (princesse hébraïque) 66
Salomon (ange de —) 137
Samsom (ange de —) 137
Samson (saint —) 105, **106-107**
Sandalphon (ange) 155

INDEX DES MOTS-CLÉS

TABLE DES MATIERES

Achevé d'imprimer par
Brodard et Taupin
en octobre 1995
pour le compte
des Éditions Générales F 1 R S T

N° d'édition : 343
Dépôt légal : octobre 1995
N° d'impression : 6308M-5